玩转读心术

苏墨 编著

浙江工商大学出版社
ZHEJIANG GONGSHANG UNIVERSITY PRESS

图书在版编目（CIP）数据

玩转读心术 / 苏墨编著 . — 杭州：浙江工商大学

出版社，2018.9

ISBN 978-7-5178-2850-1

Ⅰ . ①玩… Ⅱ . ①苏… Ⅲ . ①心理交往－通俗读物

Ⅳ . ① C912.11-49

中国版本图书馆 CIP 数据核字（2018）第 152224 号

玩转读心术

苏墨 编著

责任编辑	周栩宇　沈明珠　李相玲
封面设计	思梵星尚
责任印制	包建辉
出版发行	浙江工商大学出版社
	（杭州市教工路 198 号　邮政编码 310012）
	（E-mail: zjgsupress@163.com）
	（网址：http://www.zjgsupress.com）
	电话：0571-88904980，88831806（传真）
排　　版	北京东方视点数据技术有限公司
印　　刷	三河市兴博印务有限公司
开　　本	710mm×1000mm　1/16
印　　张	18
字　　数	280 千
版 印 次	2018 年 9 月第 1 版　2018 年 9 月第 1 次印刷
书　　号	ISBN 978-7-5178-2850-1
定　　价	52.00 元

前　言

　　读心是一门通过人的外在表现来探测人的心理活动的学问，是认识自己、看透别人和看透人性的艺术。社交高手懂得通过密切关注对方的相貌，甚至连对方的言行举止、眼神、小动作等多方面的蛛丝马迹都会认真对待，仔细分析其真实意图。人的一举一动都在泄露"天机"，一个无意识的动作，一句不经意的话语，都能反映人深藏不露的本意。在人际交往中，如何才能看人"不走眼"？如何才能瞬间识破他人心？如何才能在不为人知的情况下了解和影响他人？"读心"将心理学知识应用于日常工作、生活中，教你在与人交往的过程中灵活运用心理学的方法，用眼睛洞察一切，"读"懂他人的微妙心思，并对此做出精准的判断，使自己成为所在行业的终极赢家，进而在事业上取得突出的成就，赢得美好、幸福的人生。

　　现如今，社会交往的种种艰难之处，全在于个人无法洞察他人的内在心理，无法因时因地与他人在心理上达成融合——内在心理活动上的差异和心理上的距离总是会演变为误解、隔阂、矛盾，甚至于冲突。这种艰难正日益使大多数人对社会交往产生畏惧和困扰——无论是刚刚步入社会的年轻人，还是在社会上奔走多年的职业人士，无论这个人从事什么行业，心理上的困扰都是一样的。在管理领域，一个管理者最艰难的是在与下属的交流中如何能够让下属听进去，因为无法洞察下属内在的心理变化，不知道下属是接受还是排斥，管理活动总是阻碍重重；在与领导的交往中，职员普遍存在的困扰也许是不能清晰地把握领导的真实意图；在社会交往中，当你试图接近一个人的时候，确定对方的态度非常重要，我们要避免犯以下错误：在不应该说某句话的时候说了某句话，在不应该谈论某个问题的时候滔滔不绝地发表长篇评说，在应该让双方保持距离的时候贸然接近对方……如果你希望更加熟悉自己，了解他人；如果你渴望发现自己的内在需求并把握住命运的方向，那就从了解读心开始吧！

其实，读心并不是高深莫测的科学技术，而是一种人人都可以通过练习而掌握的一种能力。只要你留心观察、认真揣摩，久而久之，也能够练就读懂人心的高明技巧。

本书是一部系统讲解读心原理、方法和现实运用的大型图书。本书分为原理篇、方法篇和提升篇：原理篇通过观察身体反应、面部表情、感官特征等方面为大家介绍读心的基本原理。方法篇详细介绍各种读心、识人的具体方法，解读如何通过一个人的外表、言谈、肢体动作、面部表情、行为习惯等方面了解一个人的内心，深入细致地分析一个人内心的真实想法和目的。最后，读心的目的是为了与他人更好地相处，在提升篇中为大家介绍了一系列了解他人的心理策略，有助于读者在职场、商场和生活中与他人和谐相处并顺利实现自己的目标和愿望，成就完美的人生。

目　录

原理篇　揭秘读心技巧

第一章　观察身体反应，可了解心理活动 / 2

第一节　精神和生理是一个硬币的两面 / 2

头脑中的每一个想法都会引发一连串的生理反应 / 2

任何发生在人们身上的事情都会影响精神活动 / 4

激活与某种情感相联系的肌肉，就会激活相应的情感 / 5

第二节　人际沟通中 90% 的非语言信息被忽略了 / 7

面对面的沟通中，信息所产生的影响力中仅有 7% 是来自于说话内容 / 7

人们的态度不是由文字，而是由讲话的声音表现出来的 / 9

言语的意义比不上声音，而声音的意义比不上肢体语言 / 11

第二章　观察面部表情，可预见对方的情感 / 15

第一节　情感的实质是体内触发的生理反应 / 15

情感的产生来源于人类逃离威胁的生存本能 / 15

所有人都具有同样的基本情感，并因为同样的事物受到触动 / 16

颜色的巧妙运用能改变人的情感 / 18

第二节　无意识的表情是探测真情实感的线索 / 20

无意识的表情是探测真情实感的线索 / 20

轻微表情、局部表情与微表情 / 21

7 种全球通用的表情模式 / 22

第三章　通过感官特征，可知对方如何进行思考 / 25

第一节　不同的感官创造不同的思维方式 / 25

感官记忆在思考中既负责回忆也参与创建 / 25

不同的感官创造不同的思维方式 / 26

人们所偏好的感官记忆各不相同 / 28

第二节　如何判断对方的主导感官 / 29

观察眼睛运动方向判断被激活的感官记忆 / 29

主导感官决定我们喜欢使用哪种词汇 / 31

开放式提问和言行节奏告诉你对方的思维模式 / 34

行为特征是主导感官作用的综合表现 / 35

方法篇　读心，停！看！听！

第一章　外表的每一面都有意义 / 38

第一节　服装潜台词：想要呈现怎样的自己 / 38

常穿暖色系衣服者多开朗，常穿冷色系衣服者多含蓄 / 38

追求时尚者从众心强，不求时尚者个性较强 / 40

爱穿休闲装的人向往自由，爱穿西装的人重视形象 / 41

喜欢华丽花哨服装的人有较强的自我表现意识 / 43

总是穿相似款式鞋子的人，不爱冒险 / 45

第二节　淡妆浓抹皆有玄机 / 46

发型变化大的人有大幅改变生活的想法 / 46

喜欢神秘忧郁香水的女人追求完美的爱情 / 47

从眼镜的样式解读"希望改变自己的程度" / 48

全身珠光宝气，是没有自信的表现 / 50

爱化浓妆的女人喜欢成为注目的焦点 / 52

不同的发型，不同的性格 / 54

第三节　相由心生，人可以貌相 / 55

脸型也是个性的表征 / 55

不同体形的人有怎样的性格特征 / 58

眉形间隐藏着丰富的内心信息 / 60

额头宽的人聪明，额头窄的人老实 / 62

额头皱纹中的性格解读 / 64

下巴也是一个人个性的象征 / 65

第二章　对方一开口，你就能了解他 / 66

第一节　善问问题是读懂人心的关键 / 66

适当地自我揭露，鼓励对方说出心里话 / 66

营造让对方吐露真心的氛围 / 67

三个问题让你迅速了解一个人 / 69

漏斗法则：从开放式的问题开始，逐渐缩小范围 / 70

重要的是反应而不是回答 / 71

第二节　从说话习惯看交流之道 / 73

把"诚实"挂在嘴边，不如以行动证明 / 73

名字还是昵称，判断彼此的亲近程度 / 74

好用夸张说法的人，渴望与人交谈 / 76

"老调重弹"的话题，希望你继续追问下去 / 77

常说太太不是的男人，烦恼很多 / 78

总提及家人声名和财富的人，爱炫耀 / 79

第三节　谈话时的模样不容忽视 / 81

回应慢半拍的人，可能没在听你说话 / 81

五种小动作代表他想尽快结束谈话 / 83

摆出与众不同姿势的人，想要发表自己的意见 / 84

说话间隔时间长的人，喜欢做逻辑分析 / 86

交谈时不同的身体语言，透露说话者不同的心理及性格特征 / 87

第三章　不仅要听他说什么，更要看他做什么 / 90

　　第一节　眼神和视线透露意识和喜好 / 90

　　　　瞳孔扩张，表示对你的谈话感兴趣 / 90

　　　　走路时视线向下的人凡事精打细算 / 92

　　　　握手时一直盯着你的人，心里想要战胜你 / 93

　　　　游离的视线暴露内心的不安 / 95

　　　　从镜框上方看人，是审视的表现 / 97

　　第二节　控制与防备，看手就知道 / 98

　　　　对方是否喜欢你，握手见分晓 / 98

　　　　不停地敲桌子，是因为有话要说 / 100

　　　　搭你肩膀的人，喜欢当老大 / 101

　　　　摸袖口，表示对方的心理开始动摇 / 102

　　　　握紧拳头，是发怒的前兆 / 103

　　　　头枕双手，一切都在他掌握之中 / 105

　　第三节　腿和脚：离大脑最远的部位最诚实 / 106

　　　　对方与你的身体距离，折射出与你的心理距离 / 106

　　　　从脚尖的方向看对方是否对你感兴趣 / 108

　　　　先迈左腿的人感性温和，先迈右腿的人理性强势 / 109

　　　　用一条腿支撑身体的重量，表示想告辞了 / 111

　　　　脚尖向上翘起的人，听到了好消息 / 112

　　　　走路连蹦带跳的人，往往纯真活泼 / 113

第四章　如何识破谎言 / 115

　　第一节　揭开谎言的面纱 / 115

　　　　谎言，我们必须面对的事实 / 115

　　　　为什么会出现"口是心非" / 116

　　　　谎话大王的四张面孔 / 118

　　　　身体语言如何泄露谎言 / 120

第二节　从面部表情识别紧张情绪 / 121

眼睛向右上方看，大脑正在制造想象 / 121

避免眼神接触，因为害怕被人看穿 / 122

对方直视你的眼睛，也未必在说真话 / 123

突然放大的瞳孔揭示隐藏的情感 / 125

硬挤出来的笑容嘴巴紧闭 / 126

第三节　不经意的小动作会泄露真相 / 128

动作和语言不一致，嘴上说的不能信 / 128

不时用手接触口鼻，是企图隐藏真相 / 129

手脚蜷缩贴近身体，因为缺乏安全感 / 131

不安的双脚泄露紧张情绪 / 132

把头撇开是因为想要逃避话题 / 134

第五章　认清行为显示的本性 / 135

第一节　从行为举止看相处之道 / 135

对你彬彬有礼的人不欢迎你太亲近 / 135

初次见面就有身体接触的人过于自信 / 137

一直盯着路灯的人，性子比较急 / 138

选择坐在你旁边的位置，是想要亲近的表现 / 140

习惯性迟到是因为态度傲慢 / 142

第二节　生活细节中的个性痕迹 / 143

发信息多使用表情符号的人小心翼翼 / 143

硬要移出大车位停车的人，个性保守有洁癖 / 145

按规定速度开车的人，认真可靠 / 146

喜欢在咖啡厅谈话的人，谨小慎微 / 147

字体较大、笔压无力、字形弯曲的人，和蔼可亲 / 149

在网上发表恶意言论的人幼稚而脆弱 / 151

第三节　从消费习惯看人生态度 / 152

只在别人看得到的地方花钱，是想买物质以外的东西 / 152

讨厌折扣促销的人最害怕和别人一样 / 154

掏钱速度快的人，最怕被人看不起 / 155

"列出清单"的理性派和"随心所欲"的感性派 / 157

老是拿大钞付账的人，有些胆怯 / 158

收到账单后立即付款的人很有魄力 / 159

第四节　从小动作看异性对你的好感度 / 161

触碰你的随身物品，是要和你牵手的前兆 / 161

四种牵手方式，显示不同的亲密度 / 162

从约会中的小动作，预知他的下一步行动 / 163

从双腿摆放的方式，看出他对你的好感度 / 164

喜欢你的男人，不会一直凝视你 / 164

烟不离手的男人，只把你当普通朋友 / 165

第五节　读懂职场中的暗语 / 166

注意，面试官在暗示你 / 166

听！面试官话里有话 / 167

神情告诉你他的最终决定 / 168

观察平常表现，读懂你的同事 / 169

看透同事的内心 / 171

工作态度，透露出同事的性格 / 172

第六章　看人也要看环境 / 174

第一节　居住环境——反映生活方式和关切点的重要指标 / 174

居住环境比穿衣打扮更能反映社会经济地位 / 174

选择在学校附近居住，是重视子女教育的人 / 175

把整个客厅让给小孩的人，不会拒绝你带小孩来拜访 / 177

想知道他是否喜爱阅读，只需看他家里有多少藏书 / 178

住在高楼层的人上进心强，但稍显冷漠 / 179

第二节　人际环境——通过一个人所处的圈子来判断他 / 180

气味相投的朋友是一个人的底牌 / 180

乐于和优秀者交朋友的人，上进心强 / 181

异性朋友少的人，内心比较自卑 / 183

总是结交老实人的人，通常担心遭到背叛 / 184

喜欢和长辈交朋友的人，心智比较成熟 / 186

朋友圈子大的人，多半热情开朗 / 188

第三节　工作环境——个性的浓缩地带 / 190

费心在办公室照顾花卉的人体贴而好客 / 190

桌面零乱的人往往做事时没有条理 / 191

下班后的桌子可以看出心情转换的能力 / 192

办公桌上摆放家人照片的人，家庭观念较强 / 193

使用高档通讯录的人，多小心谨慎 / 195

提升篇　瞬间了解他人的心理策略

第一章　洞悉心理，赢得好感与支持 / 198

第一节　洞悉人性，满足他人的心理需求 / 198

让出谈话的主动权，满足他人的倾诉欲 / 198

别人得意之事挂在嘴上，自己得意之事放在心里 / 199

任何时候都要维护他人的自尊 / 201

让别人感觉他比你聪明 / 202

成全别人好胜心，成就自己获胜心 / 203

第二节　揣摩心理，与他人有效沟通 / 205

看清谈话对象的身份，然后再开口 / 205

得体的幽默最能取悦人心 / 207

实话要巧说，坏话要好说 / 209

绕个圈子再说“不” / 211

第三节　用心交往，让他人乐意帮助自己 / 213

给予对方一个头衔，他更愿意鼎力相助 / 213

激起心理共鸣，让他感觉像是在帮助自己 / 214

弱势时打张感情牌，激发同情心 / 216

登门槛效应：先提小要求，再提大要求 / 218

不妨提一个更大的要求更容易取得成功 / 220

往脸上贴黄金，增加办事筹码 / 222

第二章　明心见性，与他人和谐相处 / 224

第一节　关怀贴心，获得朋友长久的青睐 / 224

记住有关对方的小事，让他感觉被重视 / 224

和朋友说话也要有分寸，玩笑不可太过分 / 225

朋友遭遇不幸，要及时安慰 / 227

真诚相待才受朋友欢迎 / 228

你对朋友敞开心扉，朋友也会对你敞开心扉 / 230

第二节　善用同理心，成功结交陌生人 / 232

首因效应：第一次见面就留下好印象 / 232

谈谈相似经历，成为"同道中人" / 233

直呼其名，缩短彼此的心理距离 / 234

来点幽默，对方更乐意向你靠近 / 236

微笑，赢得他人好感的法宝 / 237

把握好开头的 5 分钟，攀谈就会自然而然 / 239

接触多一点，自能陌生变熟悉 / 241

用细微的动作拉近与陌生人的距离 / 242

第三节　以心悦心，让爱情历久弥新 / 244

偶尔来点小惊喜，幸福不再递减 / 244

越吵越幸福，聪明的爱人会"吵架" / 245

别拿自己的尺子量对方 / 247

男人要会"哄"，女人要会"柔" / 248

给对方多一点空间，才能进退自如 / 250

爱情，只有不断努力才会成功 / 252

第三章 读对心做对事，增强职场沟通力 / 255

第一节 顺着上司的心，更易得赏识 / 255

不卑不亢，才能让上司另眼相看 / 255

办事到位而不越位，不抢上司风头 / 257

面对尴尬，及时帮上司打圆场 / 258

让矛盾在自己手里解决，别把问题留给老板 / 260

第二节 管理下属，要懂得体察下属的心 / 262

用建议替代命令，让他发挥主动性 / 262

恩威并重，不可不用的驭人方法 / 263

告诉他"你很重要"，回报定比器重多 / 264

批评下属留有余地，备好"台阶"很重要 / 266

主动为下属承担责任更能赢得下属的心 / 267

第三节 将心比心，赢得同事支持 / 268

把荣誉的蛋糕多切几块与人分享 / 268

避雷针效应：能疏善导，化解职场矛盾 / 270

关键时刻帮同事一把，更易赢得人心 / 271

同事不是家人，不能乱发脾气 / 273

原理篇

揭秘读心技巧

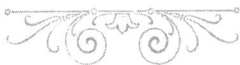

第一章
观察身体反应，可了解心理活动

·第一节·
精神和生理是一个硬币的两面

头脑中的每一个想法都会引发一连串的生理反应

咬嘴唇、摸鼻子、揉眼睛、摩擦前额、摸脖子、倾斜身体、抱手臂……这些动作都是我们一直在做的。你可以花一点时间观察一下周围的人，你会发现他们也经常做这些动作。可曾想过他们为什么做这些动作？又可曾想过你为什么会做这些动作？这些问题的答案就藏在我们的大脑里。

当你思考时，大脑会有所反应。为了让你产生一个想法，很多脑细胞必须根据相应的模式互相传递信息。如果你的大脑中存在既有模式，那么脑细胞就会按照这个模式产生与过往相似的想法。如果你的大脑中没有既有模式，你的大脑就会创建一个崭新的模式或者神经细胞网络，让你产生一个崭新的想法。大脑中的模式不仅会让你产生想法，同样会影响你的肉体，改变你体内荷尔蒙（如内啡肽）的分泌，引起自主神经系统的变化，例如呼吸急促、瞳孔大小出现变化、血压升高、出汗、脸红等。

大脑中的每一个想法都以这样或那样的方式影响你的身体，有时候这种影响非常显著。例如，当你感到恐惧时，你的嘴唇会发干，涌到大腿的血液会增加，以便帮助你随时逃跑。有时候，身体所起的变化很细微，难以被察觉到，但是它们的确存在。例如：当你撒谎时，你可以尽量让自己保持"脸不红，心不跳"的状态，但是你还是会不敢直视对方的眼睛，这样似不经意的回避，也是你无法避免的，它是由大脑中的想法控制的。

那大脑中的想法是如何引发一连串的生理反应的呢？这与我们大脑的边缘系统大有关系。很多人都知道自己拥有一个大脑，也知道这个大脑是他们认知能力的基地。事实上，人的头颅中有三个"大脑"，每个大脑都有着不同的职责。它们合并起来就形成了"命令加控制中枢"，后者驾驭着我们身体的一切。1952 年，一个名叫保罗·麦克林的科学先驱提出，人类大脑是由"爬虫类脑"（脑干）、"哺乳动物类脑"（边缘系统）和"人类大脑"（新皮质）组成的三位一体。

大脑边缘系统对我们周围世界的反应是条件式的，是不加考虑的。它对来自环境中的信息所做出的反应也是最真实的。边缘系统是唯一一个负责我们生存的大脑部位，它从不休息，一直处于"运行"状态。另外，边缘系统也是我们的情感中心。各种信号从这里出发，前往大脑的其他部位，而这些部位各自管理着我们的行为，有的与情感有关，有的则与我们的生死有关。

这些边缘的生存反应是我们神经系统中的硬件，很难伪装或剔除——就像我们听到很大的噪声时试图压抑那种吃惊的反应一样。所以，边缘行为是诚实可信的行为，这已经成为了公理，这些行为是人类的思想、感觉和意图的真实反应。

1999 年 12 月，美国海关截获了一名被称作"千年轰炸者"的恐怖主义分子。入境检查时，海关人员发现这名叫阿默德的人神色紧张且汗流不止，于是勒令他下车接受进一步询问。那一刻，阿默德试图逃跑，但是很快就被抓住了。海关人员从他的车里搜出了炸药和定时装置，阿默德最终供认了他要炸毁洛杉矶机场的阴谋。

神色紧张和流汗正是大脑对巨大压力固有的反应方式，由于这种边缘行为是最真实的，海关人员才能毫无顾虑地逮捕阿默德。这件事情说明，一个人的心理状态会反映在身体语言上。

一般来说，当边缘系统感到舒适时，这种精神或心理上的幸福就会反映在非语言行为上，具体表现为满足和高度自信。然而，当边缘系统感到不适时，相应的身体语言就会表现出压力或极度不自信。这些身体语言将帮助你了解社交对象和工作对象的所思所想。

所以，人不可能在思考的同时不发生任何生理反应，人的大脑边缘系统会将我们的想法以身体语言的形式"泄露"给其他人。这意味着，只要观察一个人发生了哪些生理反应，就能知道那个人的感觉、情感和想法是什么。

任何发生在人们身上的事情都会影响精神活动

我们在一生中有过很多经历，这些经历会留在我们的脑海中，这往往和强烈的情感状态有关，比如快乐、憎恨、爱、欢喜、背叛、愤怒、紧张等。当我们回想起以往的这些经历时，不仅事件本身历历在目，当时的感受也记忆犹新，就像它们刚刚发生过一样。有时候，我们即使记不清当时事件的具体内容，也能回忆起当时的情感。

例如，你远远地看见某一个人，就本能地感到不喜欢他，直到偶然间你才想起这可能是因为他曾经冤枉你偷摘了花园的花，或者是因为他穿着和那个冤枉你的人一样的上衣。

像这样因为偶然看到某件上衣而引发回忆中的情感反应，被称为心锚。我们之所以在无意识中把某种事物或经历与某种情感联系在一起，就是因为这些事物或经历的出现引发了特定的情感记忆。发生在我们身上的事情给我们的情感留下很多的印记，于是我们随时随地都会碰到心锚，比如远在异乡时吃到家乡菜，会勾起我们对家乡的回忆和思念；听到熟悉的歌，会使我们回到当初被它打动时的心境；当翻看毕业照时，我们会想起那一张张青春阳光的笑脸；当我们进医院时，会想起曾经某位亲友在这里诊治伤病的痛苦，而觉得悲从中来……

心锚不仅会让我们想起特定的记忆，还会与强烈的情感联系起来。在这里，我们感兴趣的心锚不是那种引发回忆的心锚，而是可以触发人们不同情感状态的心锚。你如果知道别人无意识中隐藏着什么样的心锚，你只需要去引发它们，就能影响对方的情感。当然，你不能怀有恶意地去触动别人的心锚，故意揭别人的伤疤，或者有意地让别人难堪。

我们不妨在别人身上创造出新的心锚，让他一想起你就有快乐舒服的情感。你可以在与对方聊天的时候，保持快乐阳光的状态，说一些让大家快乐高兴的话题，再附上一则笑话，让对方在交谈中感到快乐和轻松。那么，以后每当他看到你的时候，都会有一种高兴的心理，因而对你有比较好的印象，以后打交道也就容易多了。

总之，发生在人们身上的事情都会影响他的精神活动，你要想了解或者掌控对方的心理或是情感，可以从那些发生及即将发生在他身上的事情着手，这是读心术的一大准确信息来源。

激活与某种情感相联系的肌肉，就会激活相应的情感

不仅我们的身体语言会反映出我们的思想，反过来也是一样，我们的身体也会影响我们的精神活动。因为思想并不只是发生在大脑中，思想也发生在整个身体之内。就拿情感这一精神活动来举例，如果你激活了与某种情感相联系的肌肉，你也会激活并经历相应的情感，甚至是相应的精神活动，而这些又会反过来再次影响你的身体。正如演员演一个愤怒的人的时候，他会强迫自己皱起眉毛、怒视前方、咬紧嘴唇等。通过做这些愤怒的动作，演员激活了自己的自主神经系统，从而产生了愤怒的情绪，让自己融入角色。而这些情绪又会再影响他的身体，这也就是为什么有些演员演完戏以后还不能从角色中出来的原因，他们被角色的情绪影响得太深了，以至于不能控制自己的身体语言。

所以，身体和思想的影响是双向的，正在进行的思考会影响身体，而身体的任何变化也会影响思考。精神和生理是一枚硬币的两面，是相互依存、相互影响的。通过观察他人的身体反应，我们可以了解和掌握他人的心理活动，成为一个出色的读心者；而通过激活对方与某种情感相联系的肌肉，我们可以调动起对方强烈的情感体验，控制对方的喜怒哀乐。

当你的朋友和爱人陷入忧伤、抑郁、悲痛的消极情绪中时，你不妨使用自己的身体语言来帮助他们赶走低落的情绪。例如，在一个因丢失钱包而心烦的

人面前，你千万别跟着他一起愁眉苦脸，不如给他一个温暖的微笑，并说一些安慰的话语。当对方看到你诚挚的眼神和温暖的微笑时，会不自觉地把撇下的嘴角收起来，甚至学着你的样子将嘴角轻轻卜扬。这个时候，一股暖流通过你的身体语言传递到他的身上，再传递到他的心里，丢钱包的低落感就能消散很多呢！再比如你的同事因为工作进展不顺利而情绪低落，你的劝慰不管用，不如学习那些励志人士最喜欢使用的姿势——举起你的小臂，握紧拳头，这个动作将你的鼓励和信心传递到你的同事身上，他给你回应同样的动作时，必然会感受到这个身体动作所带来的信心和勇气，从而拥有更多的正面能量，将失落心情渐渐驱除！所以说，你的身体语言是具有治疗效果的，你可以运用它来帮助他人转变消极情绪，带领对方进入你想要的积极的阳光的心理状态。

你的身体语言会影响他人的身体语言，从而影响对方的情绪，所以，在与别人交流时，你一定要注意自己的身体语言，不要给别人的情绪带来不良影响，而致使交流受阻。例如：当别人在发表意见时，你不要把头扭到一边或者嘴向下撇，这些动作都能显露出你想打断谈话的意图，是对别人的不尊敬，会对良好的交谈投出致命的一击。同样地，如果别人发现你在谈话中扮鬼脸、皱眉头或摇头不信，他很可能也会跟着皱起眉头，停下交谈，或至少改变谈话的方向，这对对方也是一种伤害，对其情绪有着强大的不良影响。

记住，你可以通过综合使用动作、表情等身体语言不断地影响对方的身体语言，在其脑海中留下你情感的烙印，加强对方的情感体验，随后就能准确而快速地点燃你想要的情感状态了。但是，千万不要错误使用你的身体语言，对别人的情感造成不良的影响。另外，身体语言的使用也要有度，不是任何消极情绪都是你能用身体语言去影响和改变的。例如，沉浸在悲痛中的人需要让其沉浸一段时间。悲痛是一种让人们保存能量、对引起悲痛情绪的事件进行心理消化的状态。如果你对真正经历着悲痛心情的人做出一些积极快乐的身体语言时，那么他需要心理消化从而继续前进的这个心理状态就会被你打乱甚至被封锁起来，这对他的恢复和发展都是不利的，因此，在这种情况下，你最好让对方沉浸在悲痛但必要的心理状态中一段时间，让他自己进行心理消化，逐渐走出阴霾，重获更多的阳光。

总而言之，身体语言和情感之间的联系非常紧密，在与人交流的过程中，你一定要谨慎使用自己的身体语言，让自己正确适当的身体语言引发对方的适当情感。

·第二节·

人际沟通中 90% 的非语言信息被忽略了

面对面的沟通中，信息所产生的影响力中
仅有 7% 是来自于说话内容

美国心理学家艾伯特·梅拉比安曾提出"7% ～ 38% ～ 55% 定律"：当人们进行面对面沟通的时候，会使用到三个主要的沟通元素——用词、声调，还有肢体语言。所谓的"7% ～ 38% ～ 55% 定律"，指的就是这三项元素在沟通中所担任的影响比重。用词占 7%，声调占 38%，肢体语言占得最重，是 55%。从这个定律中，我们至少可以明白这样一个道理：在面对面的沟通中，说话内容是最不重要的，身体语言在信息交流中的重要性可见一斑。

美国行为学家斯泰恩将非言语沟通中的显性行为称为身体语言，亦称体语。主要包括眼神、手势、语调、触摸、肢体动作和面部表情这类显性行为。肢体语言虽然无声，但具有鲜明而准确的含义，它与我们每一个人的生活息息相关。

譬如，星期天，忙碌了一上午的妻子吃完午饭后刚睡着，丈夫轻轻打开窗户准备让正在楼下玩耍的女儿回家做作业。为了不吵醒妻子，丈夫没有大声呼喊女儿，而是朝她招了招手，女儿看见爸爸的手势后，顿时明白了爸爸的意思，便迅速朝家走来。这时，丈夫抬手一看表，不到一点半，心想还可以让女儿再玩一会儿，于是，丈夫又向正朝家走来的女儿挥挥手。女儿看见爸爸的这个手势后，稍微一想，便又调转头，兴高采烈地和伙伴们玩去了。整个过程丈夫没有说一个字，仅凭手的两个简单动作，便和女儿完成了两次沟通。

同理，大街上的交通警察指挥来来往往的汽车和行人，靠的也是这种无言的体语。而一些目的性很强的动作，则完全可以看作是一种行为的信号。譬如，书店里，某一个人踮着脚去拿书架上的一本书，我们知道，他想看看这本书。尽管他已把脚踮得很高，但还是够不着。这时，他旁边身材较高的营业员注意到了他的这个动作，于是，从书架上拿了那本书递给了这位顾客。营业员是怎么知晓这位顾客心理的呢？因为顾客踮脚的动作表现了一种难以被人忽视的窘境：我需要帮助！

不同于有声语言的蕴含性和委婉性，我们身体所表达的话语是鲜明而准确的，尽管这一点我们经常意识不到。有时候肢体语言一旦和有声语言相结合，能准确传达话语者内心思想和情感的不是有声语言而是肢体语言。如，一位年轻女孩告诉她的心理医生，她很爱她的男朋友，与此同时却又下意识地摇着头，从而否定了她的话语表达。可见，要想真正了解交谈对象的话语意思，在认真倾听其述说的同时，还必须认真解读对方的体语。她的一颦一笑、举手投足，都在传达着她的真实想法。

"在没有得到任何证据的情况下是不能进行推理的，那样，只会是误入歧途。"这是文学经典形象福尔摩斯侦探的名言。福尔摩斯是作家柯南·道尔笔下的神探，他的神奇之处就在于他可以凭借指甲、外套的袖子、脚上的靴子、膝盖处的褶皱、食指和拇指上的老茧，以及面部表情和种种行为判断人的内心活动。

"假如在得到所有这些信息的情况下，竟然还是无法对这些信息的主人做出准确的判断，我认为，这一定是天方夜谭。"福尔摩斯如是说。

为什么他有如此大的信心呢？因为他内心十分清楚人的身体语言密码所拥有的巨大力量。犯罪嫌疑人可以制造出种种口头的谎言，但是却没有办法控制住自己的身体语言。不经意中他们就会把内心的秘密泄露在一个眼神，或者一个看似没有深意的手势里。与一般人相比，福尔摩斯的优势就在于他懂得从人的身体语言来分辨其是否在说谎，同时从这些不说谎的信号里知道对方的真实想法。

除了福尔摩斯，我们再来看看卓别林。卓别林是无声电影时代最伟大的电影明星。他塑造了一个又一个的大银幕经典形象。只要提起他的名字，我们就会回忆起那个穿着破烂的燕尾服，迈着八字步的形象。

与今天音画俱全，推崇技术的电影相比，卓别林的电影受时代和技术的限制，没有声音也没有色彩。但是，这些并没有影响到卓别林对故事的讲述，我们还是能看到一个个结构精巧、感人至深的故事。那么，你不会感到惊奇吗？他是凭借什么在无声的世界里把这些故事完整地叙述出来的呢？

这些问题的答案，既简洁又内涵丰富，那就是身体语言。卓别林就是使用丰富的肢体语言把人物的感情、想法、经历一一呈现在观众眼前。观众没有感觉有缺憾，也并不会觉得唐突，而是被他的一举一动所感动。演员的肢体表现也就是无声电影的灵魂。

从福尔摩斯到卓别林，我们一再提及一个词——身体语言。而我们总是过分重视口头内容表达，却忽略了身体语言的能量之大。福尔摩斯与卓别林给了我们新的启示，在与人面对面交流沟通时，即使不说话，我们可以凭借对方的身体语言来探索他内心的秘密，对方也同样可以通过身体语言了解到我们的真实想法。所以，开始注意去探究身体语言的密码！那些曾经被你忽视的非语言信息才是读懂对方心思的最可靠的资源。

人们的态度不是由文字，而是由讲话的声音表现出来的

谈话实际上都会有两种对话产生：一种是使用文字，一种是使用声调。有时候这两者很有契合，但通常并非如此。当你问对方："你觉得怎么样？"得到的回答是："挺好的。"你通常不会凭借这句"挺好的"来判断他的感受，而会凭他的音调来判断他是否真的觉得很好，还是觉得一般或者不好。怎么样说话比说什么样的话更重要，因为我们的态度不是经由文字，而是经由讲话的声音表现出来的。

有时候人们迫切需要自我表达，却不想直接说出来，例如，"你伤害了我的感情""我好难过，我希望你能帮我减少痛苦""我的工作让我感到沮丧，我需要你来听我诉苦"……这些话你很少会听到，但是你会从人们的音调中听出这样的讯息。对方会叹息、缓慢地说话、简短地回答问题，并以肢体语言——像是双眼垂视、死气沉沉的姿势，配合低沉无力的声调来表达。于是，你从中

就能知道对方真正的情绪和态度。声调的作用很大，尤其是在电话、广播等看不到对方的交流形式中，通过电波，主持人的声音传到你的耳中，你从中可以得知主持人对所说内容的态度，他是赞成还是怀疑，他是喜欢还是厌恶，他是热情还是冷淡，你都能得知。所以，即使看不到模样，电台主播们还是以他们的声音征服了很多听众。

声音的重要性远远超过了言辞，而在交流中我们往往要回答对方的问题，于是我们通常把注意力放在言辞，而非声音上。这是片面的，只有仔细聆听对方说话的声音，才能丰富言辞的含意。

一个放大说话音量的人，通常有控制环境的目的。说话大声是独断、强制且具威胁性的行为，所以想支配或控制他人的人，讲话通常很大声。大部分人认为说话大声、低沉是自信的表现，但有些人大吼大叫，是因为害怕如果轻声细语，没有人会听得见。

说话小声的人一开始可能会被认为是缺乏信心或优柔寡断，但是小心别上当。轻柔的声音可能反映出平静的自信，说话者认为没有必要支配谈话。要是对方说话总是轻声细语，请注意抑扬顿挫之处是否适当。当在场的人听不清楚的时候，他是否努力放大音量。如果不是，也许他不够细心，不能体贴别人，或者骄傲自大。如果持续轻声细语伴随着不舒服的肢体语言，像是缺乏眼神接触，转过身去或扭过脸，这些就是不舒服及自信心缺乏的象征。

说话一向很快的人，对事情的评估和判断通常也很快，因此他们常常不假思索就做出判断。有些人说话快则是为了掩饰内心的不安全感，这种人会有自卑的反应，像是紧张兮兮，或是刻意引起别人的注意。也有一些人在以一般速度闲聊一阵子之后，发现谎言很难再编下去，于是说话就愈来愈快，企图对谎言加以解释。

说话一直都很慢的人也许是身体或心理有障碍，如果对方是因为心理有障碍而说话慢，会伴随着无法表达意见的反应。而要是因为身体障碍而说话慢，你只要和对方谈上几分钟，就能看出来。教师、演讲者以及经常要对大众说话的人，有时会故意放慢说话速度，让每个听众都听到他们的话，了解他们的意思。

说话结巴，如果不是由于先天身体障碍造成的话，通常是缺乏安全感、紧张或困惑所造成的。但也有可能是说话者想准确表达自己的意思，而绞尽脑汁搜寻正确的字眼，或者对方有意暂停，好让你有机会插话。

人的声音高低是天生的，但是人们通常会为了一些固定的理由而提高或降低音高。当特别害怕、高兴、痛苦、兴奋时，大多数的人声音会提高；有些人为了引诱别人，会明显地降低声音；当一个人伤心、沮丧或者疲倦时，音调也会降低。

有些人用谄上傲下的音调或其他假装的语调来呈现成功、老练、聪明、富有的形象。然而这些特性也许并非是他们主要的人格特质，相反的，这只是没有安全感，企图寻求赞美与认可的表现而已。

在许多语言里，单凭音节或是对字句的强调，说话内容就会有全然不同的意思。我们问别人，愿不愿意和我们到哪儿去，如果得到的是语气坚定的回答："好啊，没问题。"我们就知道对方接受了邀约，而如果对方以犹豫的语气说出同样的话，我们知道他接下来会说："但是……"如果你仔细聆听对方的语调，就能察觉语意是否完整。如果对方欲言又止，即使你无法猜出真正的意思，至少能感受到暧昧模糊之处，并提出适当的问题使其明确。

声音只能透露一部分的情感，如果配合对肢体语言和说话内容的观察，通常就能掌握对方真实的情绪。对方的声音、说话内容和肢体语言如果协调一致，也就是在持续模式下时，你能轻易分析他的感觉，并预测他会对何种情况做出何种反应。要是声音与说话内容或身体语言相冲突，你就得依据一般模式推论可能的原因，以免妄下断语。例如，声音的强调通常伴随着肢体语言的强调。说话者强调某个字句时，可能会出现身体向前靠、点头或比手势的动作。因此，如果你能在倾听时，顺道观察肢体语言，这样一来，即使是细微的举动也难逃你的法眼，对方的任何一点小心思也能被你掌握。

言语的意义比不上声音，而声音的意义比不上肢体语言

人际沟通包括许多方面，言语沟通和非言语沟通是其中最主要的两个方面。口头语言和书面语言是言语沟通的两种主要方式，非言语沟通则主要包括眼神、手势、语调、触摸、肢体动作和面部表情这类显性行为，以及通过空

间、服饰等表露出来的非显性信息。

口头语言往往被人们认为是最直接的交流，在与他人沟通中发挥着重大的作用，其实，语言是出于人的主观的最不可靠的信息，有时甚至可以蛊惑人心。有那么一类人，他们当面恭维你，背后则诋毁你，"两面三刀"的例子，不胜枚举。因为，人们能够通过逻辑思维任意修饰自己的语言，为了能达到自己的目的，难免会增加语言的虚假成分。同这类人交往时，如果你能更留意一些，就会发现这些人言不由衷的声音和其他表示排斥的动作。也就是说，他的声音和身体在告诉你完全相反的含义。在这种场景下，你该相信哪一个？

最佳的建议，就是相信他的身体。因为，人身体的动作是自发的，难以控制的。即使有人想通过长期的训练，控制自己的身体，这也是相当困难的。人的身体语言太过复杂，所包含的细节太多，即便你刻意控制了其中的一个细节，你隐藏的信息也会在另一些细节上表现出来。

言语有时会是谎言，和真实想法不一样。而一般来说，身体语言则不会出现"口是心非"的现象，也不会撒谎，它比经过理性加工的有声语言更能表现一个人内心真实的情感和欲望。因为一个人内心的真实情感和欲望总是通过身体来直接表达的。身体首先会对我们的感觉和情绪做出反应和判断，然后才会做出具体的姿势。

总体上来说，身体语言符合人们的内心活动。有声语言同身体语言的矛盾主要产生于逻辑——数字化秩序之间的对立，或是经过定型化训练而表现出来的动作与内心活动之间的对立。如果我们不能在对立之间做出抉择，就会在身体语言上出现矛盾状态。如，当一个人问别人是否需要他准备啤酒时，却坐在椅子上一动不动，可能很少有人会相信他真的愿意去准备啤酒。因为他如果真的愿意的话，至少有一定的行动，比如从椅子上站起来。再如，当一个人想逃避别人审视的目光，或是掩饰自己的尴尬状态时，他往往会避开对方的目光。然而逃避倾向的加剧，以及害怕暴露自己的逃避意图，使其逃避动作又会受到一定的遏制。

由此可见，虽然我们能控制身体某些部位的动作，但不能同时控制身体所有部位的动作。因而一旦内心真实想法和有声语言发生矛盾，我们的身体语言就会通过我们无法控制的一些部位展现出内心和有声语言发生的种种矛盾。

所以，正如精神分析学派的鼻祖弗洛伊德所说，要想真正了解说话者的深层心理，即无意识领域，仅凭有声语言是不够的。因为有声语言往往把话语表达者所要表达的意思的绝大部分隐藏了起来，要想真正了解话语表达者所述话语的意思，必须把有声语言同体语相结合。

20世纪50年代，美国加利福尼亚大学洛杉矶分校的心理学教授阿尔伯特·麦拉宾在《沉默的语言》一书中指出："人的感情和态度能用声音表达的只有不到40%，而无声的肢体动作表达的能达到50%。可见，身体的动作对人们表达自己的感情起着主导的作用。尽管大多数研究人员都认为，日常生活中应当注意身体动作的沟通，但人们对此却并不在意。"

还有一个特别有趣的现象可以说明身体语言的巨大作用，那就是传奇的占卜术。对于普通人来说，可能没有办法理解一个算命先生或者占卜者是如何知道你那么多的事情的。所以，你会认为这是一种灵幻的本事。但根据美国学者的研究，这些从业者实际上是使用一种被称作读心术的方法来读懂对方的想法的。

从某种角度上讲，那些占卜者，尤其是那些具有丰富实践经验的占卜者，都是善于识别身体语言的"大师"。可能不少曾经拜访过所谓"神算子"的人在离开后，常常会这样想："太不可思议了，我什么都没说，他居然连我家有几口人，我现在的情绪状态，以及我曾经有过哪些失败的经历都能说得分毫不差，真是个'活神仙'啊！"

真的是这样吗？非也，虽然你没有开口告诉占卜者自己的情况，但你的身体语言已经悄悄地把自己的相关情况暗示给了他。比如，你的嘴角后拉，面颊向上抬，眉毛平舒，眼睛变小，占卜者据此可以判定你现在肯定处于一种愉快的情绪状态之中；看见你嘴角下垂，面颊往下拉，变得细长，眉毛深锁，呈倒"八"字，占卜者据此可以判定你现在肯定处于一种不愉快的情绪状态之中；在为你具体算命的过程中，占卜者若是看见你的眉毛在上下迅速移动，他就知道你很赞同他所说的内容，据此他会沿此思路大吹特吹；如果看见你单眉上扬，他知道你在怀疑他说的内容了；如果看见你皱起了眉头，他知道你不赞同他所说的，于是会马上按相反的方向为你算命。

一份关于占卜术的研究表明，很多经验丰富的占卜者都喜欢使用一种名为冷观解读的技巧来为自己的客户算命，其准确率竟然高达 70% 左右。难道冷观解读技巧真的能知晓一个人的前世今生、福祸安危？研究人员进一步研究发现，事实并非如此，所谓的冷观解读技巧其实就是占卜者在对"客户"的身体语言进行仔细观察、揣摩后，再加以对人性的理解和运用一定的概率知识而做出的一个大概推断。

记住，身体语言是绝对坦诚的，能将每个人真实的情绪暴露在他人面前，甚至用谎言也无法掩盖。身体语言对人们的沟通的确有着不可忽视的意义。所以，如果你能充分识别和掌握身体语言，你也可以当一个占卜师，你也可以掌握这一读懂对方心思的读心术。

第二章

观察面部表情，可预见对方的情感

·第一节·

情感的实质是体内触发的生理反应

情感的产生来源于人类逃离威胁的生存本能

情感是人类性格的重要组成部分，我们所做的事情中有很大一部分受到情感的驱使，也就是说，情感会控制我们的行为和决定。甚至有些时候我们并不能意识到自己正处在什么样的情感状态之中。

如果我们想要深入地掌控读心术，那么了解什么是情感是十分必要的。情感究竟是什么，情感又是怎样产生的呢？很多关于情感的理论都直指一个事实：所有人都具有同样的基本情感，并因为同样的事物受到触动。

当我们感到自己受到了威胁，不论是个人安全方面的威胁还是一般福利方面的威胁，都会触发情感的产生，所以有一个这样的理论：情感的起源是像生存机制一样的生物机制，当危险发生时，它是超越理性的最佳应急机制。比如，当一辆汽车在你身边飞驰而过的时候，假如你还要分析汽车正在以多少时速驶向你，那么恐怕你早就丧命车轮了。实际上，我们总是在无意识中就接受和探测了周围的这种信号，当信息被传递到自主神经系统之后，就会激活相应的过程，同一时间内，信息也会被传达给意识，来告诉我们的大脑将要发生什么。

当某个信号飞速地冲向我们，就会形成触发恐惧情感的一种刺激，这种恐惧反应投射在身体上就会出现脉搏跳动加快、血液更多地涌向腿部肌肉等的种种现象，以便及时帮助我们逃跑，如此一来，身体比头脑先感觉到了危险，所以你的身体会下意识地快速逃离危险。当你成功脱离危险后，你的身体恢复到正常状态所需的时间，比你的头脑意识到危险已过去的时间更长，这也就能说明，为什么危险已去，你仍然会心有余悸。

也就是说，情感最初是作为一种自动化系统来帮助我们逃离危险的。情感会让我们大脑的不同区域产生及时的变化，影响我们的自主神经系统，从而产生呼吸、出汗、心跳等身体功能的变化，而其情感还会改变我们的声音、面部表情和肢体语言。

很多人认为情绪和感情是一回事，其实并非如此。感情是激烈的、短暂的，而情绪可以是持久的，情绪常常作为感情产生的"背景"。

当然，并不是每次都是因为生存的原因才能感受到情感，随着人类的进化发展，我们的感情变得更加复杂，更加多元，在下面的内容中我们就来看一看触发情感的常见方式。

所有人都具有同样的基本情感，并因为同样的事物受到触动

正是我们的情感把我们同外在的事物联系在一起，情感在我们的生活中占有着重要的位置，触发情感的因素也是多种多样的，下面就来看看一些比较普遍的形式：

第一，前面有一只恶狼！

突然从周围环境中探测到一个正确的信号是触发感情的最常见方式，我们没有充足的时间来思考目前的情感反应是否合适，也许我们是错的，也许所谓的恶狼只不过是一块石头，但也会让我们使出全身的力气来抛出最锋利的武器。

第二，这到底是为什么？

思考正在发生的任何事情也能够触发我们的情感。当我们试图弄明白一件

事的时候，情感就会被启动。思考的时候我们通常不容易犯错，但是，思考花费的时间却相对较长。

第三，想想你和她接吻时候的情景！

通过回忆具有强烈情感的事件也是触发感情的方式之一，我们既可以回忆过去的感情，也可以对过去的感情产生新的感情。比如，以前发生的某一件事在当时让你异常愤怒，现在回想起来你可能会惊讶当时的你为什么如此愤怒。

第四，如果我能飞到月球上，那该多好啊！

当我们开始让想象力在脑海中徜徉的时候，能唤醒我们内心的情感。比如，你可以幻想你登上了月球，在月球上体会失重的快感，怎么样，不如试一把吧！

第五，别再提这个了，我会再一次感到不安。

谈论过去的情感经历会把那些情感带回给你，即使你并不想要它们。有些时候，只要你和别人谈谈上一次是什么惹怒你的，就足以让你再一次发怒。

第六，哈哈！

我们可以通过同情触发情感，也就是说，当我们看到别人正在经历某种情感时，那种情感也会传染给我们，使我们有相同的感受。你更喜欢和阿甘式的傻瓜在一起，还是更喜欢和尼采那样整天苦着个脸的哲学家在一起呢？

第七，嗨，调皮鬼！离电源远一些，别碰它。

童年的时候，父母和其他大人告诫我们要害怕或者喜欢的事物，会在我们长大以后使我们产生同样的反应。小孩子看到大人在不同的情况下做出不同的反应后，还会通过模仿产生同样的情感。

第八，那个人，说你呢！你怎么插队呀！

违反社会规则的人会让我们产生强烈的情感。当然，不同文化中的社会规则也不尽相同，但相同的是：违反社会规则会引起厌恶、鄙视、愤怒等各种反应。至于会引起哪一种反应，就要看社会规则是什么，以及是谁在践踏规则了。

第九，咬住你的下嘴唇！

我们知道了情感会引起身体做出相应的表达，其实我们也可以反过来通过有意识的身体动作、肌肉反应来引发相应的情感。当你努力变得生气的时候，不妨紧咬你的下嘴唇，看看愤怒的感情是不是已经在心中酝酿了！

颜色的巧妙运用能改变人的情感

古时候，有人开了一家旅馆，但是由于经营不当，面临倒闭。正好此时碰上一名智者经过这里，就向旅馆老板献策：将旅馆进行重新装饰。到了夏季，将旅馆墙面涂成绿色；到了冬日，再将墙面刷成粉红色。旅馆老板按智者所说的做了之后，果然很是吸引顾客，生意渐渐兴隆起来。

为什么粉刷墙壁就能改善旅馆的经营状况，使之扭亏为盈？其中的奥秘在哪儿呢？原来智者巧妙利用了人们的联觉心理。联觉是一种感觉引起另一种感觉的现象，这种心理现象实际上是感觉相互作用的结果。上述事例就是通过改变颜色，使不同颜色产生不同的情感效果，从而起到吸引顾客的作用。

不同的颜色会给我们不同的情感，这是每个人都能体会到的。比如我们会根据不同的心情和个性选择不同颜色的衣服，颜色对人的心理影响是很大的。还比如不同色调的画作和摄影作品，会使我们感受到不同的情感。还有，房间里墙壁刷上不同的颜色，也能让我们感觉到不同。

上面的这些说明颜色会影响人们的情感。有的时候，这种影响是至关重要的。

国外某地有一座黑色的桥梁，每年都有很多人在那里自杀。后来有人提议把桥涂成天蓝色，结果在那儿自杀的人明显减少了。后来人们又把桥涂成了粉红色，结果，再也没人在这里自杀了。

从心理学的角度分析，黑色显得阴沉，会加重人痛苦和绝望的情感，容易把本来心情绝望、濒临死亡的人，向死亡更推进一步。而天蓝色和粉红色则容易使人感到愉快开朗，充满希望，所以不容易让人产生绝望的情感。

心理学家对颜色与人的心理健康进行了研究。研究表明在一般情况下，红色表示快乐、热情，它使人情感热烈、饱满，激发爱的情感；黄色表示快乐、明亮，使人兴高采烈，充满喜悦；绿色表示和平，使人的心里有安定、恬静、温和之感；蓝色给人以安静、凉爽、舒适之感，使人心胸开朗；灰色使人感到郁闷、空虚；黑色使人感到庄严、沮丧和悲哀；白色使人有素雅、纯洁、轻快之感。

研究指出，颜色还能影响人的食欲。橙黄色可以促进食欲，黑白色则会降低食欲。适宜的颜色不仅影响食欲，而且可以增进健康。人们通常习惯于把医院和诊所的墙壁刷成白色就是这个道理。因为白色给人清洁的印象，也可使痛苦的病人安静下来，这样有利于治疗、恢复健康。德国慕尼黑市的医院通过实验还发现，浅蓝色的墙有帮助高烧病人退烧的作用，紫色会使孕妇安静，赭色有助于升高低血压病人的血压。

颜色与工作效率也有关系。某企业有过这样有趣的事例：许多搬运黑色和深灰色部件的工人感到这些部件特别沉重。在心理顾问的指导下，管理部门把这些部件漆成浅黄色后，工人感到比以前轻松多了。专家们还发现，黄色、橙色和红色能激发人们的热情，提高人们的积极性。运动场上总是红旗招展，现在新型的塑胶跑道上也画出了色彩鲜艳的跑道线，其目的亦在于激起运动员的兴奋神经，使他们进入良好的竞技状态。相反，蓝色和紫色等属于消极色，会减慢人们的工作节奏。

不同的颜色使人产生不同的情绪、情感。长期住在红房子里，情绪会兴奋；如果住在苹果绿的屋里，心情会平静下来。接触阳光和灯光，因而对红、橙等色产生幸福温暖之感；接触树木、禾苗，因而对绿色产生生长、希望之感；接触即将收割的稻、麦等，就会对黄色产生成熟、务实之感；经常接触泥土、重金属，则会对黑色和棕色产生沉重、艰辛、凝重之感。

在临床实践中，学者们也对用颜色治病进行了研究，效果是很好的。高血压病人戴上烟色眼镜可使血压下降；红色和蓝色可使血液循环加快；病人如果住在涂有白色、淡蓝色、淡绿色或淡黄色墙壁的房间里，心情会很安定、舒适，有助于健康的恢复。

颜色对人的脉搏和握力也有一定影响。实验证明，人在黄颜色的房间里脉搏正常，在蓝色的房间里脉搏减慢一些，在红颜色的房间里脉搏增快很明显。

法国的生理学家实验发现，在红色光的照射下，人的握力比平常增强一倍；在橙黄色光的照射下，手的握力比平常增强半倍。

由此可见，颜色不但可以影响人的情感，而且还会影响人的健康。颜色的作用不容小视呀！

·第二节·

无意识的表情是探测真情实感的线索

无意识的表情是探测真情实感的线索

有一部电影叫作《致命魔术》，讲述了一对夫妇的故事，影片中，当丈夫对妻子说出"我爱你"时，有的时候说的是真话，有的时候却是在说谎，而他的妻子总是能够通过直视丈夫的眼神看穿丈夫说的是真是假。

从小就有人告诉我们，当你想知道对方心里想的是什么的时候，你盯着对方的眼睛看就能知道，真的是这样的吗？其实，与其看着对方的眼睛，不如看看他整个脸部。人的脸上有 40 多块肌肉，它们当中的大部分我们都无法有意识地掌控，那么，这就是说，你的面部表情会无意识地流露出许多信息，但是，许多人却无法对这些流露出的信息进行正确的分析。

我们每个人都有察觉他人情感的能力，能分辨出别人是高兴还是生气，但是，我们又常常忽视了一些信息，有些时候直到别人开始把心中的怒火发泄出来、爆发出来才明白他原来是多么地怒火中烧！并且，有些时候我们会混淆一些面部表情，比如，把害怕的表情当成惊讶，把入神的表情当成悲伤。

有时候我们会同时产生两种情感，那么在这两种情感的转化过程中，就会有一个承接两种情感的阶段，比如我们先是惊讶，然后我们又开始高兴，那么这之中就会呈现出又惊又喜的表情。当我们经历一种混杂的感情的时候，比如当我们坐过山车时，我们会既兴奋又害怕，我们会在无意识中表现出我们想要隐藏的感情，与此同时，我们会有意识地假装出我们想要伪装的感情。还有些时候，一个人的面部表情不仅仅会配合我们的谈话场景和谈话内容，还会来评价我们的其他表情，比如，当你感到紧张的时候，你很可能会挤出一个假笑。

事实上，观察一个人无意识的表情，不仅能够知道他此时此刻的情感，还能够知道他即将会产生的情感。这是因为，肌肉的反应比思维的反应更快，利用这一点，你可以在对方尚未感觉到他的感情之前先他一步做出应对措施，比如当你发现一个人即将发怒的时候，你可以提前帮助他控制愤怒情感的爆发，这比起他发怒后你手足无措要好得多吧！

综上所述，我们在与人交往的过程中要识破对方的感情，无意识的表情是我们可以参考的一项重要指标。当然，在你通过他人的面部表情识破了他的内心的时候，最好是让你看到的情感决定你下一步应该以什么样的方式来和他沟通，而不是直接面对它，因为你看穿的很可能是他的个人隐私！

轻微表情、局部表情与微表情

一个人的面部表情主要包括 3 种：轻微表情、局部表情与微表情，下面就让我们来逐个认识这 3 种表情。

1. 轻微表情

轻微表情是一种整个面部肌肉都轻微地、强度不大地参与到整个面部表情构成中的表情。每一块肌肉都形成了你表情的一部分，但是每一块肌肉的变化都不是很明显。轻微的表情说明情感较弱，比如：有的感觉可能本身比较强烈，但是当这种情感刚刚开始的时候，它可能比较弱；有的情感在刚开始的时候可能比较强烈，但是它正在慢慢地消退。轻微表情的产生还有另外一种情况，就是当一个人想要极力掩盖他强烈的感情却没有成功所留下来的痕迹，比如，当我们看一些选秀节目的时候，被淘汰的选手面对镜头时会努力掩盖自己失落的情绪。

2. 局部表情

局部表情是指，只运用一两块肌肉来构成表情，局部表情有时候可能是轻微的，有时候可能是强烈的，在大多数时候局部表情是轻微的，这意味着，也许感情本来就是轻微的，也许感情正处在削弱期，也许意味着没能隐藏好某种强烈的情感。

3. 微表情

微表情是一种稍纵即逝但是能够很明了地表现出一个人的感情的表情。微表情可能出现的时间会很短，可能只有半秒钟就消失不见了，而且很少人会有意识地观察一个人的微表情。我们常常会打断我们自己的微表情，比如，当我们意识到自己正在感到害怕的时候，我们会用别的表情来代替我们一晃而过的微表情。想通过微表情来看穿对方的心思其实并不是难事，一个人只要稍加训练就能捕捉到微表情。

以上就是面部表情的 3 个种类，在你与人交往的过程中，不妨有意识地留心他人的这 3 种面部表情，这样你一定能读透他的内心。

7 种全球通用的表情模式

美国著名心理专家保罗·艾克曼研究了不同的精神状态对人们的影响，以及这种精神状态是怎样反应到人的身体和脸上的，他发现了有 7 种基本情感的表达方式是全球通用的。这 7 种情感表达方式是：惊讶、悲伤、愤怒、恐惧、快乐、厌恶，以及轻蔑。

1. 惊讶

惊讶是一个人持续时间最短的表情。人们在吃惊或有防备的时候，会把眼睛睁得特别大，并且巩膜（眼白）会在虹膜（眼睛中有颜色的部分）之上。再加上一些面部表情，例如，眉毛会抬起，且向上弯曲，而下颌下垂，双唇分开，年纪大的人前额还会出现许多皱纹。在你看到这些现象后，就可以完全肯定，这个人正处在震惊中。

2. 悲伤

和惊讶相反，悲伤是一个人持续时间最长的感情，很多事情都可以让我们感到悲伤，当我们因为种种原因要和心爱的人分别的时候，当你因为自己的失误而丢掉了一份宝贵的工作的时候，都会有悲伤的感情。悲伤还具有社会功能，当你的面部表情表现出悲伤的时候，你会得到别人的安慰、帮助、鼓励等。社会让男人不敢轻易表现自己的悲伤，他们总是强颜欢笑，但是表情不会骗人，强颜欢笑是很难掩盖的。悲伤的一大特点是脸部肌肉松弛，并且，眉毛里端会收缩或扬起，眉毛之间产生垂直的皱纹，上眼皮里端抬起，形成三角形，下眼皮也可能会受到影响，变得紧张，嘴角会向下撇。

3. 愤怒

我们愤怒常常是因为某件事或者某个人阻止了我们想做某件事的想法，有时候我们也会对自己感到生气，别人不赞成我们的想法时我们也会愤怒。愤怒是一种危险的感情，常常伴随着想要伤害别人的冲动。当然愤怒也有一定的好处，它可以成为我们改变某件事情的动力。当一个人愤怒的时候，他的眉毛会收缩或者下垂，两眉间有皱纹但是前额不会有皱纹，从嘴巴上来看，双唇紧闭也是愤怒的一个信号。当某个人因为愤怒而直接盯着另一个人，显示出紧张的眼部状态时，他的上下眼皮也会很紧张，眼睛眯成一条缝。他用眼睛盯着别人，用以宣泄内心的感受，甚至达到吓唬对方，或威胁对方的目的。

4. 恐惧

对我们的心理或者身体产生伤害的事情都会让我们产生恐惧的情感。从生物意义上来讲，恐惧能让我们迅速逃离危险。恐惧时人们的眼睛会直愣愣地大睁着，好像要把那预示着迫近危险的最细微的动作都看个一清二楚。在这种状态下，发出动作者的下眼皮很紧张，但与吃惊的情绪不同的是，感到恐惧的人的面部表情很不一样，他们的眉毛会抬起并锁在一起，呈现平线形态，嘴巴是紧张而且向回收缩的。

5. 快乐

什么东西会让我们感受到快乐呢？美丽的鸟儿、孩子的笑声、花朵的芳香都会让快乐之感油然而生，而人们似乎把快乐更多地表现在声音之中，比如快乐地大叫、快乐地笑，脸部变化则不那么明显。真笑和假笑之间也有着明显的区别：真笑时，会有两块主要的肌肉——颧骨肌和轮匝肌被用到，颧骨肌把嘴巴仰起来，轮匝肌让眼睛周围变得紧张；当假笑的时候，轮匝肌是不会被用到的，因此我们在形容某个人假笑的时候常常说："他的嘴在笑，但是眼睛却没有笑。"

6. 厌恶

你知道厌恶的表情是什么样子的吗？不妨开始这样的想象：你需要准备两样东西，一个玻璃杯，一口口水，现在想象你吐一口口水到玻璃杯里面，然后喝下去。这样的想象很可能会让你出现厌恶的表情。厌恶是一种非常强烈的情感，也是一种非常明显的表情，厌恶的表情很少会用到眉毛和前额，只是用到脸的下半部分，所以厌恶也是一种很容易假装的表情。判断一个人的厌恶是真是假，可以通过观察他的鼻子，如果鼻梁上出现了皱纹，就表示他真的升起了厌恶之情。

7. 轻蔑

轻蔑和厌恶密切相关，但是我们不会对物产生轻蔑之情，只会对人轻蔑。我们通常想让那些被我们轻蔑的人感到我们自身的优越感。当一个人有轻蔑的感情的时候，他的嘴角会拉紧并且上扬，形成一个带点邪气的微笑，鼻子可能还会发出"噗"的声音，眼睛还会往下看。

第三章

通过感官特征，可知对方如何进行思考

·第一节·

不同的感官创造不同的思维方式

感官记忆在思考中既负责回忆也参与创建

想象你身处一个充满异国情调的热带岛屿，右手端着一杯热带水果鸡尾酒，正赤脚信步走在美丽的海滩上。原本银白色的沙滩在夕阳的余晖下泛起迷人的金色，温热的细沙顽皮地钻进你的趾缝，有点痒却又很舒服。微风拂身，空气里弥漫着海水的咸味和一股椰子的香味。你一边听海浪拍打在岸上，伴随着棕榈树摇曳发出的沙沙声，一边啜饮着沁凉的鸡尾酒，慵懒地望向海面，一只海鸥在远处掠过水面冲向天空，发出一声清亮的叫声。

继续随意地四处打量，你发现前面有一个银白色的贝壳，走过去把它拾起来，轻轻地用手指摩挲它表面有趣的纹理。这时，离沙滩不远的露天餐厅里已经开始飘出阵阵食物的香味，人们一边用餐，一边低语，仿佛不愿意破坏黄昏的宁静。你忽然感到自己已经饥肠辘辘了，脚步不由得折向餐厅……

如果你心无杂念、沉浸在对上面这个情境的想象中，你一定会觉得真的听到了海浪拍打沙滩的声音、棕榈树发出的沙沙声和海鸥的叫声，也会感受到钻进脚趾间的沙子、清凉的微风、沁凉的鸡尾酒，还会闻到空气中海水的咸味和椰子的香味，而在最后，你的嘴里恐怕还涌出了很多的口水。

不论你以前有没有在海滩漫步的真实经历，那些感受一定都会发生。因为它们不仅来自你的记忆，还来自创建。当我们思考时，通常会启动两种不同过程中的某一种——要么回忆起以前曾经有过的想法，要么创建出从未有过的新想法。不论是哪一种过程，我们的感官记忆都会在思考中扮演重要的角色。

我们的听觉、视觉、感觉、味觉、嗅觉和平衡感不仅对探索周围环境非常重要，而且也会被用来思考与感官体验无关的事物。我们会运用不同的感官记忆和体验来思考。如果我们回忆起以前的事情，比如一次愉快的度假，我们的脑海中就会浮现出生动的场景，想象出我们当时听到的声音，甚至闻到的气味，等等。当我们回忆时，我们再现了以前的感官记忆。然而，感官记忆对创建新的想法也很重要。

以上面的情境想象为例，为了在头脑中创建那个情境，你的大脑会从其他类似的回忆中选取和拼凑相关的片段。例如，你曾经用手摸过贝壳，你就会知道摸起来的感觉如何；你曾经喝过鸡尾酒，你也会知道它的味道。但是，如果从来没有过黄昏时分在漫步海滩的经历，没有类似的记忆可供调取，那么你的大脑就会用你从别人的照片、电影中看到过的画面来帮助你再现场景。也就是说，你的大脑在脑海中创建了一个新的经历，而这个经历就像你亲身经历过的一样。

事实上，我们在思考时总是以某种方式运用感官记忆，就像你刚才在脑海中创建那个黄昏时分的海滩漫步时做的那样。更多的时候，我们会运用这些感官探索外在的环境。从内在的（在脑海中）到外在的（探索周围环境），我们不断地转换运用感官的方式。我们越是专注于别人对我们说的话或者正在阅读的内容，我们就越是内在地运用感官。举个例子，此时此刻你肯定不知道右脚是什么姿势。也就是说，直到你被提醒以后，你才会有意识地想到：右脚？哦，我确实有右脚，那它在干吗呢？然后你就会看看右脚正处于什么位置、什么状态。

不同的感官创造不同的思维方式

上文那个黄昏时分海滩漫步的情境想象，可以说明人类的大脑并不能很好地区分内在与外在的感官运用，也就是说大脑不能够区分实际发生的情况和幻想的情况，这些也是臆想症产生的生理基础，出现这种情况的原因是不论在哪一种情况下，我们的大脑都有相同的区域被激活了。

人类的大脑包括左、右两个半球及脑干，它作为人体的神经中枢，指挥着人体的一切生理活动，如脏器的活动、肢体的运动、感觉的产生、肌体的协调以及说话、识字、思维等。科学研究证明，大脑特定功能源于大脑的某一区域，大脑也由此被划分为不同的区域，如视觉区、感觉区、记忆区、语言区、识字区、运动区和联合思维区等。

在大脑活动中，运用不同的感官记忆对我们从外界收集到的信息进行转换，会激发特定的大脑区域，使我们发现不同的重点，从而导致我们产生不同的思考方式，并以不同的方式进行人际交流。

在20世纪70年代末，一个心理学学生理查德·班德勒和一个语言学学生约翰·格林德提出了一个EAC模型，即眼睛解读线索。这个模型对不同的感官和思维方式进行一些有效的研究，这个模型认为：

眼睛向上方看，表示大脑的视觉区域正在被激活，叫作视觉记忆；看右上方，在创建图像，看左上方，则在记忆图像。

眼睛平视，则意味着大脑的听觉区域正在被激活，叫作听觉记忆；朝左看，是在回忆声音，朝右看，则是在创造新的想法，比如你在想象别人会对你说什么。

眼睛朝右下方看，则表明大脑的感觉区域和情感区域被激活，叫作动觉记忆；不过这时候并不能区分出人们究竟是在记忆还是在创建。

眼睛朝左下方看，说明大脑的联合思维区域被激活，正在进行逻辑思维，此处被心理学家称为中立阶层。

现在我们可以来测试一下EAC模型的有效性：

眼睛盯着左上方的某个点，在大脑里浮现出某一幅你喜爱的名画，如列宾的《伏尔加河上的纤夫》或者达·芬奇的《蒙娜丽莎》《最后的晚餐》，当然也可以是别的你喜欢的。那幅画你肯定已经看过很多次了，尽管你不一定特别关注过它。尽量想出这幅画的很多细节，比如，人物的脸、衣服、背景、画面的整体颜色等等。

给自己20～30秒钟来做这个测试。

做完后，把画面从你的脑海里删除，然后，把眼睛朝右下方看，重复以上的过程，尽力想象刚才那幅画的画面。你的脑海里还可以很容易地形成图像吗？

尽管之前你成功地做了一次，但是这次眼睛在向右下方看时，想象画面却变得有些困难了，这是因为你大脑中的视觉区域不再被激活了。换句话说，眼睛朝右下方看是不能调动视觉记忆的，只有在朝左上方看时才能调动视觉记忆。

如果你问一个朋友"你的假期过得怎么样"，并注意观察他的眼睛，你会发现他的眼睛先是往左上方看，接着又迅速地往右下方看，这就表明他大脑中的思维过程是先回忆他的假期看起来怎样，然后通过回忆他的感觉来确定他对假期的记忆。这正好说明了不同的感官创造了不同的思维方式。

人们所偏好的感官记忆各不相同

感官记忆是大脑思维的一个重要组成部分，那些专门研究记忆原理及提高方式的人已经发现人们所偏好的感官记忆各有不同，并成为他们提出不同记忆偏好者应该使用不同的记忆方法的理论基础。

不同的人喜欢运用不同的感官记忆，有的人喜欢运用视觉记忆来思考外在的事物，有的人则喜欢运用听觉记忆，还有的人喜欢动觉记忆，比如所有的身体感觉，包括触摸、温度等。与动觉感官记忆相应的内在元素就是我们的情感，非常感性的人就属于这类群体。还有少数人喜欢味觉和嗅觉体验，不过，从实用的角度来看，他们通常也被划为喜欢动觉记忆的人群。

在感官记忆偏好中，这有一个中立群体，也就是上面提到的中立阶层。他们不像视觉、听觉或动觉群体那样依赖外在的刺激，而是更喜欢运用逻辑推导的思维方式，对外在的事物喜欢仔细推敲，甚至和自己进行辩论（自言自语）。对他们而言，每件事情不是对就是错，不是黑就是白，几乎不存在灰色的中间地带。

需要注意的是，有感官记忆偏好，并不是说我们就只使用一种感官记忆，事实上，每个人在接触外界事物时，都会在不同程度上使用所有的感官记忆，但有一种感官记忆会使用得很多，起到主导地位，其他的感官记忆则主要用于印证主导的感官记忆。而各种感官记忆之间的搭配是因人而异的，比如：有的人非常喜欢听觉记忆，但也会使用不少的视觉记忆；有的人则几乎完全依靠自己的听觉记忆，而很少运用其他的感官记忆；有的人会以视觉记忆为主，同时运用情感和听觉记忆来支持自己视觉记忆的变化；但也有不少人仅仅使用视觉记忆；等等。我们要在与人交往中通过多种方式来判断其感官记忆偏好。

·第二节·

如何判断对方的主导感官

观察眼睛运动方向判断被激活的感官记忆

前面介绍过，大脑里的不同区域被激活时，会导致眼睛以不同的方式进行运动，同时也介绍了 EAC 模型。现在我们运用它来判断他人的感官记忆类型，这个模型强调了感官记忆在思维过程中的重要地位，认为可以通过观察人们的眼睛活动来判断哪一种感官记忆正在被激活。

再次复习一下 EAC 模型的内容：

眼睛向左上方看，表示他正在回忆图像；

眼睛向右上方看，表示他正在脑海中创建新的图像；

眼睛朝左看，表示他在回忆一些声音，比如别人曾经对他说了些什么；

眼睛朝右看，表示他正在创造新的想法，比如想象别人会对他说什么；

眼睛朝左下方看，表示他在考虑逻辑问题，或者在推理；

眼睛朝右下方看，表示他调动了身体感觉和情感，比如某个情境中的感受。

为了确保 EAC 模型真的适用于对方，你可以先询问对方一些对照问题（见下面的例子），促使他们调动相应的感官记忆，然后观察他们在回答问题时的眼睛活动。

1. 考察视觉记忆的问题

你奶奶家里的窗帘是什么颜色的?

描述一下电视上刚出生的那个婴儿是什么样子的?

公园里的假山是什么形状的?

……

2. 考察视觉创建的问题

橱窗里那件金色礼服穿在你身上会是什么样子?

把那个图案旋转 270 度是什么效果呢?

想象一下在你客厅的电视墙上画一幅山水画作为壁画,会怎么样?

……

3. 考察听觉记忆的问题

你记得他走的时候说了什么吗?

《非诚勿扰 2》的片尾曲开头是怎么唱的?

你用哪首歌做手机铃声?

……

4. 考察听觉创建的问题

那个音符提高一个八度唱起来会怎么样?

刘德华的声音在水底下听起来会怎样?

如果让你给蜡笔小新配音,你觉得如何?

……

5. 考察动觉记忆的问题

去年这个时候,好像已经很热了,你还有印象没?

那个店总是弥漫着一股很好闻的味道,是栀子花的香味吗?

那款新上市的冰激凌味道很棒,椰子味混合着香草味,你要不要尝尝?

……

6. 考察是否是中立阶层的问题

你有自言自语的习惯吗?

你喜欢遇到困难时自己鼓励自己吗?那时候你会对自己说些什么呢?

……

当你需要了解别人时，可以通过上面 6 类问题进行提问，然后运用 EAC 模型判断出对方哪个感官记忆被激活。虽然 EAC 模型的正确性引发了很多争论，但是更多的应用情况说明，它在多数情况下都是一种非常有效的模型。

运用 EAC 模型进行判断时，对大部分人都适用，但毕竟"模型"只是一个简化和概括，不可避免地会存在一些例外，例如，有些人的眼睛运动和所提示的感官记忆会完全相反。如果在询问了一些对照问题之后，你发现对方眼睛的活动并不符合 EAC 模型，那就不要运用这个模型。任何一个不符合这一模型的人总是有他们自己的模型，只要提一些对照问题就可以很容易发现这些模型。

主导感官决定我们喜欢使用哪种词汇

你一定没有意识到自己在所有的语言词汇中存在着某种偏好，而别人和你一样，也有很喜欢使用的词汇，这就为我们发现别人喜欢运用哪种感官记忆提供了另一种途径——听他们说话。人们的话语往往包含了各种各样的判断、描述行为的词汇及比喻。人们对感官记忆的偏好，会决定人们喜欢的词汇和表达方式。

1. 视觉词汇及其表达

有视觉记忆偏好的人总是偏爱：光、看、瞅、瞧、观察、看见、预见、洞悉、洞见、显现、描绘、呈现、揭露、展示、画面、肖像、景象、闪闪发光、澄清、多姿多彩等用到眼睛的词汇。他们认为这些词会使自己的语言形象生动。

这类人更倾向于使用这样的表达：

我想要见你

我明白你的想法

我需要更仔细地观察

能不能把你的意思用图表示出来呢

这个项目的前景看起来很光明

几年后你想起这个肯定还会笑出声来

这样会为你的画作增光添彩

清澈的湖面泛起了阵阵涟漪

2. 听觉词汇及其表达

有听觉记忆偏好的人会使用各种不同的听觉词汇，例如：问、说、听、声音、大声、单调、沉闷、节奏、语音、聋、响、沉默、刺耳、悦耳、告诉、讨论、评论、听得见、倾听、尖叫、听众、听从、听候、听话、听讲、听来、听凭等与耳朵和口有关的词语。

他们更喜欢用这样的表达方式：

先听我说完

你的话听起来挺有道理的

能跟我说说你的想法吗

他们俩的声音听起来很像

你慢慢说

一个字一个字地说

我从来没有听说过这种事

我来给大家讲个笑话

我们也可以说

3. 动觉词汇及其表达

有动觉记忆偏好的人，包括由触觉或情感触发记忆的人，以及那些喜欢运用味觉或嗅觉的人，他们喜欢用这样一些词汇：身心、酸的、甜的、苦的、辣的、咸的、接触、抚摸、触摸、温暖、冰冷、疼痛、紧张、切实的、沉重的、轻松的、平静的、平滑的、粗糙的等和感觉感受有关的词语。

他倾向于使用这样的表达：

你不妨尝试一下

好香啊

我心里好疼啊

我抓到它了

它最终还是陷下去了

放松身体

抚摸着一只猫

这才只是接触到了问题的表面

这种关系基于一个很坚实的基础

她很甜美

4. 中立词汇及其表达

前面提到的中立阶层总是喜欢用那些与感官无关的词汇，例如：思考、逻辑、决心、决定、知道、理解、记住、估计、警惕、警醒、激励、励志、学习、接受、改变、放弃、过程等看起来毫无感情色彩的词语。

这类人说话听起来或多或少像一篇论文，他们的表达方式都是以略带冰冷的严谨为基调。不过最令他人感到尴尬的是，虽然他们说话时努力避免自己被误解，但他们却是最容易被误解的一群人。这是因为人们通常都是以不同的感官记忆来解读外界事物，而中立阶层却几乎不使用与感官记忆有关的词汇，这使得他们的话语听来非常抽象、难以理解，而不同的听者会以自己的感官记忆来自由地解读，因此造成了许多种不同的理解结果。毕竟，通过自己能直接看到、听到或感觉到的事物来和抽象的事物做参照，谈话才会变得更容易理解，交流也更畅通。

此外，人们的主导感官不仅会影响词汇的使用，还会影响对事物的关注方向。例如上面提到的四种人刚刚看了同一场音乐剧，如果你问他们对音乐剧的感觉，他们的回答可能是下面这样的：

"他们把剧中所有的歌都重新演绎，配乐也加入了很多现代元素，真令人激动，这是一出不错的音乐剧，不过我不明白为什么他们表演时要那么声嘶力竭。"

"我看得不大清楚，但这确实是一场不错的音乐展示，尤其是高潮部分，表演得太成功了，我看到了一个闪亮动人的画面。"

"我觉得剧场里面虽然拥挤但也很温暖，至于音乐，那给了我很深的触动。"

"这个音乐剧立意新颖、主旨很贴合时代……"

你能从中判断出说话的人各是什么感官记忆类型吗？

没错，说这话的人依次是听觉记忆偏好者、视觉记忆偏好者、动觉记忆偏妒者和中立者。

开放式提问和言行节奏告诉你对方的思维模式

很多时候，我们遇到的人都比较复杂，有的人会不同程度地使用各类感官词汇，而有的人实在深不可测。这使得我们很难单凭 EAC 模型或者对方讲话时所使用的词汇就找到对方的主导感官。这时，你可以使用下面两种方法：

1. 询问开放式问题

很多推销员在面对一个陌生客户时，常会用的一个老把戏，是在一开始就问："这看起来怎么样？"如果没有得到有效的回应，那就变成这样问："你以前讨论过这个问题吗？"或者"我希望知道你对此有什么感觉。"你也可以运用这些问题来观察你的交际对象，提问时要注意你的哪种提问方式最有效，然后再用符合那种方式的词汇和描述。

在我们面对陌生人时，不能够把前面那六类对照问题随意使用，为了找到方向，不妨找一些简单的但又不那么具体的问题进行提问，例如："你希望我以什么样的方式向你介绍呢？"这些简单的问题不同于前面介绍的那 6 类对照问题，简单、泛指，但能够为你了解对方更喜欢哪一种感官记忆提供有用的答案，因为它们更开放。

对于开放式问题，有的人会告诉你他想说什么，有的人会要求把他想说的写下来，并附上一些图表给你看，还有的人会告诉你最重要的事情就是让他们感觉良好，以便让他们信任你。

一旦你发现对方喜欢运用哪一种感官记忆，你就能在相当程度上了解他是怎么思考的，他喜欢用什么样的方式进行交流，以及他会认为哪些事情很重要而哪些事情无关紧要。对他人具备这种了解，会大大增进你的读心术，更不用说提高你的建立亲善关系的技巧了。

2. 观察对方的言行节奏

除了开放式提问，你还可以观察他人的讲话节奏和肢体动作节奏，来判断他们的主导感官，即使还没有和他们对视或交谈，也可以这么做。视觉记忆偏好者的言行节奏都很快，动觉记忆偏好者节奏则很慢，听觉记忆偏好者则不快不慢、居其中；反之亦然。如果你知道对方的主导感官是什么，就会了解他们呼吸、讲话和行为的节奏，帮助你提高对他人言行方式的接受程度。

对这种观察方式稍加练习之后，你还可以模仿对方在思考时的眼睛运动，体会到对方正在想什么，这还可以帮助你体会到对方所听到或感受到的事物。这些都不是有意识做的，而是在无意识中发生的，并且有助于增强你和对方之间的归属感和亲和力。

当你了解了对方的感官记忆偏好，你就会更好地理解他想表达什么。而通过把自己的语言调整成对方的语言，你也能更清楚地表达自己的想法，让对方更好地理解你，而不产生任何误会。更重要的是，如果你能用对方的方式表达自己，谈论对方感兴趣的话题，这不仅向对方表明了你和他的思维方式一样，而且有助于你深刻地理解对方思维建立的过程。

行为特征是主导感官作用的综合表现

人们的行为方式受到所有感官的综合作用，由于主导感官的不同，我们看到每个人都有自己不同的行为特征，研究这些行为特征可以为大多数人提供参照。

1. 视觉记忆偏好者的行为特征

喜欢运用视觉记忆的人，最关心事物看起来怎么样，尤其是他们自己看起来怎么样。由于他们对颜色、形状和光线非常敏感，所以对他们来说，图像比语言文字来得更快，在说话时，他们的语速总是很快，并经常以清晰有力的声音来表达。这种快节奏的语速会导致他们呼吸加快、胸部起伏，因为他们在说话时从来就没有时间休息停顿。而他们的肢体语言也会随着说话的急促节奏变得同样急促，就连走路时也不自觉地加快了脚步。前面介绍过，视觉记忆是被眼睛朝左上方看激活的，例如在听这类人的演讲时，你经常会看到尽管他们也时常保持着与听众的眼神交流，但眼睛总是时不时地朝左上方看；当一个视觉记忆强烈的孩子在回答问题，也会不自觉地盯上左上方的天花板，如果老师说，"答案可不在天花板上"，并强迫他们直视前方，他们甚至会无法回答问题。

2.听觉记忆偏好者的行为特征

喜欢运用听觉记忆的人言行节奏都比较慢，他们使用横膈膜呼吸，并以悦耳的、有节奏的、富于变化的声音讲话。相对于视觉记忆偏好者来说，通过听觉来收集信息要比视觉慢得多，所以听觉记忆偏好者的思考速度比具有强烈视觉记忆的人慢，而他们的语速与思考速度总是能保持一致，手势则通常都围绕着身体中段。这类人通常处于一种放松的方式，其注意力会随着关注点的移动而移动。他们常常在思考的时候歪着脑袋，就好像在倾听别人谈话一样。使用听觉记忆的人很容易被其他噪音分散注意力，如果你和一位以听觉记忆为主导感官的人谈话，就会发现他常常分神，如果在他倒水的时候，跟他说话，他常常会不留神把水弄洒。

3.动觉记忆偏好者的行为特征

喜欢运用动觉记忆的人总是能轻而易举地说出他们对某件事物的感觉如何（不论是内在的还是外在的）。他们把关注点放在自己对事物的感受上，座位坐起来是否舒服，工作服穿起来是否得体美观。动觉记忆偏好者的言行节奏通常很缓慢，他们用腹部呼吸，或者以缓慢、温柔而深沉的声音讲话，或者以尖锐高亢的声音讲话，而在讲话之前，他们则要首先了解自己的感觉如何，正确与否，所以在重要讲话前，千万不能做任何影响他们感觉的事。偏好动觉记忆的人的肢体语言幅度通常很小、节奏很慢，几乎只发生在腹部周围。对这类人来说，和别人进行交流时最重要的不是眼神接触，而是触碰。

4.中立者的行为特征

目前还没有发现中立者具有哪些相应的行为特征，他们总是愿意使自己的言行看起来符合逻辑，因而显不出独特的地方。多数中立者看起来像动觉记忆偏好者，但他们又似乎不仅仅如此。曾经有一个理论试图解释这其中的联系：由于我们的动觉感官（身体的和情感的）是最先发展出来的感官，而抽象思考（中立感官）出现得比较晚，所以一些中立的人不得不从动觉记忆开始。他们早年间在情感方面受到的伤害，会导致他们把自己的情感封锁在抽象严谨的逻辑推导这堵墙后面。这个理论也许能帮助我们理解他们，但不能帮助我们进行判断，对这类人还需要使用本书中其他的读心方式。

方法篇

读心，停！看！听！

第一章
外表的每一面都有意义

·第一节·
服装潜台词：想要呈现怎样的自己

常穿暖色系衣服者多开朗，常穿冷色系衣服者多含蓄

在选购衣物时，人们除了会遵循自己喜欢的类型和原则，还会考虑服装的色彩。所以，通过观察人们喜欢穿什么颜色的衣服，也可以看出他具有什么样的性格特征。服装的颜色大致上可以分为两类：暖色系和冷色系。暖色系的颜色例如红色、橙色，冷色系的颜色例如蓝色、白色等。仔细观察你会发现，一个人给别人的感觉就好像他身上穿的衣服给人的感觉，常穿暖色系衣服的人通常开朗大方，而常穿冷色系衣服的人则以内向含蓄者居多。

先来看看爱穿暖色系衣服的人。

有的人喜欢穿黄色的衣服。这类人，通常有自己的独特见解和想法，富有高度的创作力及好奇心。他们心情欢畅，性格外向，精力充沛，并喜欢幽默，乐于广交朋友。他们也热爱生活，身心健康，乐于助人，做事潇洒自如。而且，他们通常都具有冒险、追求刺激和新鲜事物的特征，无法忍受一成不变。他们还相当自信，对自己的决定坚定不移，很少听别人的安排。

有的人喜欢穿绿色衣服。这样的人，性格外向、活泼，个性谦虚、平实，

并且善于克制，不爱与人争论。他们很少心绪烦乱，也少有焦虑不安或忧愁的感觉，是真正乐观开朗的人。他们同样具有宽大的胸怀，对自己不喜欢的人也不会刻意地排斥或疏远，是真正的和善可亲之人。而且这类人道德感强烈，个性爽直，是聊天的最佳人选。

有的人喜欢穿粉色衣服。选择此类衣服的人多是单纯天真的幻想家，喜欢做"白日梦"。他们的心境一般都是纯洁如白纸般的，而且比较感性，会因为一些完全与自己无关的事而生气或者开心。他们处世温和，希望在别人眼中是个高贵的形象，常常想让自己呈现出年轻、有朝气的感觉。不过，他们有强烈的逃避现实的倾向，总是喜欢沉溺于自己的幻想里。

再来看看爱穿冷色系衣服的人。

有的人喜欢穿蓝色或者蓝紫色的衣服。他们的性格缺乏决断力、执行力。这类人平常待人虽温和，但自尊心强。而且，他们说话比较啰唆，缺乏羞耻心和责任感，但是他们并不善于表露自己真实的情感。不过他们的自尊心非常强烈，不能允许别人不认真听自己说话，哪怕是无关紧要的话。想和这样的人交往，最好不要在他们面前说别人的坏话，因为他们可能会假惺惺地骂你。

有的人喜欢穿棕色的衣服。这样的人自我价值观很强烈，很害怕因为外来因素的介入而改变自己的现状。他们的个性也很拘谨，在外表及处理事情的态度上，能给人一种很强的信赖感。他们对人与人之间的利害关系分得很清楚，容易给别人一种冷漠的感觉，但其耿直的个性颇值得信赖。所以，他们是真正适合深交的朋友。

有的人喜欢穿黑色的衣服。黑色象征着神秘和庄严，所以喜欢穿这类颜色衣服的人常常会给人留下神秘、高贵的印象。而且，他们也确实不太善于社会交际，常常不知道该怎么和人打交道。不过，和他们熟悉以后，你会发现他们是非常有趣的人。这类人性格通常多是温柔善良，忠厚老实，且具有宽容的气度。不过他们的依赖性非常强，有时候看起来好像是个乐观的人，实际上是为了掩饰内心的不安和恐惧。不过，他们有坚持不懈的精神，无论干什么都不喜欢半途而废，任何事情都要彻底弄明白。

有人喜欢穿白色的衣服。一般情况下，这样的人清廉纯洁，是个现实主义者。他们常常会自以为是，对于自己喜欢从事的工作，则会勇往直前地追求和实现。不过，他们总会为自己的失误找出各种借口。他们没有什么话题可言，重要的事情交涉后，关于酒色话题一般不参与谈论。为了维持自己的"白领"形象，他们无时不在为工作做出努力，他们是上司眼里的精英、下属心中的怪物。而且，喜好穿白衬衫的人，总是以工作为人生的支点，是不折不扣的现实主义者，对工作有一贯认真的态度。白色的优点是与任何颜色都能搭配，所以，有时候他们也能给人一种亲切感，但都是表面程度的亲切，内心还是很疏远的。

有的人喜欢穿紫色的衣服。这样的人，性格内向，多愁善感，敏感多疑。他们通常具有不错的文化素质和涵养，往往以艺术工作者居多。而且，虽然他们常常焦虑不安，但是往往能够驾驭和控制内心感情的忧虑和苦恼。然而常穿紫色衣服的人又有些自视清高，对于不属于同一领域或和他不是一个档次的人或事情，往往会表现出不屑的态度，这容易让周围的人疏远他们。

追求时尚者从众心强，不求时尚者个性较强

对于时尚，不同的人有不同的态度，有的人紧跟潮流、亦步亦趋，有的人却不为所动，坚持自己的风格。对于时尚的不同态度，也反映出一个人的心理性格特征。

在穿衣打扮方面追求时尚和流行，是从众心理的一种突出表现。经常穿流行时装的人，他们的服装选择跟着时尚走，流行什么就穿什么，却往往缺乏主见，也没有自己明确的审美观。关于流行，法国启蒙思想家皮鲁迪尔曾经这样说道："流行就如同善变的心与无聊的女神。"而喜欢追逐流行服饰的人，通常也是在服饰上缺乏主见的人，缺乏自己独立的审美观，因此只能一切以"时尚"和"流行"为选择标准。这类人在团体中大多是顺应型，总是把自己埋没于多数人中，才能获得安全感。

此外，热衷于流行时尚的人，在心底里常有一种孤独感，害怕被孤立，害怕和别人不一样，因此通过追逐流行来融入大众，获得认同感。

而那些对时尚冷眼旁观的人，往往是追求个性的人。他们对流行和时尚似乎漠不关心，总是按照自己的偏好和标准来挑选衣服而不是跟着流行走。在这些人看来，流行和时尚不过是一时兴起的噱头，而找到适合自己的风格才是最

重要的，何况流行天天在变，今天登上时尚封面的，明天可能就是俗物了。他们也并不在乎别人的眼光，不会因为自己的服装风格远离时尚而缺乏信心，除了对服装有自己独到的见解之外，在生活上也是很有主见和个性的一类人。

在人人都追逐流行的今天，这些能够不受外界干扰、按照自己的喜好选择服装与款式的人，在生活和工作中通常独立性较强，有很强的判断力与决策力，并具有很强的自主性。凡事不容易受他人意见的左右，他们非常清楚自己需要什么、适合什么，对自己的决定和判断充满自信，一旦制订了自己的目标，就努力完成，不达目的决不罢休。

同时，这类人也有过于自我的一面，常常听不进别人的意见，总是以自我为中心，喜欢特立独行、标新立异。在人际交往方面，个性不够随和，不容易和别人打成一片。

爱穿休闲装的人向往自由，爱穿西装的人重视形象

休闲装和西装是如今人们最主要的两种着装类型，不同的选择偏好可以折射出一个人关切点的差异。

随着工作压力加大、生活节奏变快，休闲对于很多人来说似乎成了一种奢侈品。而越来越多的人也重新开始重视休闲，对休闲服装的喜爱便是表现之一。不同的服装带给人们不同的心境和感受，职业装让人进入工作状态，给人以专业和稳重的感觉，但难免显得过于谨慎和拘束。而休闲服带给人身体的彻底放松和舒适，更能给人带来精神上的自由和愉悦，给人以无拘无束的自由感觉。喜欢穿休闲装的人，多半是向往自由和舒适的人，个性也比较随和。

这类人喜欢悠闲自在的生活方式，追求自然和简单，因此在为人处世上也比较单纯，没有什么心机，对人对己都没有过多的要求。他们为人十分亲切、随和，做事脚踏实地，也很容易配合。没有明确的自我主张，善于自我掩饰。因为不爱与人争，所以通常人缘也很好。几乎不会花言巧语地去欺骗和耍弄他人，而且凡事都倾向于往好的方面想。

在工作上，他们不喜欢被各种规则束缚，通常也比较有自己的想法和创意。他们追求简单的人际关系，一般比较内向，埋头于自己的工作或者兴趣爱

好，而懒于和人接触，除非是关系很好的朋友。

西装是人们在工作场合以及一些社交场合的正式着装，一套合身的西装能够让人看起来更成熟、更专业。因此，很多人即使在不必要穿西装的情况下也总是穿着西装，尤其是一些男性，常常都是西装革履。他们认为西装比较有品位，能够体现自己的身份和地位，也能够展现男性的阳刚之气。总的来说，爱穿西装的人，都希望给别人留下成熟、专业的印象。

穿西装是很有讲究的，西装的款式、颜色与衬衫、领带、皮鞋的搭配，一样都不能忽视，否则就会影响到整体效果。因此爱穿西装的人通常十分重视自己的外在形象，而且大多做事讲究原则和秩序，倾向于遵守传统的观念和各种规则，穿西服可能稍微缺乏情趣，生活中少了一点冒险和惊喜的成分。

西装以单色、无花纹的居多，但也有例外，例如格子花纹和浅色西装。

格子花纹西装在人群中很引人注目，爱穿格子花纹西装的人，喜欢与众不同。他们很有自己的主张和立场，不轻易听信别人的意见，有时显得特立独行，也有一点矛盾的心理。一方面他们和很多人一样穿西装，不希望自己太特别，另一方面又选择样式特别的格子花纹西装，因为不想和别人太一样。

而爱穿浅色西装的人，全身的搭配以白色或浅色系为主，外表看起来比较平静、不苟言笑，而实际上属于冷面笑匠。他们选择浅色的西装，一方面希望引人注目，另一方面是希望别人把注意力放在他的脸上而不是身体其他部位上。这类人对于事物通常有诙谐的见解，谈话机智而幽默。

同样是西装，不同的样式所隐含的信息也是不同的，从一个人喜爱的西装样式可以观察他的个性。一项关于西装样式的心理学实验表明，喜欢穿单排扣西装的人比喜欢穿双排扣西装的人更容易相处。穿单排扣西装的人较为随和、亲切自然，如果有陌生人和他打招呼，他会乐意与之交流。而喜欢穿双排扣西装的人，可能立即对陌生人心生戒备，谈话也非常严肃谨慎。

此外，西装外套的合身程度也能够反映一个人的心理状态。服装是人们塑造形象的重要方式，西装也不例外。有的人在选择西装时，总是会选择比自己的尺码大一号的衣服，这并不是他对自己的身材把握不好，而是另有原因。这类人通常刚刚离开校园踏入社会，略显得不自信，因此希望通过宽大的西装让自己看起来更高大、更有力量，也就是借助服装来提升自己的自信度。和这类人相处，最好多给予他们肯定和表扬，以寻求帮助的姿态打交道，这样更容易赢得他们的信任和好感。相反，选择稍小的西装外套的人，通常很有自信，喜欢控制别人，凡事按照自己的想法行事，在工作上会积极表现，行动力较强，和这类人相处不能硬碰硬，多称赞他的魄力和主见更容易得到他们的好感。而那些总是穿着十分合身的西装外套的人，则十分注重自己留给别人的印象，保守稳重、有教养，但是不太愿意和别人太亲近。和这类人相处要采取温和的、循序渐进的方式，重视礼貌和规范，这样才能赢得他们的信任。

喜欢华丽花哨服装的人有较强的自我表现意识

　　人们的穿着虽然不会说话，但是却可以传递不同的性格、爱好及身份等多方面的信息。比如，规规矩矩、一本正经的人，喜欢穿西服、系领带；穿黑色衣服的人，显得冷静、深沉；穿着艳丽的人，显得活泼可爱；自由随便的人，喜欢穿牛仔服、宽松式便装；歪戴帽、敞胸怀、挽裤腿的人，显示其性格粗犷，很不在乎；地位高的人，则穿着严肃端庄。所以，衣服可以反映人的性格。

　　比如，总是喜欢穿华美服饰的人，有强烈的自我表现欲。在大庭广众之中，你可以发现某些人总是穿着引人注目的华美服饰，这种人大体上有强烈的自我显示欲。他们总是希望别人能够将目光集中在自己身上，也希望自己什么时候都有一副光彩照人的形象。所以他们的自我显示欲强，并且爱出风头。同时，这样的人对钱的欲望特别强烈。他们穿着华美，看似不是很缺钱，但是他们却对钱有着强烈的欲望，会想方设法地赚钱。因此，当你看到这类身着华丽服装的同事或其他人时，就能洞察出他们的心理。如果你想得到他们的好感，可以多夸奖他的服装服饰，满足其膨胀的表现欲，这样肯定会使他们对你好感倍增。

　　有的人追求名牌服饰，这类人通常晋升意识很强。现在有很多上班族对名牌服装、名牌包等趋之若鹜，宁愿吃泡面度日也要省下钱来让自己拥有更多的名牌。同样，他们在选择工作时最关心的是某个公司是不是世界500强，选择男女朋友的时候最关心的是对方的家庭背景和学历情况。名牌大学、名牌公司和名牌服装一样，都是上流社会的标志，追求名牌则是想要跻身上流社会的一种表现。他们用各种名牌来包装自己，让自己看起来生活富裕而且很有品位。

喜欢追求名牌的人在工作中通常也有很强的竞争意识，他们明白，用名牌来包装自己只是进入上流社会的第一步，关键还是要看工作表现。他们不满足于仅仅拥有光鲜的外表，永远不会安于现状，不甘落于人后，因此会拼命工作，争取早日晋升，从而获得更高的地位和经济条件。

有的人喜欢穿与众不同的衣服。他们喜欢以自我为中心，标新立异。这种人对流行趋势毫不关心，只穿自己喜欢的衣服，他们的个性可以说是十分强硬。并且这种人认为，如果跟别人同调，岂不是失去了自我？所以他们坚决不与他人雷同。由于他们喜欢以自我为中心，故经常弄得大家不欢而散，所以人缘不是很好。并且，他们中的部分人，不敢面对外面的花花世界，而一味地把自己关在小黑屋里，他们认为这样很安全，并且有自己的特色。

有的人穿衣风格不稳定，经常会突然改变服装嗜好。这样的人，性格比较古怪，不喜欢与别人有过密的交往，对什么人都存有戒心。所以，对于这种突然改变自己服装嗜好的人，若想与他们继续保持良好的关系，应当对之视而不见，或者赞美他"穿什么都很不错"之类的话，相信他的心灵大门一定会向你敞开。而且，你承认他"穿得不错"的态度要比别人质疑的态度强，这样，过不了多久，他就会靠近你，与你交流、谈心，说他改变服装的原因，从而增进你们之间的关系。

有的人只跟着潮流走，喜欢穿最流行的衣服。这种人完全不理会自己的嗜好，甚至说不清楚自己真正喜欢什么。所以他们以流行为嗜好，向流行看齐，随着潮流走，没有主见。他们不会自己决定，只能看大家都在追捧什么，就跟随大家。其实，这种人在心底里常有一种孤独感，他们很无助，不知道自己想要什么。他们的情绪也经常波动，会很容易开心，也会突然间情绪低落。所以他们是有孤独感、情绪不稳定的人。

有的人恰恰相反，他们会冷静对待流行，不盲目追随潮流。但是，他们也不会因循守旧，而是会渐渐改变穿着方式。这样的人，情绪稳定，处事中庸，一般不会做什么越轨的事。他们很理性，很少做出狂热的行为。他们不过于顺从欲望，也不盲从大众时尚。因此，这种人比较可靠，值得结交。他们在工作的时候，也是稳重的领导者。

总之，不同的人，会选择不同的服饰。很多人或许未曾料到，穿上自己喜爱的衣服，包括颜色、质料、款式等，会把他毫无掩饰地袒露出来。不过，只要我们用心观察，就可以通过一个人的穿着，判断出他的性格。

总是穿相似款式鞋子的人，不爱冒险

鞋子，并不像人们所想象的那样，单纯地只起到保护脚的作用，这只是鞋子最基本的功能。在观察他人的鞋子的时候，人们除了注意其美观大方外，还可以通过鞋子对一个人进行性格的观察。

有的人特别偏好某一类型的鞋子，虽然拥有很多双鞋却都大同小异，始终穿着自己最喜爱的一款鞋子，这一双穿坏了，会再去买另外一双差不多的，这样的人思想是相当独立的。他们知道自己喜欢什么，不喜欢什么，他们十分重视自己的感觉，不会过多地在意他人怎么看。他们做事一般比较小心和谨慎，在经过仔细认真考虑以后，要么不做，要做就会全身心地投入，把它做得很好。他们很重视感情，对自己亲人、朋友、爱人的感情都是相当忠诚的，不会轻易背叛。具体来说，又有以下几种情况：

1. 喜欢穿细高跟鞋的人

穿细高跟鞋，脚在一定程度上是要受些折磨的，但爱美的女性是不会在意这些的。这样的女性，有很强的表现欲望，她们希望能引起他人，尤其是异性的注意。

2. 喜欢穿运动鞋的人

喜欢穿运动鞋说明这是一个对生活持积极乐观态度的人，他们为人较亲切和自然，生活规律性不强，比较随便。

3. 喜欢穿拖鞋的人

喜欢穿拖鞋的人是轻松随意型人的最佳代表，他们只追求自己的感觉和感受，并不会为了别人而轻易地改变自己。他们很会享受生活，绝对不会苛刻地强求自己。

4. 喜欢穿露出脚趾的鞋子的人

喜欢穿露出脚趾的鞋子，这样的人多是外向型的，而且思想意识比较先进和前卫，浑身上下充满了朝气和自由的味道。他们很乐意与人结交，并且能做到拿得起、放得下，比较洒脱。

在古罗马时期，人们就用鞋来凸显一个人的身份。出身高贵或者有良好教养家庭的人会在成长中被教育道：鞋子是一个人的身份象征之一。正是因为鞋子容易被人们忽略，因此那些重视鞋子的人才是真正重视形象的人，你会发现那些每天把皮鞋擦得很干净的人，在其他方面一定也是一丝不苟、干净整齐的。一般来说，人们观察别人的外貌最多关注头部和衣服，很少有人注意鞋子。鞋子跟衣服比起来，是不太引人注意的地方。而如果有人不仅衣着讲究，而鞋子也很有档次，那么可以说这样的人才是真正重视打扮的人。

·第二节·

淡妆浓抹皆有玄机

发型变化大的人有大幅改变生活的想法

发型在个人形象中占据很重要的位置，通常来说，每个人都会有自己比较固定的、适合自己的一款发型，平时只是做局部的改变，一般很少有极大的变化，突然改变发型是需要勇气的，心理方面的因素影响很大。改变发型通常是一种寻求自我改变的方式，人身上没有什么比头发的造型和颜色更容易改变的了，人们常常通过发型的改变来展示情感和态度。

突然将长发剪成短发的人通常有大幅改变自己的心情、想法与生活方式的意味，原因可能有很多种，但往往是想要开始一段新的生活，可能因为不满足于自己当前的状态，或者想从不快的情绪中走出来，积极向前进。在一些特殊的时间，比如新年或新学期开始等特别的情况下，改变发型，除了可修饰仪容以外，同时也有振奋心情的意味。例如很多人在失恋之后，为了更快地从失恋的阴影中走出来，把长发变成短发或者做其他一些明显的改变，总之，是想要摆脱过去的不快，以全新的面貌开始新的生活。

当然，也有的人无法决定一种满意的发型，总是对自己的形象不满，因而经常改变发型。也有很多人是因为心里感到不踏实、闷闷不乐，或是非常焦躁。还有一种人并非想要改变，而是喜欢不断尝试、不断改变，希望别人对他说"啊，你又换发型了"或是"这次的发型真好看"，希望能常常引起别人的注意。这类人通常乐观积极，而且乐于做出改变。

有人说，总是不停地换发型的人对自己没有自信，因为总是找不到自己满意的发型。其实，时常更换发型恰恰是自信的表现，这样的人敢于冒险尝试不同的发型，相信自己换成其他的发型也会很好看，而且，即使新发型没有得到朋友的好评，他们也不会太难过，这样的人通常比较想得开，不会斤斤计较。

反过来，许多年都保持同一款发型的人，尤其是女性朋友，如果不是因为工作的原因，那么确实有一些与众不同之处。这样的人通常非常谨慎，一旦找到了合适自己的发型就不会轻易做改变，即使想要改变发型也总是担心不好看而一拖再拖，于是就一直保持着同样的发型。

喜欢神秘忧郁香水的女人追求完美的爱情

对于现代的女性来说，一瓶自己钟爱的香水是必不可少的。香水让女人在举手投足中拥有恒久的芳醇，让她们更有"女人味"。因此，不同的人有不同的味道，通过观察她们选择什么样的香水，也可以判断出她们的性格。

有的女人喜欢神秘忧郁的香水。选择充满了神秘忧郁气质香水的女人，往往热爱心中幻想的爱情，追求完美的感情生活。不同的恋爱有不同的回忆，所以香水也不只是香水，它还包含着爱情。有的女人喜欢神秘忧郁的香水，因为这能够让她们联想到完美的爱情，她们也追求这样的爱情。她们也希望能从对方的举动、表情中，猜测出对方的微妙变化，同时她们也能感知对方之所想，具备知觉爱人的能力，属于神秘高深的那种人。

如果她们不喜欢神秘，只是喜欢忧郁气味的香水，那她们是喜欢独立的感觉。她们所选择的香水从内到外都散发着淡淡的忧郁味道，犹如空谷幽兰般寂寞飘香，这种人不在乎是否有人为她的美丽而喝彩。虽然有时感觉孤独，却又不能容忍被世俗所侵染。而有的女人只喜欢神秘的香水，或者变幻莫测的香水。选择这种风格香水的人永远喜欢新奇的东西，这种人受不了一成不变，也不能忍受平庸。她们迷恋奔放的角色转换。在自我放逐的意识天地里，这种人拥有绝对的主宰能力。

有的女人喜欢浪漫情怀的香水。浪漫情怀的香水让人充满了浪漫气质。这种人喜欢追求热情、浪漫的情感生活，拥有典型的浪漫女人情怀，具有无比的魅力。她们对所爱的人从不计较感情的付出，内心充满对对方无私的爱。

有的女人喜欢甜点型香水。习惯使用这种甜点型香水的女性是个可信赖的、稳重的、忠实的和喜欢和睦的人，她们往往是那种站在成功男人身后的女人。与这种女人交往，你会心情非常愉快，并且可能不自觉地对她们产生好感。而且，这种女人在生活中富有同情心，能够急人之所急，因而会受到他人的认可。所以，人们总会津津乐道她的善行、爽朗的笑声以及助人为乐的精神。

有的女人喜欢充满清泉般柔媚纯美的香水。选择这种香水的女人气质也如这香水一般，柔媚优雅如纯美的白色百合。她们的魅力无人能敌。这样的人，热爱生命中一切细致美好的事物，懂得享受美好人生。她们还能使周围的人像依恋自然之水一样依恋着她们，宠爱着她们。

有的女人喜欢古典型香水。习惯于用这种香水的女人，表明她们具有高雅气质，相当有品位。她们在自己的生活中总是能够建立起属于自己的社交圈子。并且，她们有自己独特的生活方式，经常接受别人的私人邀请。因此，习惯使用这种香水的女人，相对比较成熟，为人处世讲究技巧，容易得到他人的认可。

有的女人喜欢精神型香水。习惯使用精神型香水的女性，在生活中渴求一种闲适的生活状态。然而在闲适中，她们并非虚度光阴，而是在脑海中翻腾着一个又一个的想法或幻想。所以说，她们是有想法，却又不经常表露出来的人。

总之，不同的女人喜欢不同的香水，通过观察她们喜欢的香水类型，可以判断出她们的性格。

从眼镜的样式解读"希望改变自己的程度"

眼镜最初是为了矫正近视或为了保护眼睛而使用的工具，但今天它早已超出了其原本的使用概念，成了具有多种功能且很有装饰意义的大众用品。眼镜除了有矫正视力、过滤阳光、挡风沙等使用价值外，还可以提高美观程度或制造某种气质。

眼镜的框架普遍具有修饰脸型的作用，戴上眼镜的同时也就改变了自己原来的面貌，不同的样式对脸型的修饰作用也不一样，从中我们可以大致解读出人们渴望改变自己的程度。

1. 无框眼镜

无框眼镜对脸部形象的改变不大，因此戴无框眼镜的人，是尽量不改变原本面貌的人，也就是说对自己有相当程度的自信，很谨慎，不太重视装饰自己，对于虚伪和做作的人不屑一顾。

2. 金属细框眼镜

虽然金属细框眼镜没办法让形象有很大的改变，但却能达到"中庸"的标准。男性戴金属细框眼镜通常会显得更为成熟稳重，希望当别人看他们的时候，认为他们除斯文之余，还有着学者的风范。这种人喜欢追赶潮流，给人一种很现代的感觉。女性戴金属细框眼镜也会显得更加知性。有的女性，宁愿冒着给人死板印象的风险也要戴着眼镜，只因为她们觉得自己戴上眼镜之后看上去很知性，在她们看来，知性比女人味更重要，或者说知性是另一种别具风味的女人味，至少在形象上要给人看起来具有知性的样子。

3. 粗框眼镜

而改变形象程度最高的是塑胶框眼镜，例如冲击力十足的黑色粗框眼镜。和使用其他镜框的人比起来，戴粗框眼镜的人有强烈的"变身"欲望，大胆而乐于改变，愿意尝试新鲜事物。

除了镜框的样式之外，不同形状的镜框也会给人不同的印象，镜框的形状同样能反映出"想呈现的自己"。正圆形或方形眼镜的很少，大多数都是在正方与正圆之间的过渡，而趋近于圆或方的程度正可以反映人的性格特点。

（1）戴椭圆形眼镜的人性格随和，不喜欢走极端，喜欢温和的风格，总是与他人步调一致，从不会反对他人以贯彻自己的主张。也有人会因为面对不同的人而改变想法，不坚持自己的意见，很优柔寡断。不过也有可能是完全反对任何事、自我主张强烈的人，因为讨厌这样的自己，所以戴上让人感觉柔和的眼镜。

机器猫漫画中的主人公"大雄"戴的眼镜镜框是正圆形的。"虽然功课不拿手、因为小差错而常常失败，但豁达开朗、人很好"，这种镜框的样式非常适合他这样的角色。然而，现实生活中很少看到会戴圆形眼镜的人。这类人是非常容易引起注意而且自以为是的人，因为对自身的独特性与原创性有强烈的感觉，所以喜好或价值观也会有所偏颇，对于任何事都有他独到的见解，对于人或事物有严格评断的倾向。

（2）对于戴方形眼镜的人而言，营造知性气质是非常重要的，他们对于知识性的事物怀有憧憬，是一本正经的内向性格。思考模式是以符合正统为基准，对事物看法倾向于"非黑即白"的二分法，容易被人形容成"一本正经""说一不二"。

全身珠光宝气，是没有自信的表现

佩戴首饰不仅是修饰外貌的方法，也带着很强的自我表现的意味。仔细观察就会发现，性格安静、内向的人和活泼外向的人选择的首饰类型会有明显的差别，因为他们想在人前呈现出的是完全不同的两种气质。

1. 全身珠光宝气的人缺乏自信

有的人喜欢佩戴闪耀光芒且引人注目的首饰，或比一般更大的首饰，任何人看了都会觉得似乎非常贵重。这类人通常自认为富有，并且乐于向别人夸耀自己是属于上流社会的人。这种人十分重视经济方面的因素，会因为经济状况的改变而忧心忡忡，金钱可以使他们心绪安宁，给他们带来安全感和满足感。其实，全身珠光宝气的人，恰恰是缺乏自信的人，他们需要借助华丽的首饰来增强自信，隐藏自己虚弱、胆怯的一面。

而那些完全不戴首饰的人，或是饰品非常简单朴实的人，通常对自己的想法与生活方式都非常坚定，不需要依赖首饰之类的饰品，呈现出来的也是原本的自我。虽然外表看起来有点保守拘谨，但他们不只是成熟稳重而已，其内心也是非常坚强的。

2. 从首饰的偏好看性格

不同造型、质地的首饰带给人不同的感受，也是人们表现自我的途径，从一个人对首饰的偏好可以看出一个人的性格。

喜欢戴手镯的人，多数是精力充沛、很有朝气和活力的。他们多是比较聪明和有智慧的，并且有某一方面的特长。他们是有追求、有理想的一群人，在绝大多数时候知道自己想要什么，并且会主动追求自己想要的东西，即使在感到迷茫时也不会轻言放弃，而是在行动过程中进行探索。

讲究衣着，重视整体搭配的人，常常会戴一枚小小的胸针。这样的人是相当重视自己在他人心中的形象的。他们在为人处世方面处处小心谨慎，不会贸然地做出某种决定。他们有一定的疑心，不会轻易地相信某一个人，即使是对非常要好的朋友，也是有一定保留的。他们希望自己能够引起别人的注意，但又总是习惯于用谦虚的态度来掩饰这种心理。

喜欢佩戴体积大、坠多、灿烂醒目的首饰的人，多是爱表现自己，爱出风头的人。无论他们走到哪里，总会成为众人的焦点。他们比较热情，并且这种情绪还会传染给其他人。他们比较积极和乐观，爱幻想。

喜欢佩戴体积小、不太打眼的首饰的人，多为谦虚而又稳重的人。他们的内心多十分平静，在任何事情面前都能保持顺其自然的心态。他们一般不太希望引起他人的注意，随意自然一些反倒更好。

所选择的装饰品具有很浓厚的民族风格的人，一般来说个性是相当鲜明的，他们总是有自己独特的思维和见解。

3. 首饰暗示你希望别人注意的部位

首饰和服装都是身体语言的道具，但与服装不同的是，首饰是可有可无的装饰品。没有首饰并不要紧，如果添加首饰配件的话，则是希望增添魅力的表现。首饰具有吸引视线的作用，人们会将视线自然而然地落在对方佩戴有首饰的部位。佩戴首饰饰品的部位，通常是自己最喜欢的部位或是最珍惜的部位，不然就是最希望对方看见的地方。

如果胸前佩戴着项链坠子，下意识的想法就是希望男人将目光放在自己胸前，如果想让人家注意耳朵就戴上耳环，想让人家注意手部就戴上戒指。除非是比较亲密的关系，否则男性不可能直接盯着女性的身体看，但如果注视着饰物，就不会显得那么不自然。在这一类女性面前的男性，最好能称赞首饰，女性会因为对方注意到这些细节而感到高兴，两人的关系一定也会拉近许多。

爱化浓妆的女人喜欢成为注目的焦点

化妆是一种提升自信的方式，人们通常会着重修饰自己不满意的部位，以此提升整体效果，例如眼睛较小的人会运用眼线笔和睫毛膏来修饰眼睛，让自己的眼睛显得更大更有神，眼神也会充满自信。然而，如果对脸上某一处特别精心修饰，化上醒目的妆，而对其他地方基本不做修饰，例如特意凸显眼部，画上很重的眼线和眼影，戴上长长的假睫毛，或者特意凸显嘴部，整张脸上以嘴部的颜色最显眼，这些行为通常反映了他们的性格。

喜欢化浓妆的人表现欲望非常强烈。经常化妆的人通常都很在意别人对自己的看法，总是希望把自己最好的一面呈现给他人，尽量隐藏自己的缺点，提升自己的外在形象，在人前总是保持精致的妆容，因此就不能接受素面朝天地出门了。她们不辞辛苦地将各种化学药剂喷洒在自己的脸上，为的是用一种特别的方式吸引他人的目光，而异性的欣赏往往使她们心甜如蜜。前卫和开放是她们的思想特征，她们对一些大胆和偏激的行为保持赞赏的态度。她们真诚、热忱，一些恶意的指责并不会给她们造成多大的伤害，她们对他人依然会很尊重。

化妆感不平衡的人，一方面是对自己脸上某个部位缺乏自信，一方面是不会考虑整体的平衡感，而只把注意力放在自己关注的那一个点上。与其说她们是为了给人留下更好的形象而化妆，还不如说是为了自己的需求而化妆。不仅是化妆，这样的人在生活和工作中也显得固执己见，听不进别人的意见，因而常常钻牛角尖。其他的化妆方式背后也有一定的心理原因。

1. 轻描淡写

有的人喜欢淡妆，这样的人大多没有太强的表现欲望，希望最好谁也别发现她们。她们只要求能过得去，简单地涂抹一下，使自己不至于太难看就行。她们大都属于聪明和智慧的类型，不会将时间和精力耗费在梳妆台前。往往有着自己的理想，而且敢打敢拼，所以大多能获得成功。

2. 素面朝天

唐代诗人李白诗云："清水出芙蓉，天然去雕饰。"出自大自然之手的美往往会给人一种耳目一新的感觉。无论是工作还是社交娱乐都很少化妆的女性，一般来说对自己的容貌有相当的自信，或者不十分在意别人的看法。如果是后者，则属于性格很内向的人，人际交往的圈子很小。当然也有可能是因为她在其他方面的特质足以弥补外貌的不足，性格随和而朋友众多，大家都喜欢和她在一起，而化不化妆已经不重要了，这样的人更愿意相信，别人喜欢她是因为她这个人本身就有吸引力，而不是因为脸蛋漂亮，从而和那些花枝招展但缺乏内涵的女性区别开来。

3. 从小就开始化妆

有的人从小就开始化妆。这样的人会将自小养成的那套化妆理论和方法，延续到成年，甚至中年和老年。其实这是一种怀旧心理在作祟，美好的过去让她们回味无穷，忘记现实中的烦恼和不如意，但她们依然保持头脑清醒，不会沉迷其中而忘记现实。她们讲究实际，会极力把握住现在的所有。她们热情善良，善解人意，拥有很多可以推心置腹的朋友。

4. 把大量时间都用在化妆上

有的人会把自己绝大部分时间都花费在化妆上，这样的人为了完成自己的目标不惜花费巨大代价，任何事情都追求尽善尽美，属于典型的完美主义者。她们倾尽所有也要使自己的容貌达到自己满意的程度，最主要的是她们对自己的才智和财力都有十足的把握，而唯一放心不下的是自己的外貌，为了成为一块无瑕美玉，只好不停地审视自己，用化妆来掩饰不足，结果往往适得其反。

5. 主次分明

有的人在化妆的时候则特别着意某一处。这样的人通常对自己有相当清楚的认识，对自己的优点和缺点都知道得一清二楚，善于扬长避短。她们对自己充满了信心，坚信付出就会有回报，所以会脚踏实地地为自己的目标而奋斗。她们讲究实际、注重现实，不会沉湎于虚无缥缈的幻想之中。她们遇事镇静沉着，对事情的判断坚决果断，但不能纵观全局的弱点往往使她们收获甚微。

6. 喜欢怪妆

有的人喜欢化怪妆。眼皮周围或是黑乎乎的，或是蓝莹莹的；嘴唇也是有时黑有时红，有时大嘴巴，有时小嘴巴；脸如猴屁股一样红。喜欢化如此怪妆的人把这种妆当成宣泄感情的一种方式。她们通常具有强烈的反抗心理，主要是自小受到家庭的溺爱，总是要求说一不二，但现实生活每每与她们的愿望相悖，所以用一些非常规的思想和行为与社会抗争，但往往是失败多于成功。

7. 注重眼部修饰

在女性化妆的过程中，眼睛一向是不可忽视的地方。如果女性非常注意眼部的修饰，则说明她们性情浪漫，因为眼睛是五官中最容易显露自己情感的地方。她们对感情都非常投入，有时甚至不顾一切，即使对方不能接受自己也会表明心迹。她们自我意识很强，在感情中也容易一个人幻想，并情绪波动剧烈。

8. 重视唇部的修饰

如果女性重视唇部的保护，并喜欢使用口红等化妆品，则是想凸显自己的性感。因为加强嘴唇的形状，将让人感到充满魅力。在潜意识里，她们具有魅惑男性的意味，所以在恋爱中，她们一般是较为积极的一方，擅长发挥女性柔媚的特质，懂得掌控异性的策略。不过，她们对喜欢和不喜欢的人态度非常鲜明，对前者会运用一切方法吸引过来，对后者则不屑一顾。

9. 注重肌肤的基础护理

能做到每日进行彻底的基础护理，拥有水嫩肌肤的女性，一般给人年轻和纯净的感觉。就像她们会仔细护理肌肤一样，对待爱情她们具有很强的正义感，一旦付出就一心一意，并厌恶所谓的花花公子。不过，这类女性专一并具有强烈的独占欲，有时会对男友身边年龄相近的女性产生极强的妒忌心和厌恶感，给男友造成强烈的束缚感。

不同的发型，不同的性格

发型是一个人表现自己最直接的形式，俗话说"一发二妆三服装"，同样一个人，可能因为变换了不同的发型而给人以完全不同的感觉，尤其对女性来说，可以从对不同发型的偏好了解一个人的性格特征。通常，女人的青春和性感都和头发的长短有联系，而要不要留长发的决定，就意味着不同的含义了。

一般而言，长发的女人偏爱回忆，习惯于静态思维，行为被动，容易放弃自我，做事仔细，性别意识较强；短发者追寻新鲜感，注意力分散，情绪更易改变，处世主动，我行我素，较为粗犷，性别意识淡化。长发者较依赖别人，留恋过去；短发者相对较独立，面向未来。长发的女性通常看起来温柔、端庄，态度谨慎，但实际上她的内心坚强，对自身与周围的人际关系能冷静判断，很懂得自我约束。

喜欢用长发盖住耳朵的人，有喜欢孤独的倾向。长发可以遮住脸的一部分，而且可以盖住接收外界信息的入口——耳朵，仿佛不愿意听见别人说话，只想躲在自己的世界里不受外界干扰。比起跟人交际来往，她们更喜欢自己独处。

一头乌黑秀丽的长发是青春活力的表现，很多女性在进入中年之后就会逐渐把头发剪短，而有的女性却始终留着长及腰部的长发，她们通常很在意别人的眼光，内心拒绝自己变老，不愿接受自己的年纪，因而一直保留少女般的长发。

喜爱留短发的女性通常对自己的容貌比较有自信，因为长发具有修饰脸型的作用，而短发会让整个脸孔显现在别人眼前，短发的人通常也比较开朗活泼、个性直爽，很少有多愁善感的时候。

具体来说，一头精心修剪的时髦短发通常代表与众不同的个性和经济上的宽裕。短发常常比长发更难打理，需要更多的时间和金钱来保持完美的效果。因此，留着一头时髦短发的女性是非常注重外表的人，而且想要表现自己与众不同的一面。

留着普通短发的女性则通常具有务实的个性。她们不想花太多时间来打理头发，不想把早上宝贵的时间浪费在梳妆打扮上，比起外表的修饰，她们更看重能力的培养。当然，在对留短发的女性进行判断时要排除对方正在接受手术或在复原中的情况。

一个人心情愉快时总是很乐意打理自己，如果一个平日里衣冠整洁的朋友突然头发散乱、很不清爽，一定是发生了什么事情，这时你就应该多关心一下他了。

· 第三节 ·

相由心生，人可以貌相

脸型也是个性的表征

世界上没有完全相同的两片叶子，世界上也没有完全一样的两张脸，即使是双胞胎也会有些许的差别，因为一个人的面相不仅和父母的遗传有关，也和后天的成长经历、身心状况有关。人的面相与人的心理有着密切的关系，能够反映出人的性格、气质等。

1. 国字脸的人

他们的脸型方正，下巴尖瘦，是一般人所称的"国字脸"，他们有大而明亮的眼睛，小而有肉的鼻子和嘴巴。一般来说，他们是个性开朗、乐观、聪明、心胸很开阔的那类人，对自己的事通常没有什么忌讳。国字脸的人，前额和下颌都较宽，且下颌棱角分明，脸庞轮廓分明。国字脸的人为人处世就像他们的脸部轮廓一样，规规矩矩、是非分明，在生活中沉默寡言，对人对事冷静而固执，原则性非常强，遇事不懂得变通，因此容易得罪别人，人际关系不是很好。他们很讨厌花言巧语爱吹牛的人，凡事看重实际。

如果你问他们："你的皮肤真水嫩啊，你应该不到 30 岁吧？"他们会马上回答你："哪里啊，我都快 40 岁了！"如果再细问几句，他们甚至会把生辰八字一股脑儿全告诉你。他们个性积极主动，一般喜欢你用直接的语气问话。

2. 鹅蛋脸的人

他们有着偏圆、呈鹅蛋的脸型，眼睛大而圆，樱桃小口通常还带着笑意。一般来说，这类人头脑清醒、聪明，记忆力好。他们口齿清晰，足智多谋，处事往往经过深思熟虑。但是他们的个性有时候像个孩子一样漂浮不定，有时会给人一种反复变化、心机很重的感觉。

他们往往是虚实相加的高手，他们说过的话，你得仔细筛选，即使你和他们交往了一段时间，他们提供给你的信息你也不可以全信。一般来说，他们对自己很有自信，最怕被人轻视，所以只要是他们打定主意不说的事，无论你怎样打探都不会有结果。虽然他们表面交游广阔，但其实极注重家庭隐私，除非他们对你有极高的信任，否则你别想和他们的家人扯上关系。

3. 椭圆形脸

即前额与下颌的宽度大致相同，脸的长度大概是宽度的一倍。椭圆形脸的人通常争强好胜而且性格急躁，不喜欢听到反对自己的意见，嫉妒心强，眼睛里容不得比自己优秀的人，但如果能够把这种嫉妒化成动力，在工作上会有非常出色的表现。

4. 圆脸的人

脸庞平滑，没有凸出的脸颊或颚骨。这种人通常面色红润，即使不笑也脸带喜色，头发有光泽。所以，他们大多热情、冲动、多才多艺、为人和蔼、谦恭有礼，但是他们往往不够坚定，有点浮躁，有时候做事情会拖拖拉拉的。

5. 瘦长形脸的人

他们通常皮肤偏黑、头发浓密，为人和蔼可亲，但非常敏感，常常闷闷不乐、郁郁寡欢，他们非常懂得居安思危、未雨绸缪，但也常常给自己找不必要的烦恼，对自己和别人都要求严格，经常对周围的人和事感到不满。

6. 倒三角脸型的人

他们通常骨骼明显，颧骨很高，两腮几乎没什么肉，整张脸几乎呈倒三角形。他们的五官清晰立体，浓眉，眼睛细长。一般来说，他们的个性风风火火的，动作快，说话也快。但是他们一般比较急躁，脾气不好，做事往往三分钟热度，缺乏耐心。因为他们是个火爆脾气，所以最讨厌你说话吞吞吐吐，含糊不清。他们很重视平等，一般比较喜欢交朋友，心情好的时候，可以有求必应。

他们一般和家人的关系不是很亲近，如果你询问他们与家人有关的话题，他们可能会"沉默"，甚至反感你继续追问。所以如果想询问他们和家人的关系，你可以先说自己和家人的关系，最好用诉苦的方式，这样往往能引起共鸣。

此外，看一个人的脸部比例的大小，也能对他的个性略知一二。和身体相比，脸部比例小的人，个性比较保守内向，他们总是遵循传统和主流规则，谨慎胆小，因此很少有所突破。他们的口头禅多半是"是吗？""真的吗？"这样的疑问句，对新鲜事物和陌生事物有一种天生的怀疑戒备心理，做决定的时候往往犹豫不决，总是需要征求别人的意见，让别人推他一把才能大胆改变。不过，他们在工作上通常扎实稳重，是非常可靠的实干者，适合烦琐细致的工作。相反，脸部比例相对较大的人，通常性格外向、朋友众多，他们处事圆滑，善于和不同的人打交道，而且具有冒险精神和开拓精神，在工作中喜欢挑战，希望能够独当一面，上进心很强。

不同体形的人有怎样的性格特征

细心观察身边的朋友，你会深有体会。如果你的朋友拥有瘦削的健壮身材，你能无时无刻地感受到他们的快乐，并能受到他们的情绪感染。他们积极热情，无论做什么事都愿意接受挑战。他们拥有坚强的信念，充满自信心，坚持不懈。有这样体型的人，判断及裁决迅速果断，坚信"天生我材必有用"。在工作中，他们是值得信赖的好伙伴，在商业交往中也是好顾客。

通常，人们在工作或社交场合中总是把自己的内心包裹得严严实实，要想了解一个人的性格，并不简单。但是至少有一样东西是难以包裹的，这就是体型。人的体型无法受到意识控制，然而却能反映内心。因此我们可以通过体型识人，来大致判断别人的性格。

以下我们就介绍5种不同体型的人及其相关性格：

1. 肥胖型

这种体型的人的特征就是在胸部、腹部、臀部上堆积了一些赘肉，一旦腹部等处凝聚大量的脂肪，俗称的"中年肥胖"便出现了。这类人能很快适应周围变化的情绪，大多属于好动的人，乐于偷懒和被人奉承，有时在工作中要点小聪明。其中许多人仍容易被周围的人理解，是受欢迎的人。

他们的性格特征是热情活泼，喜好社交，行动积极，善良而单纯，经常保持幽默或充满活力，也有温文尔雅的一面。他们中有许多人是成功的企业家，他们的理解力和同时处理许多事物的能力强，但考虑欠缺一贯性，常失言，过于草率，自我评价过高，喜欢干涉别人的言行，喜欢多管闲事。在工作中，如果有人无法默默地顺从他们的意志时，他们就会立即与该人断绝来往。

2. 苗条而有心事型

苗条是针对瘦弱的人所用的词语，瘦弱型的许多人都隐藏心事，给人无法接近和无从交往的感觉。瘦弱女性大都个性刚烈，生起气来男人都招架不住。这类人最大的特色是冷静沉着。但其性格十分复杂，存在互相矛盾的地方，对幻想中的事物兴趣大，不让他人了解自己的内心世界或私生活。此类人不愿与平常人相交为友，而表现出一种令别人意欲与他接近的贵族气质，他们身上常散发着一种浪漫情调。

如果你想与这类人交往，你要了解他们善良、细致的心。他们通常在生活上严谨慎重，意志薄弱，是很难交往的人。他们专心于鸡毛蒜皮的无聊小事，骄傲而外表冷漠，当无法下决心时，多凭冲动决定；天生对手工艺、文学、美术感兴趣，对流行服饰感觉敏锐。

3. 强健型

拥有这样身材的人肌肉发达，体态匀称，头部肥大、筋骨强壮、肩膀宽阔，他们通常是黏液质类型的人。他们的言行循规蹈矩、一丝不苟，诚恳忠实，不少人是举重、摔跤选手或公司领导。如果你去翻看他们的抽屉，一定是井然有序，写的字也是一笔一画的正楷。

这类人的另一个特征是速度迟缓，说话绕弯子，唠叨不停。如果你叫他们写文章，必定是十分烦琐、谨慎而周到、洋洋洒洒的一大篇。他们是足以让人信赖但又稍欠缺趣味性的人物。他们有顽固执着的一面，也有拘泥于形式思考的习惯。如果你想把握这种类型的人，不妨偶尔利用闲谈或请客来试试他们。

4. 娃娃脸半成熟型

这类人怎么也看不出年纪大小，脸长得像个娃娃脸，即未成熟型的人。他们大多以自我为中心，个性强，又称为显示性性格。谈话时若不以他们为中心，他们就会很不愉快，他们完全不听他人的话，属任性类型。

他们不一定精通每一行业，但拥有广泛的知识，谈吐风趣，擅长幽默。谈话常用"我……"的方式开口，没完没了。他们属于天真而无心机的人，但他们自己并不知道自己没有成人的个性和思想，所以是个悲剧。如果自己被追捧，就很开心；如果被冷遇，就会嫉妒。

5. 瘦弱细线条型

这类人强烈的敏感性使他们对自己周围的变化十分敏锐，常常会过于留意周围人的动静。这类人中绝对没有脑筋差的人，知识分子占多数。他们无论做什么都自我承担一切责任，当他们犯错时常会说"都是我不好……"。

这类人心理不稳定，容易失衡，心情焦虑，自己却能经常发现自己的这种缺点，具有丰富和细腻的感情。文静真诚而又顺从的神经质的性格，给别人的印象是没有自主性、迟钝、性情易变、不易相交。对于受这类朋友或上司所托的事，一定要如实地实现，遵守约定，注意礼节，等等。

总之，从许多的事实看，某种体型的人也确实容易形成某种个性品质和特征，借此对人的心理进行粗略观察和初步判断。只要别过于呆板，也还是有一定效果的。

眉形间隐藏着丰富的内心信息

从生理学来说，眉毛对保护眼睛功不可没，而在美学上，眉毛的作用也不可小看。另外，不同的眉形也给我们披露了人们丰富的内心信息。

1. 威虎眉

这类人的眉毛清秀而修长，眉毛向上，给人一种威风凛凛、不可侵犯的感觉。他们胆子比较大，敢作敢为，有顶天立地的责任心，因此，事业往往有比较大的成就。

2. 罗汉眉

此种人的眉毛短而杂乱，从整体上看，显得局促而疏散。他们的眉毛就像长期劳碌的样子，给人一种落魄的印象，运气总是不好，但苦尽甘来，他们早年艰辛，中年往往有所成就，如果有一个得力的妻子管家，家产会有保障。

3. 狮子眉

这种人的眉毛粗壮而平直。狮子虽然给人威猛的感觉，但不像老虎那样凶猛，因此人们认为，这种人一辈子比较平淡，中年以后才有可能发达。在事业上属于大器晚成型。

4. 螺旋眉

这类人的眉毛既像一个螺旋，又像烫过的卷发，每一根眉毛都卷曲起来，给人一种比较威严的感觉，有如战场上的将军。可能是人们经常把这种人当成将军，所以他们常常用将军"兵不厌诈"的思维去处理问题，生性多疑，与人的关系比较冷淡，对家人也是一样。由于他们沉着冷静，所以寿命较长。

5. 利剑眉

此类人的眉毛粗壮，眉头斜上，形如短剑，往往给人凶悍的感觉。一般而言，他们的脾气比较急躁，心胸比较狭窄，与人的关系不很融洽。所以一方面他们要注意身体，另一方面应该特别注意陶冶自己的情操。

6. 卧蚕眉

这种类型的人的眉毛清秀而细长，眉头眉尾比较细，眉的中间较粗。传说关羽长着这样一对眉毛。他们生性比较机灵，为人仗义。虽老谋深算，但给人一种英俊的感觉，往往是少年得志。由于比较清高，使人产生敬意，所以与人的关系常常不很和谐。

7. 细弯眉

这种人的眉毛清秀而弯长，眉尾微微上翘，眉毛细长，看起来聪明伶俐。他们谦恭而文雅，非常注意品德的修养，很有作家的风采。与人的关系较好，做事容易取得成功，一生平安，吃穿不愁。

8. 柳叶眉

这类人眉毛较粗，眉尾弯曲，呈现出不规则的角状，就像春天的一片柳叶。他们表面上给人一种糊涂的感觉，但对人对事往往是哑巴吃汤圆——心中有数。他们比较诚实，与朋友的关系很融洽，家庭观念却比较淡薄。因为朋友很多，中年之后，往往事业有成，名声较大。

9. 短秀眉

这种类型的人眉毛短促而清秀，漆黑有光，给人一种慈眉善目的感觉。他们比较讲求信义，抱负远大，心地善良，对家庭负责，对朋友忠义，对父母有孝心，被人认为是有福之人。

10. 八字眉

此类人的眉毛像一个"八"字，眉尖上翘，眉梢下撇，眉尖细而浓，眉梢广而淡。这种人不仅看起来比较英俊，而且为人善良，极为勤奋，因而一生衣食无忧，但是终生劳作不息，有时还得不到家人的理解。

11. 扁担眉

这种人的眉毛眉头眉尾粗细均匀，给人一种清明的感觉，因形状像扁担而得名。正如扁担的爽直单纯一样，他们比较孤僻，但能够专心做事，很容易获得功名富贵。因为心态坦然，故身体健康，寿命较长。

12. 短眉

此种人眉短不过目，性情上自私易怒，不轻易与人妥协，多愁善感，和家人的缘分浅，结婚的机缘也很少，即使结婚也容易离婚或与另一半冷战。

13. 三角眉

也称勇士眉，很多杀手或武士有这种眉。他们刚毅果决，不怕遭遇挫折，喜欢以自我为中心，因而事业上常常是孤军奋战。

14. 疏眼眉

这类人眉眼距离宽，代表他们体内有长寿的因子，性格温和宽厚，是很好相处的人。但若宽过一根食指的距离，则可能是口是心非、言不由衷之人。

15. 亲眼眉

这一类型的人眉眼距离短，眉毛和眼睛太近，甚至眉低压眼，他们性急，脾气暴躁，疑心重，容易受骗，目光短浅，见识少。若距离窄过一根食指，则事业不顺，人际关系也不好。此外，也几乎没有继承祖产和拥有不动产的机遇。

16. 一字眉

也就是眉形像正楷写的"一"字的样子，又有粗细之分。粗一字眉的人，胆子大、意志力强并且有精神，说话声音大而且严厉，做事武断。细一字眉的人，固执，做事缺乏耐性，也有可能成为令警察头疼的智慧型罪犯。

17. 倒竖眉

倒竖之眉，指眉相呈倒八字，这类人性格坚毅，有理想、有抱负，勇于进取，具备了成功的所有心理品质，当然容易成功，所以属上相。但过则不美。这种眉如过于飞扬无度，使眼显得低陷无奇，则多好高骛远，命比纸薄。小事不愿做，大事又做不了，终无成就。

18. 上扬眉

这种人比较有杀气和霸气，过去有很多黑社会和杀手都有此眉，他们好强，不服输，霸道不讲理，非常有自尊心，甚至以封闭来保持他们神秘的自尊。

额头宽的人聪明，额头窄的人老实

额头是指发际与眉毛之间，宽度以三根手指为标准。额头占整个脸的面积是最大的，一般来说，从额头的形状可以看出一个人处事的智慧与态度。

一般情况下，一个人额头的左右跨度的大小是判断一个人额头宽阔或狭窄的依据。额头宽大的人看起来五官更为分明，轮廓更清晰。从人体构造上来讲，额头宽大的人，一般脑容量也就相对要大，头脑比较灵活，逻辑思维也很缜密，所以会给人一种聪明伶俐的印象。很多企业家都是这种类型的人。

另外宽额头的人一般都是心胸比较宽阔的人，在与人相处中不太会与别人斤斤计较，给人一种很开朗大气的印象，乐于交朋友，所以往往人缘都还不错。不过有时也难免会发生听不进别人的劝说的情况，而且这种人做起事来难免有些浮躁，缺乏实干精神，和他们相处要注意方式方法。即使提意见也要委婉地表达，避免硬碰硬或是用一种挖苦的语气来进行劝导。那样只会适得其反。

对待爱情上，额头较宽的人可能更容易花心，他们或许可以和恋人说绵绵情话，但是也可能转眼就被别人吸引去了，同这样的人交往，就不要过于苛求他们一定要时刻地守在自己身边，适当放手，给予他们一定的空间，感情则能更长久一些。

另外还有一部分人额头不仅宽，还比较圆。这样额头的人多半是女性，男性相对较少。长有这样额头的女性比较乖巧、可爱，会得到别人的疼爱，不过她们遇事通常比较优柔寡断，对别人有依赖心理。

额头左右跨度较小的则是人们常说的窄额头。窄额头的人一般比较老实，给人一种温顺含蓄的感觉，他们通常与人为善，容易与别人相处。做事踏实认真，虽然思维不及宽额头的人敏锐，但好在勤勤恳恳。

窄额头的人同样也有缺点，比如没有太大毅力，常常会因为一点小挫折而轻易罢休，性格上稍显幼稚、任性，时常有一些一意孤行的行为。爱发脾气，并且不分场合不看情况，感情也较易冲动。

在与人相处上，这种人不太喜欢争强好胜，他们更向往平静安宁的生活，虽然可能不会有太大的成就，但是他们一般都会安居乐业。对待恋人也愿意付出真心与耐心，一旦锁定了一个对象，就希望能好好地爱对方到老，所以这种人一般家庭生活会比较幸福。

额头皱纹中的性格解读

额头上有三四条呈大圆弧形的横向皱纹的人，大多命运较好，能够长命百岁。这种人如果进政界发展，必定非常成功。如果投身商界，也能在所在的行业里取得非常可观的业绩。他们为人友善、开朗乐观，道德修养较高，有很强的实践能力。

额头的中央部位有很多条下坠皱纹的人，对周围的人和事非常敏感，能够很快地看出事物的本质。此种人适合从事科学研究或技术含量非常高的工作。但这种人人品不好，心术不正。

额头的皱纹呈现一道深沟的人，大多追求感官或精神上的刺激。他们为人不正直，对不公平的事情通常会睁一只眼闭一只眼。

额头的皱纹呈现出数道零星纹路的人，没有固定的居所，生活不稳定。他们的命运不是很好，因此需要自己多加努力才会有所成就。

额头有横纹或有一条垂直线的人，一般适合扛枪打仗。他们多少会有所成就。不过，这种人容易突然死亡，因此，自己在平时需要多加注意。

在印堂的下部、鼻子的上部有数条横纹的人，对周围的环境充满热情和好奇。他们开朗乐观，从不用消极的心态去对待人生。笑时会出现这种皱纹的人，大多为人友善、和蔼可亲。不过，他们爱管闲事。

在眉间有数条纵纹的人，对周围的环境过于敏感，多少有些神经质。不过他们为人本分，不会做欺诈之事。此外，他们有很强的实践能力，一般会有较高的社会地位和较好的个人信誉。

眉间可以看到皱纹的人，做事不爽快，而且不好说话。他们的逻辑思维能力较强，能够准确地预测事物的发展趋势，因此，他们很容易在工作中做出引人注目的成绩，成为群体中的核心人物。

眉间有一条纵纹的人，大多有比较独特的个性，很少会为别人改变自己。他们对金钱过于痴迷。他们能够严格要求自己，不过也希望别人能够达到自己的要求。

下巴也是一个人个性的象征

在所有人体部位中，下巴是生理和心理学家研究得最透彻的一个部位。下巴不仅是用来发声和咀嚼，通过观察下巴我们还能知道一个人的个性如何。

如果一个人的下巴呈半圆形或是椭圆形，外形上男性的下巴稍有棱角，女性则较为浑圆，看起来宽厚、浑圆，这种下巴的人为人比较和善，性格忠厚踏实，做事积极卖力。如果男人长有圆下巴，那么他一定是个性格开朗，乐于助人的人，会是一个很好的朋友。如果女人长有这种下巴，则她比较善解人意，并且家庭观念很强，成家之后，会是个贤妻良母。所以圆下巴的人一般都能拥有美满的婚姻生活。

在与人相处上，由于他们性格温和，能给身边的朋友带来一种安全感，因此容易得到朋友的信任。

如果一个人下巴呈方形，下巴底部有左右两个棱角。这样的人则是天生的行动派，个性刚毅果断，一旦有了想法，就会立刻展开行动，并会有一种不达目的不罢休的坚韧精神。

此外，方下巴的人还是个理想主义者，有时他们明知道这样做会对自己不利，但仍然会付诸行动，最终如果能够取得成功，他们会认为是理所当然，如果最终以失败告终，则会一反常态，容易做出一些极端、带有破坏性的举动。

由于方下巴的人有强烈的进取心，他们一般容易在所从事领域获得成功。这种个性表现在爱情上则是对于自己中意的人会锲而不舍，即使遇到阻碍，也会想尽办法排除万难，努力追求。

另外下巴比较尖的人，通常性格比较活泼开朗，招人喜欢，但也比较争强好胜，自尊心很强。他们也很怕被人欺骗，如果不小心得罪他们，很可能会招到他的记恨。下巴尖且短的人，个性善变、急躁，好冲动，做事常常欠缺周密的思虑，缺乏计划与耐力，喜欢提出一大堆问题与构想，但是事后却无力完成。尖下巴的人喜欢把爱情理想化，并且有较高的审美观。

通过观察下巴帮助我们识别人的个性。与下巴比较圆的人做朋友或是做恋人，会让你的工作或是生活更加轻松，你可以得到他们慷慨的帮助。和下巴比较尖的人来往，可以让他们帮助你提高审美能力。

第二章
对方一开口，你就能了解他

·第一节·
善问问题是读懂人心的关键

适当地自我揭露，鼓励对方说出心里话

　　小刘是新来的同事，她看起来有点孤僻。每天，她在早上上班和同事招呼"早上好"之后，就一直窝在椅子里，做出一副"请勿打扰"的姿态。午休时间大家都比较活跃，聊购物、聊美食……可是小刘仍然一言不发，依旧对着电脑。部门王经理看在眼里，就主动坐到小刘身边，询问小刘最近工作的情况。小刘仍是问一句说一句，一副心不在焉的样子。见她桌子上有一个米奇图案的杯子，王经理就说："你也喜欢米奇啊，我也喜欢呢。你看，我的手表都是米奇的，我啊，就是老有少心呢！其实刚到这个公司的时候，我也很内向，那时我刚刚离婚，和大家都刻意保持着距离，还好同事都很好相处，工作上也对我很支持。你也要开朗起来哦！"小刘的脸上终于露出了笑容，最终她坦言："新的工作环境，我有点难以适应，工作又没有上手，所以有时候不太想说话。"

　　从例子可以看出，王经理的自我揭露，打动了小刘，从而鼓励小刘说出了心里话。好的谈话内容是双向的沟通，除非你谈到自己，否则无论你问多少问

题，问得多么精妙，都不会谈得太深。如果你想让别人坦白，就必须先说一些你自己的事情，这样你的谈话就变得值得一听，他也会觉得你和他更亲近了。

人们都乐于接受和自己主动接近的人。有时候，如果你适当地揭露自己，包括性格上的小缺点，往往更能让人体会到真实。因为人人都有缺点，如果你表现得太过完美，高不可攀，往往会给人一种冷若冰山的感觉，从而疏远和你的距离。只有你收回了你的防卫心，对他人敞开心扉，他才能对你积极回应。要知道，没有人有义务对你开放自我，也没有人有义务向你发誓一定要主动或诚实。如果你想从他那里得到不设防的话，你就一定要鼓励他，让他信任你。可见，适当地自我揭露，更能让他对你产生信任感，你的表现不是刻意伪装的，他也更容易对你吐露心声。

因此有人说，如果你想看清某人，你就必须先让自己被他看一眼。当然自我揭露是讲究效果的，你需要仔细挑选你要揭露的事，并选择适当的时机，如果不确定要透露多少，最好少说些。你可以在关系成熟的时候适时填补一些，这样，他会感觉到有新鲜感，你也不会因为透露太多缺点而吓跑他。

对于那些取得突出成绩的人来说，适当地进行自我揭露，让自己在别人心目中的完美形象掺杂点小缺憾，往往更能消除他人的妒忌心理从而鼓励对方说出心里话。

营造让对方吐露真心的氛围

有的谈话氛围会产生温室效果，暖洋洋的和谐空气会使谈话开花、结果；而有的谈话环境则像暴风雪一样打消了谈话的兴致。在大部分的情况下，我们都应尽量选择对话的环境，营造和谐的谈话氛围。比如，你绝不会选择在吃午餐的时刻问别人怎样治疗痔疮效果好，也不会在电影开场后的安静环境里大声谈论对方的私人糗事。如何营造让对方吐露真心的氛围？以下方法可供参考：

1. 环境：谁的地盘谁做主

谈话的环境往往影响着谈话的内容和质量。如果你想让对方在轻松的氛围里对你吐露真情实感，那么事先设计好对话环境是必不可少的。如果你追求一位美女未果，不妨和她去她最喜欢的那家西餐厅。在雅致的小包间里，花

4个小时细品咖啡和4道精致的菜肴，伴随着悠扬的钢琴曲，还有什么比这种方式更能让一个人吐露心声？当然，如果你实在想不出在哪里谈话比较合适，你不妨直接问他："你想在哪里聊聊？"或者"你有特别想去的地方吗？推荐一下！"

　　一般情况下，人们在自己的地盘是最为自在和放松的，如果你想让他对你开诚布公，就在他自己的地盘或是他选择的地方吧！在那里，他有一种自己做主、控制谈话内容的感觉。这将使他十分惬意和放松，他也可以将话题发挥得淋漓尽致。反之，如果你让他来你的地盘，例如，你的办公室，他往往会保持警戒，不会对你透露太多，这时在你的地盘上解读他是很难的。

2. 旁观者：请他赶快离开

　　这有点像表演开始时清空舞台的感觉，不相关的人，还是请他赶快离开吧！试想一下，如果你问谈话对象一个私人问题，有很多旁观者在场，他会将心里真实的想法吐露出来吗？他往往会采取自夸、敌对态度或表现出自我防卫的姿态。有时候，他甚至会以沉默来对抗你的问题。所以，明智的话赶快清场！

3. 障碍物：一脚踢碎它

　　你和谈话对象之间的任何物品都可能影响你们的交流，所以很多人在谈话的过程中，选择从桌子后面走出来，坐在交流对象的旁边。如果你想排除谈话对象的心理障碍，那么请先除去你们之间的障碍物。它有可能是一个过高的花瓶、多余的水杯或是任何干扰你和对方视线交流的物品。如果你戴着帽子或是太阳镜，也要摘下来。

4. 分心的事物：暂时隔离

　　如果你的谈话对象聊兴正起，她的心扉已经向你敞开了一半。这时你接了一个不合时宜的电话，10分钟之后，电话被挂断，尽管你说了抱歉，但是你的谈话对象却连刚刚说到哪里都忘记了。一般来说，当一场对话谈到情绪高昂的时候，我们最不想的，就是被电话或其他事物所干扰。这些让人分心的事物，包括电话、电视、收音机、呼叫器等。所以你需要关掉电话，关好房门，当你消除分心的事物时，你已经为坦诚、完美的对话准备了良好的氛围了。

　　总之，好的谈话就像潺潺的河水，蜿蜒前行，又永远不会中断。障碍物就是河中的杂草、碎石、淤泥，只有清除这些谈话的壁垒，交流才会更加顺畅。

三个问题让你迅速了解一个人

如果你想迅速地了解一个人，问他问题是最快捷的方法。不论你是相亲、工作、面试、看医生还是为孩子找学校，事先设计好你想提出的问题，想好你究竟要网罗对方哪一方面的信息，这样做会达成许多目标。当然，你的问题需要有清楚的焦点，有时候你必须要求精准的答案，有时候你甚至需要严厉地问问题。

问什么样的问题要考虑环境因素以及你想从对方身上得到些什么。如果你遇到了一个漂亮女人，你想娶她为妻，你未来的妻子对你父母的态度以及她的家庭观念就是你要探究的。如果你想去看医生，你就需要预先设计好与你的病情相关的问题。这样，你不容易丢失谈话的焦点。如果想不起来问谈话对象什么问题，你可以把问题的侧重点放在以下三个方面：社会经济背景、生活满意度、爱心和同情心。

1.社会经济背景

人们都喜欢谈论自己，你的谈话对象也不例外。如："你在哪里出生？""你的职业是什么？"这些问题几乎可以问任何人，要注意的是问的时候不要太过生硬，要缓慢而自然，并考虑你的问题是否涉及太多隐私，同时提出问题不要过快，要有过渡。家庭成长环境对一个人的影响很大，因此你可以尝试问她："你的父母是什么职业？""你小时候就学过舞蹈，是母亲接送你吗？"通过这些问题，你可以简单了解她的家庭背景，答案也将会显示出她们的社会经济背景。

2.生活满意度

能帮你判断谈话对象生活满意度的问题也是值得一问的。如："你小时候的理想是什么？实现了吗？""你在高中时想成为什么样的人？"如果你的谈话对象向你坦言这个愿望没有实现，你可以进一步问他原因是什么。这些方面的问题能提供给你一条整体的线索，你能更快地了解你的谈话对象，他对生活是否满意。错过了当初的梦想，他是否感到遗憾。你也可以问他和爱好相关的问题，如："平时喜欢读什么样的书籍？""喜欢什么样的音乐？是否加入了一些业余团体组织？"当然，如果你发现谈话对象不喜欢这个话题，想极力避开，你就不要像一只苍蝇一样紧追不舍了。

3. 爱心和同情心

许多问题可以透露出你的谈话对象是否有爱心和同情心。他和朋友、家人是否亲密，周末他是否常常做义工，最近他又参与了哪些慈善活动，他对街边的流浪汉抱有怎样的态度。你可以事先设定一些问题以便在谈话的过程中提出，测试谈话对象是否有爱心和同情心，并且你们的交谈也将会更有信息性。

总之，你可以准备一些和这三个方面有关的问题，以便能快速地获得更多的信息，从而了解一个人。同时，你们的交谈也会更加流畅。你可以随着谈话的流向，随时回到你准备好的问题上，不论你们之前在谈论什么话题。

漏斗法则：从开放式的问题开始，逐渐缩小范围

每种类型的问题都有最合适的谈话情境，知道什么时候用哪种类型的问题，对于想从别人身上得到可靠信息的你来说，是非常重要的。设想一下，在交谈之前，你想到了可以提出的各种问题，你可以把它们看成一个漏斗：宽口的一端代表开放式的问题，你可以容许对方对这一问题做出宽泛的解释和随性的回答。争论式的问题是漏斗的尖端，这往往是一些焦点明确的问题，时常是对立的、引起争论的。在这之间便是诱导式的问题，它起到疏导的作用。关注谈话对象的反应，虽然它不及开放式的问题宽泛。

1. 开放式的问题

开放式的问题简直可以用闲谈来形容，轻松得好像你们就是在拉家常。这类型的问题不会有所指向，谈话对象也不用分辨哪一种答案会取悦于你，没有担心，他自然就可以轻松地说出心里话。开放式的话题是你获得客观信息的首选。

当然，开放式话题也有缺点。由于它们太宽泛了，答案有时候会完全脱离轨道，你得到的信息往往都不是你想要的。而且开放式的问题也相当费时，有

时候唠唠叨叨谈了半天，却没有你想要的答案。开放式的问题也给谈话对象规避问题创造了条件。

2. 诱导式的问题

开放式的问题没有限定任何答案，而诱导式的问题则有限制。有时候限制是有利的，因为这样可以引导谈话的方向，避免浪费了大量的时间和精力却不得要领。如果你想知道你的员工工作热情如何，不要问他："你今天都做了什么？"而是问一个诱导的问题："你今天几点到公司的？"

如果你想从一个闪烁其词的人口中得到直接的答案，你可以好好利用诱导式问题。否则，如果你问他开放式的问题，估计问三天三夜也问不出结果。另一种适合使用诱导式问题的情况，是让对方知道你事先掌握了他的一些信息。例如，母亲对儿子说："我知道你一直都不喜欢舞蹈，但是学了拉丁舞是不是有一些不同的感觉？"或者商人对潜在的客户说："这项计划是否和去年……事情有关？"这些问题能促使谈话对象坦露更多的信息。

3. 争论式的问题

争论式的问题给人的感觉就是争论、辩解。有时为了取得重要的讯息或揭发谎言，你不得不使用这种问题。在日常生活中，使用威胁的手段强迫对方承认以取得答案应该是最后的手段。有时候，在最激烈的言谈攻击下，你的谈话对象不得不承认他"没有犯过的错"。但是冷静之后，他往往会表示这是为了避开你，为了逃离现场才那样说的，这样的态度转变有时难辨真伪。有时候你逼得紧了，他甚至会说："好吧，我承认，你不就是想让我承认吗？现在你得到了你想要的答案，可以走了吗？"

总之，不同类型的问题都有适合的谈话情境，选对问题往往是读懂对方的第一步。

重要的是反应而不是回答

无论你多善于设计问题，偶尔还是会遇到闪避功夫一流的聊天对象。有的人回答问题密不透风严丝合缝，有的人则会扯上一些风马牛不相干的事。其实，橡皮绳在你的手里，只要你知道谈话的焦点在哪里，如果有人跑题你是完全可以拉回来的，重要的是他对问题的反应而不是回答，你可能需要仔细观察和聆听，注意他稍纵即逝的反应及一些细微的蛛丝马迹。无论是哪种反应，辨别出他的技巧和动机，你就能充分洞察他的个性。

1. 没有反应

避免反应的方法很多，改变话题或干脆对你置之不理。如果聊天对象对你提出的问题没有做出任何反应，首先你要确定他是否听到或彻底了解了你所提出的问题。有些人不愿意承认自己没听清或没听懂问题，这也是很常见的事。有的人在忙着手头上的事，通常还没有反应就忽然转移了话题，他自己却浑然不知；有的人对问题理解错误，却以为已经做了回应。在这种情形下，没有反应不是什么大事。只要再多问一些，应该会很快得到答案。

在提问之前，尽量猜猜他人不愿意回答的原因，对谈话的顺利进行是很有帮助的。如小区的王大妈性格开朗，很喜欢和你聊她的家里人。但是你发现，她总是回避说她的独生女儿，每次你问到这，她都像没听见似的，很快就转移话题。后来你听说，她的女儿和网友私奔了，很久都没有回家了。由此可见，如果有人逃避你的问题，他可能是不想出丑，或是有意避开真相。除了逃避，他也可能会扯上不相干的话题。在这种情况下，你要忍住好奇，不要一直质问下去，盲目追求事实真相，引起别人的反感。重要的是你知道了他的反应和话题的敏感点，你可以稍后再尝试。

2. 简短的回答

如果有人一直用简单的回答来敷衍你，就太不寻常了。他为什么会有这样的反应？他的回答是不是太过简单？如果对方一直用"是"或"不是"来回答你，你就要提高警惕了。

细心观察可以发现，诚实简短的回答，其肢体语言和说谎的动作反应明显不同。诚实简短的回答对应的是心情轻松、毫无戒备。而说谎者的简短回答往往伴随着紧张、恐惧、困窘，甚至有些气喘。可见，如果一个人总是用简短的答案来回答你提出的问题，观察他的心理反应和肢体反应，你就可以洞察他的内心世界了。

3. 冗长的回答

有的人回答问题拐弯抹角，有的人则是啰唆，解读冗长的回答难度要大得多。冗长的回答有时会隐藏或歪曲事实，有的人在回答时长篇大论，将事实散布其中。这样的反应表明他内心充满不安，他怕你识破他。于是，将事实与谎言混合在一起，让你自己去挑拣分辨吧。

你不用对他的每句话都怀疑，可以细心研究话里的含意。想想他的回答是不是很充分，他的肢体语言是不是能给人一种坦率的感觉？你可以对他回应的内容进行检测，看回答的内容是不是前后一致。如果他是在信口雌黄，前言不搭后语，那么可能表明他心情紧张，缺乏安全感。如果内容连贯流畅，那有可能他想控制谈话的方向或是想对你有所隐瞒。

·第二节·

从说话习惯看交流之道

把"诚实"挂在嘴边，不如以行动证明

如果你去市场逛一圈，你的耳朵会被"我不骗你，这东西真不错""骗你我就……"灌满。事实是，你很可能相信了他的鼓吹，买回了一堆"用着可气，丢了可惜"的东西。西方流行这样一句谚语："当真理还在穿鞋的时候，谎言已跑出很远了。"要知道，当有些人觉得有利可图的时候，往往会选择将"诚实"挂在嘴边，当他们不停地念叨"不骗你"时，往往最不可信。

又到了发工资的时间，这次丈夫却只交给妻子一小部分，妻子问丈夫："这次工资这么少，钱都哪去了？"丈夫眨了眨眼说："最近公司效益特别不好，每个人都只领到一部分工资。"妻子说："不可能啊，上午我还碰到你们部门的王经理，没听他说你们公司效益不好啊。"丈夫红着脸，有些着急地说："你怎么不相信我？我什么时候骗过你？我是什么人你还不知道吗？"妻子没有相信丈夫的话，她佯装要给丈夫的领导打电话，丈夫无奈只好承认自己将工资都赌输了。

当一个人心里发虚想让你相信的时候，他会特别强调自己是"诚实"的，越是这样说，越体现了他内心的忐忑不安，底气不足。如果你在他表明自己是"诚实"的时候保持沉默，他会变得更加心虚，以为自己受到了怀疑。为了取信于你，他不停地提到"诚实"，和你赌咒发誓，就像例子中的丈夫一样，他用了三个反问句来表明自己是"诚实"的，殊不知，这些越描越黑的话正泄漏了他的不可信。对于心怀坦荡的人来说，他们做出了解释，心情就是轻松的，不会再多说什么了。反之，如果总是唠唠叨叨地向你表明自己是诚实的，这样的人往往不可信。

仔细观察可以发现，总是把"诚实"挂在嘴边的人，经常说错话。他们的话经常前后矛盾，让你想不怀疑都难。其实我们每个人，都有在无意识中说出奇怪的话的经历。心理学家弗洛伊德认为，说错、听错，或者是写错等"错误行为"，都是将内心真正的愿望表现出来的行为。

一般情况下，说错话的一方都会找出自己是"不小心""不是真心的"等的借口，他们会说："我不骗你，是真的，我那样说是不小心的！"但实际上，那不小心说错的话，其实才是他真正想说的。这在人们的日常生活中，可以说是屡见不鲜。如果你的交谈对象是个常常会说错话的人，我们可以推断他们是习惯性地隐藏"真正的自己"的人，也是个表里不一的人。而且，他们心中总很强烈地禁止自己把真心话表露出来。

"这件事绝不能讲出来""这事绝不能弄错，非小心不可"，当他们越这么想的时候，便越容易将它说出来。相信很多人在日常生活中，也会遇到类似的情形吧！越是被禁止的东西，越去压抑它，就越容易流露出来。

总而言之，暗藏在交流对象心中的许多事情，当他们越想要去隐瞒它、掩盖它的时候，就越容易说错话或做错事，无意之间让心虚表露无遗。

名字还是昵称，判断彼此的亲近程度

有一天，很亲近的朋友忽然用"您""府上"这种字眼称呼你，相信你一定会有打他一拳的冲动，你会感到诧异："他是不是疯了？他没病吧？"是的，这种冷冰冰的称呼让你有种不知所措的感觉，除了不舒服你也感受不到丝毫的亲近感。这样的称呼仿佛一下子就把你们之间的距离拉远了。

小莉进入单位的第一天，领导带她认识部门同事时，她非常恭敬地称对方为老师，不少同事欣然接受。3个月过去了，有一天，部门的一位女同事递给小莉一份快递，小莉很有礼貌地说："谢谢您，老师。"这位女同事连忙摇头："大家是同事，你可别再叫我老师了，直接叫我名字就可以了。"

可见，称呼并不是简单地喊名字或使用尊称，它还体现着双方关系发展的程度。在人际交往中，可以根据他人对我们的称谓——名字、昵称或是尊称"您"，来判断彼此之间的亲近程度。

1. 称呼你的职务、头衔

如：李经理、王主任、张总等。一般别人在称呼你的时候加上你的头衔，这表示他对你敬意有加，他重视你的地位，人一般很难抗拒权力和权威。这种称呼也是中规中矩的，是社交场合中最常见的一种称呼。

2. 称呼你的行业

如：李老师、王会计、张律师等等。如果你是个从事某些特定行业的人，这样称呼你的往往是你的同事，他和你保持着不远不近的距离，这样的人往往性格内向，略显拘谨。

3. 称呼你的名字

一般来说，初次见面就直呼你姓名的人比较少见，一般都是熟悉起来的朋友，才大大咧咧地喊你的名字甚至昵称。如果对方是和你关系比较亲近的同事、邻居，他往往会在你的姓前加上"老、大、小"等前缀。这样的人往往性格开朗，爱说爱笑，对你的好感也毫不避讳。

4. 叫你的外号

如：小泥鳅、小蚯蚓、大笨猪等。能这样称呼你的人，不是你的发小就是你的恋人。你想从他的嘴里得到恭维话，那简直比登天还难。和你相处，他很轻松随意。尽管他的性格里有些逃避的成分，也往往不是很积极，而且还总装着对你毫不在乎，但其实在他的心里你才是他最亲近的朋友。

中国是礼仪之邦，称呼礼仪可谓丰富多彩。在社交生活中，称呼除了体现人与人之间关系的亲疏远近之外，有时候还和具体的语言环境有关。如，不同的企业就有不同的称呼。一般来说在欧美企业，无论是同事之间，还是上下级之间，一般都是互叫英文名字，即使是对上司甚至老板也是如此。如果别人用职务称呼你，反而会让你觉得别扭。而有些企业注重传统，企业文化比较正规严肃，大家可能会根据习惯，称呼你为"老师"。这个称呼还适用于文化气氛浓厚的单位，比如报社、电视台、文艺团体、文化馆等。这个称呼能表达出对学识、能力的认可和尊重，因此受到文化单位职业人的青睐。这样的称呼适用性很广，很多人在拿不定主意称呼你什么的时候，往往都会选择称呼你为"老师"。

好用夸张说法的人，渴望与人交谈

生活的语言要是用简单的颜色来划分，我们可以将它分为黑、白、灰三种。假设乐观的人用白色的语言："好极了""太棒了""相当完美""最美的"；悲观的人用黑色的语言："太糟糕了""太可悲了""失望透顶""最讨厌"等等。那么剩下的灰色语言就是我们大部分人在日常生活中所应用的了。像黑、白这种极端的语言，由于没有中间过渡的灰色成分，我们把它称为夸张说法。

假设你在小区里遇到一个好用夸张说法的人，你说："天气不错啊！"他通常会接你一句："是啊，简直太棒了，从来没遇到过这么好的天气！"如果你和他聊起几年前你去看颈椎遇到了一个很讨厌的医生，那么他会说他碰到的医生比你遇到的糟糕一百倍。如果你表示知道一家火锅料理店很不错，他则表示他知道全世界最棒的火锅料理店在哪里。这种谈话过程让你痛苦无比，而他自己并没有意识到这一点。通常来说好用夸张说法的人，往往缺乏安全感或是希望受到他人的注目。他们十分渴望与人交谈，也想控制谈话内容和谈话者的行为。他们往往会说："那家餐厅简直完美极了，你怎么不去尝尝？""那本书简直糟糕透顶，谁买它就是大傻瓜，你不会买吧？"……

好用夸张说法的人喜欢用这些极端的字眼来描绘事物，像"完美极了""糟糕透顶""简直是大傻瓜"等。有时候，他们不是想控制他人，只是因为那是他们看待事物的方式。他们通过这样夸张的字眼引起你的注意，逼得你不得不听他们讲话，与他们交流。通常情况，我们都不喜欢和这些好用夸张说法的人聊天，觉得他们说话不靠谱。由于缺乏与人的沟通交流，他们容易对生活产生不满，也急于告诉他人这一点，但越夸张越惹人避之不及，越没有沟通越感觉无奈。于是，他们总像是生活遭遇了重大打击一样。其实，他们需要的往往是你能坐下来，安静地听他聊一聊。

爱打断他人话题的人，也是想引人注目，渴望与人交谈的一种人。他们内心缺乏安全感又渴望被人重视，他很想抢走别人的风采，要大家都听他讲话，成为众人瞩目的焦点。他们会挑起一个毫不相干的话题聊个没完没了，或者拉住一个话题不放以便控制聊天的场面。他们不会认真聆听你的谈话内容，不会专注于你所讲的每一个字，有时候听了你的话他乐得不得了，非要插一嘴不可，或者是在紧要关节和你来一场唇枪舌剑，让你十分懊恼。这样的人多半没有恶意，他们给人的印象永远是快人快语。实际上，他们只是对你的谈话内容不感兴趣，或者是渴望与你交流，期待你的重视。

"老调重弹"的话题，希望你继续追问下去

你一定有这样的经历：某一天你遇到一个不厌其烦、老调重弹的人，他的喋喋不休搞得你想插嘴都难，他沉浸在自己的世界里无法自拔。你有大吼"受不了了"的冲动，可是出于礼貌却不得不忍受……每个人都有喜欢的话题、爱讲的小故事或美好的回忆。除了年老健忘之外，经常老调重弹不顾忌他人感受的，一般是出于以下两个目的：他想避免谈话中断时的尴尬，所以用这些话搪塞过去；或是想确认你能收到他内心的信息，希望你能继续追问下去。

小丽是一个体重超重的女孩。在一次联谊会上，她一会和人大谈特谈自己18岁时苗条秀美的样子，一会又把那时的照片翻出来给大家看。看着大家都失去了兴趣才转向聊其他的话题，她又不止一次地提起自己5年前减肥成功的事迹。她说："我那时候真胖啊，比现在还胖呢，有二百多斤，后来吃了减肥药又拼命运动，还真瘦了……"她的唠叨渐渐引起大家的反感，联谊会的气氛顿时尴尬起来。

从例子可以看出，小丽这样多次重弹老调无非是想引起大家的注意，对她

的话题追问下去。话题的不断重复和这些明显的自吹自擂，表示小丽内心极度缺乏安全感，这可能是由于她体重超标引发的。她也很想被接纳，甚至不惜把话题引到女孩避讳的体重上。她利用这样的话题来确认大家接收到了她内心的一些讯息，她想让大家对她的话题发问："怎么变胖了？怎么减肥成功了？"这些问题在她心中已经有了预设的答案，她很期待大家发问，这也表明她的内心很孤独。家里年迈的老人也常常有这样的表现，他们"拉不断、扯不断"，絮絮叨叨地重复着同一话题。他们内心希望的是我们能像小时候听他们讲故事一样，在关键的时候表现极大的兴趣，追问他们："接下来呢？下面发生了什么？"

如果你遇到沉迷某个话题无法自拔的人，不要试图打断他。从他的谈话内容中，你可以寻找到他内心的答案，究竟是什么因素引起了他的焦虑、不安、困惑或者是欢喜和满足？不管原因为何，你要知道，他的思绪已经被一些事物完全占满，暂时无法容纳其他的事物。这些事物不会凭空消失，无法被忽略，这些看起来无关痛痒的事物，你的交流者却迫切地想让你知道，即使你明确地表示你已了解，也不一定会转移他的注意力。

常说太太不是的男人，烦恼很多

西方人一般都会在他人面前称赞自己的太太，但中国男人往往不同，他们喜欢有些谦虚地数落太太的不是，因此古人称自己的妻子为"贱内""拙荆"等。当然，这种叫法在年轻一辈中已很少见了。

有些男人往往是故意指出太太的缺点，以这种表现来维持与他人之间的人际关系，一般是"你透露点太太的不是，我也抱怨一下太太的不是，大家彼此调侃一下"，所以听者完全不会相信这类贬低之辞。

有些男人则不同，他们会把太太的缺点如实告诉别人，有时甚至夸大事实。尽管听者并不愿意听当事人说其太太的坏话，这位丈夫却刻意提及，不论对方是否问起，也要主动提及，狠狠批评。批评的内容包括太太的为人处世、待人接物，甚至包括身体上的缺陷，以及烹饪、洗衣、教育儿女等等。他们一谈起太太来，可以无所不谈，与你推心置腹。他们仿佛不懂得人不可能十全十美，总是苛求太太完美。他们有很多的烦恼，总是感觉不到快乐，对太太更是"欲加之罪，何患无辞"，谈论的题材更是花样翻新、源源不断。

细心观察可以发现，常常说太太不是的男人，多因为以下两种原因：其一，是他在家中与太太相处不和谐，对太太心存不满，只好借着批评和牢骚来排解心中的烦恼。这种类型的人，并不会考虑你听后的反应。其二，是这类人对自己太太要求苛刻。他的内心强烈缺乏安全感和满足感，所以他才想在太太身上得到补偿。这些人忽略了太太的感觉。太太是一个成年人，对成年人要求过多，自然会引起对方的反感，当然无法达到目的。夫妻双方都各有优缺点，而结婚本就是互补所短，以促进彼此的成长。但常说太太不是的人却无心努力，心中总感觉不满，所以喜欢对太太加以指责。

如果是领导类的人物，常说太太的不是，还特别喜欢选择女下属或女性朋友作为聊天对象的男人，一般都是有目的性的。这种人大约都只是轻描淡写地谈太太不是，女下属或女性朋友听了之后，就会妄下断言，认定其夫妻关系不和，而与其关系更加亲近，这样通常就造成了不可挽回的局面。再者，漫不经心地谈自己太太不是的人，是很懂女人心思的男人，他们的目的就是要借机靠近这些女人来博得她们的同情。他们认为这样做可以使自己的心灵得到慰藉，也可以填补自己太太的缺陷，他们也企图寻求短暂的满足。但事实上，若这种男人家中真有个"母夜叉"搞得家里鸡飞狗跳，恐怕他们也没有时间在外面拈花惹草。

总之，常说太太不是的男人，大多是无聊的人，他们在家里多半"衣来伸手，饭来张口"，戴着太太打好的领带，穿着太太熨烫好的衣服，却从来不知道满足。这类人常常欲求不满，所以感觉烦恼很多。

总提及家人声名和财富的人，爱炫耀

家人，是带给我们关怀、照顾和幸福的人；家人，是前进道路上的精神支柱。可以说，家人在每个人的心中都占据着非常重要的位置，然而，生活中的有些人，他们会不住地提及家人，但他们强调的不是对家人的爱及感激，而是因为家人有着显赫的地位或者很多的财富，他们口口声声强调的总是家人的声名或财富，充满着炫耀心理。这类人信奉"背靠大树好乘凉"，不想靠自己的努力，只希望借着家人的东风，平步青云。这样的人永远不会凭借自己的实力获得成功。

可以说，从一个人对家人、对家庭的态度就能够看出来这个人对生活、对工作的态度。有的人关心家庭、爱护家人，即使工作很忙，也会抽时间和家人一起吃饭。家庭是他们心灵的港湾，家人带给他们快乐，他们会以家人为骄傲，在和同事出游、和朋友谈心、和领导聊天的时候，他们言语间总会不自觉地说起他们自己的家人。这样的人，对待生活很认真、很乐观，对待工作自然也不会差，因为有家人在背后支持着他们。

而有的人，很少提及家人，你几乎不知道他还有个姐姐或者弟弟、妹妹。这样的人，一方面可能是由于其他方面的事情太多以至于忽略了家人，另一方面可能是因为受过伤害，例如，孤儿或者父母离异或者家庭不幸福的人。就前者而言，在当今社会，现代人承受着巨大的工作压力，他们也许会因为工作而缺少对家人和家庭生活质量的关注。

如果因为工作而忽略了家人的感受，即使在工作上再成功，也还是最大的失败者。几乎每个成功的人士，都会反复强调家人的重要性，他们对家人充满着爱与感激，可见家人在一个人的成功过程中起了多么大的作用。

我们如果想了解一个人，可以观察他在什么情况下提及家人，这与他对家人的态度、他对生活的态度是紧密相关的。有些人在外人面前表现得和蔼可亲、温文尔雅，而在家人特别是在配偶面前却很容易发脾气，在外工作不顺或受气后，把这些坏情绪转嫁给亲人，使亲人的身心受到损害。

每个人每天都要离开家去上学或上班，融入另一个社会群体中，他们与其他人的接触一定是少不了的。他们认为，在外面，不论喜欢不喜欢，无论面对什么人，他们不得不戴上面具，吞声忍气、卑躬屈膝甚至装模作样。好不容易回到家里，终于可以舒一口气了。可是，他们却会在不知不觉中伤害了家人。他们会认为家人就应该接纳自己的所有负面情绪，帮助自己进行发泄，如果家人稍有微词，他们就会觉得家人不理解自己，就会对家人产生怨气，就不会以家人为骄傲，很少也会对别人提及家人。

与亲人一起的时候应该是人生中最美好、快乐的时光。对家人的付出也应该充满感恩的心情，多关注家人，多给家人以肯定。虽然大家都知道这些，可在现实生活中，有的人往往却做不到。例如，许多男人下班回来，无视太太为了小孩及预备晚餐忙得团团转，自己却跷起二郎腿看电视、读报纸。其实，这时先生如果对妻子说："亲爱的，我跟孩子玩，让你专心做饭。"妻子心情自然会好，家庭气氛也可以温馨祥和。许多妻子一看到丈夫回家，就唠里唠叨，抱怨这个抱怨那个，丈夫也很不开心。其实，对于妻子来说，如果有什么伤脑筋的事要告诉先生，比如：屋顶漏了要翻修，临时有一笔庞大的开支，小孩成绩退步很多等，必须衡量时机，不要在他刚进家门，一天上班的紧张情绪尚未平静下来之前，就对他念念叨叨。

家庭和工作同样重要，只有那些重视家庭的人，才能拥有快乐的家庭生活，才会有良好的工作绩效。那些关注家人，与家人保持良好的互动，了解家人需要的人，才不会因为工作压力影响心情，才不会造成家人彼此之间的疏远。

·第三节·

谈话时的模样不容忽视

回应慢半拍的人，可能没在听你说话

你正兴奋地和别人夸夸其谈，唾液横飞。这时，对方的回应却是"啥？你说啥""什么？我刚刚没听清，你再说一遍"……你是不是感觉自己像个小丑，在唱着寂寞的独角戏？遇到这样回应慢半拍的听众，相信不管你的谈性有多高，你都没有兴致孤单地抱着"剧本"继续唱下去了。因为你心里十分清楚，他刚才绝对没有听你说话。

"啥？哦，那个啊……"这类句子都属于社交上的"自动防卫句型"，当对方说出这样反应慢半拍的话时，通常是为了礼貌不使你感觉尴尬，他便使用这些句型来补救没有反应过来的停顿时间。虽然他本身并没有听你说话，但对你他还是抱着尊重的态度的。无论他是想消磨你的时间还是为了给你留点面子，对着"一块走神的木头"唠叨，还是有些浪费感情和宝贵时间的。现在就让我们一起来看看其他的几种"没在听你说话"的表现吧。

1. 打岔后东拉西扯

你的交谈对象绝对不是木头，他会频繁地和你互动。只是很奇怪，每次他打断你之后，都会和你东拉西扯，但是丢给你的话题和正事毫不相关，你简直难以应付。例如：你正和他讨论最近培训的一些问题，可是他却打断你并且兴冲冲地说："昨天我买了一个翡翠镯子，水头、颜色都很棒……""昨天我去游泳了，现在浑身疼痛啊！"这种人拥有跳跃性的思维，他常常把人带离主题，只谈自己想谈的话题。如果想让他认真聆听你的话，还是下辈子吧！

2. 边看文件边听你说话

你的交谈对象很忙，他一边在看一份文件，一边好像在听你说话。时不时还"嗯、啊、哦……"几声，其实，他多半没有听你说话。如果此时你有求于他，他也"嗯、啊"地答应了。事后你问起，他会十分肯定地说："我没说过啊。"别以为他是在狡辩，其实他根本没有听到你在说些什么。这是因为人类在讯息处理方面大多依赖视觉，因此，在他认真地看一份文件的时候，基本上当你是空气了。所以学着聪明点，给他留点空档吧！

3. 不停地深呼吸和唉声叹气

他的心里对话是这样的："呼，吸，呼，吸……我都快睡着了，他还在唠叨些什么呢？我一句也听不进去啊！""唉，简直是折磨，他还要唠叨多久呢？唉！他在说什么？"

4. 有点动静就东张西望

一根针掉地上了、有只蚊子飞过、短裙美女飘过、窗外的刹车声……这些通通逃不过他的法眼，只要有一点风吹草动他的视线马上跟随着去了。看到这，你还要继续说下去吗？他这样的状态表明随便什么事都比你说的话有趣。实际上，他真的很难专注地听你说完，你是该把"话筒"转交给他了。

5. 眼神涣散

如果你的交谈对象开始出现目光无神、眼神涣散的状态，说明他已经筋疲力尽了，他甚至连假装听你说话的力气都没有了。他即使抬眼盯着你，也是直勾勾地，像是看静物而不是你。他觉得累了、无聊了，只想和你说"再见"。

五种小动作代表他想尽快结束谈话

假如你是小学老师一定深有体会，在快下课的时候，班上的那些"小麻雀"早就没了耐心，他们往往一边听着你喊着："不许做小动作，好好听讲！"一边自顾自地把玩橡皮、摸摸铅笔。他们在心里默念着倒计时，翘首期盼下课铃声响起……做这些小动作，他们只是想尽快结束一堂课，不再听你的长篇大论。生活中也是如此，有时候对方明明觉得你的谈话毫无趣味，太啰唆，和你谈话不会有任何结果，但是出于礼貌，他们一般不会指着你的鼻子叫你闭嘴，他们会用一些明显的暗示性的动作来提醒你：尽快结束谈话，赶快拿包走人吧。

小动作之一：单手撑住整个侧脸

你的长篇大论使他睡意来袭，他为了避免被你识破只好用单手撑住侧脸，告诉自己："不要睡，不要睡，再坚持一会儿，快结束了。"有时候他甚至想用手指撑开眼皮，他这是在明示："我都听困了，我真想结束这场谈话啊！"如果这个时候，你还不管不顾，相信他一定在心里骂你"没长眼睛"。

小动作之二：眼睛不时向门口张望

一个人的视线总是会追随着自己感兴趣的东西。如果你没站在门口和他交谈，门口也没有人在进进出出，而他却总是不停地向门口张望，这表明你已经把他逼到想夺门而逃的地步了，他想尽快结束谈话，远离你的噪音污染。

小动作之三：用手抓耳朵、拨拉耳朵

俗话说"非礼勿听"，就是想防止不好的事情被传进耳朵的意思。小孩子不想听父母唠叨的时候，也会用手拨拉耳朵、抓耳朵或者干脆用手掩住耳朵。和用手抓耳朵用意类似的动作还有摩擦耳背、掏耳朵。在这里，如果谈话对象对你做出了这样的动作，表示他已经听够了、不想再听，他想尽快结束谈话。

小动作之四：喝水、吃东西

他们会通过喝水、吃东西等动作来干扰你讲话，他们会把东西咬得嘎巴嘎巴响，喝水也会喝得呼噜呼噜的。这样做表明他们已经对你的长篇大论忍无可忍了，你再不结束话题，他们都有朝你丢杯子的冲动了。

小动作之五：晃动双脚，双手往后撑

如果他晃动双脚或是轻轻敲打双脚，这表明他已经不耐烦了或厌倦了。晃动双脚，双手往后撑是他已经感到累了的象征，他这是在做逃跑的动作，这个姿态的意思是："你说得不累吗？我听得都快累死了。赶快结束你的废话吧！我不想和你待在这儿了。"

在你了解了这些小动作所暗示的信息后，当你面对某人，无论你的谈话欲望有多强烈，如果你看到他一面在听你说话，一面做着这些小动作，你就可以判定他还有其他事，心已不在你这里，快把他放走吧！

摆出与众不同姿势的人，想要发表自己的意见

人的姿势一般分为坐姿、站姿、走姿、睡姿等，一个人的姿势往往会体现出心灵的暗示。与人交谈中，我们可以从他坐的方式、坐的姿态、坐的距离或者站的角度、站的方向等不同的身体语言，来窥探出一个人的真实意思，了解一个人心理的动向。倘若在交流的过程中，谈话对象摆出了与众不同的姿势，那就表明他想告诉你："我有话说，我想谈一下自己的想法！"

1. 自信思迁型的坐姿

如果谈话对象对你摆出这种与众不同的姿势，代表他们想发表自己的意见了。他们通常会将左腿交叠在右腿上，双手交叉放在腿内侧。他们具有较强的自信心，特别坚信自己对某件事情的看法。如果他们与你发生争论，可能他们并没有在意与你争论的观点的内容。他们只想表达自己的想法，对你的话完全没有在意。

他们天资聪明，总是能想尽一切办法并尽自己的最大努力去实现自己的梦想。虽然也有"胜不骄，败不馁"的品性，但当他们完全沉浸在幸福之中时，也会有些得意忘形。这种人很有才气，而且协调能力很强。在他们的生活圈子里，他们总是充当着领导的角色，而他们周围的人对此也都心甘情愿。不过这种人有一个不好的习性，喜欢见异思迁，常常是"这山看着那山高"。

2. 投机冷漠型的坐姿

这种人通常将右腿交叠在左腿上，两小腿靠拢，双手交叉放在腿上。他们

通常看起来觉得非常温和可亲，状如菩萨，很容易让人亲近，但事实却恰恰相反，你找他谈话或办事，一副爱理不理的举动让你不由得不反思："我是否花了眼？"你没有花眼，你的感觉很正确，他们不仅个性冷漠，而且性格中还有一种"狐狸作风"，对亲人、对朋友，他们总要向人炫耀他那自以为是的各种心计，以致周围的人不得不把他们打入心理不健全的类型。他更不会听进你所说的只言片语，他只想发表自己的想法。他做起事来总是三心二意，并且还经常向人宣传他们的"一心二用"理论。

3. 开放型的坐姿

开放型的人坐着时常常两腿分开的距离较宽，两手没有固定的放处，这是一种开放的姿势。他们喜欢追求新意，偶尔成为引导都市消费潮流的"先驱"，他们对于普通人做的事不会满足，总是想做一些别人不能做的事，或者不如说他们喜欢标新立异更为确切。如果你和他们交谈，他们表面会是一副认真聆听的样子，但是思维早已不知游走到什么地方了，他们最喜欢你静下心来听他们侃侃而谈。

这种人平常总是笑容可掬，最喜欢和他人接触，而他们的人缘也确实颇佳，因为他们不在乎他人对他们的批评，这是别人很难做到的。从这一方面来说，他们很适合做一个社会活动家或从事类似的职业。

4. 古怪型的站姿

古怪型的人常常将双脚自然站立，偶尔抖动一下双腿，双手十指相扣在胸前，大拇指相互来回搓动。这种人的表现欲望十分强烈，喜欢在公共场合大出风头。倘若你和他们交谈，给他们耳朵认真听就行了，他们不会给你机会插嘴，只想发表自己的意见。

他们喜欢争强好胜，容不下别人。如果大家都说太阳是圆的，他们一定会说是方的；若大家都说是方的，这种人肯定会问大家："太阳怎会是方的呢？"他们不是愚蠢，他们十分聪明，大家都不能把井里的月亮捞出来，他们就行，不信？他们用一个洗脸盆就办到了。

5. 抑郁型的站姿

抑郁型的人通常是两脚交叉并拢，一手托着下巴，另一只手托着这只手臂的肘关节；这种人多数为工作狂，他们对自己的事业很有自信，工作起来十分投入。废寝忘食的行为对他们来说是家常便饭，自己的另一半更是经常被冷落在家，幸亏他们的伴侣多是理解型的。

这种人更为引人注目的是他们的多愁善感，从他们丰富的面部表情就可以看出，他们是那么容易喜怒无常，甚至，在他们的言行中也表露无遗。刚才还在与你喜笑颜开，夸夸其谈，突然脸色沉了下来，一句话也不说，最多时，不时地在你们的谈话中苦笑一下，显得很深沉的样子。他们有很强的表达欲，只是有时候忽然不知道从哪开口说起，其实他们很想表达自己的想法。他们对这个世界倒是很具有爱心，可以经常看到他们的奉献精神。他们也很坚强，一般不会向人屈服，也不会由于重重摔了一跤，就不再继续在充满泥泞和荆棘的道路上前行。

说话间隔时间长的人，喜欢做逻辑分析

某公司下午召开紧急会议，公司负责人中午却喝多了，他摇摇晃晃地掏出秘书午饭期间赶出的发言稿，大声地朗读起来。读到一段话的末尾，领导字正腔圆地说："括号，此处有停顿，鼓掌……"大家在愣了片刻之后，哄堂大笑。当然，这仅仅是一则笑话，但是这也反映出说话语句间隔和缓急变化的重要性。

平均来看，人类一分钟可以说150个到200个字，每句话之间的间隔时间大概在一秒到两秒。每个人的说话习惯不同，有的人说话简直像连珠炮，一刻也不停歇，让你听了都感觉累。而有的人说话速度正常，但句与句之间间隔时间特别长，有时听得你都快睡着了。别以为他是慢性子，有这样的表现恰恰表明你的谈话对象是个喜欢深思熟虑的人，他所说的每一句往往都是经过反复思考的。他平时给人的印象是冷静、有条理、十分理性。当然，他也会习惯性地怀疑别人。如果你和他交谈，辅以书面材料或研究数据比你夸夸其谈要有效得多。别以为你们交情很深，他就会感情用事，其实，他这人最重事实，喜欢做逻辑分析。

可见，从一个人说话间隔的时间和说话速度，可以分析出他的个性和心理。现在，就让我们一起来看看其他的语言习惯吧！

1. 说话没有停顿点的人，喜欢吸引你的注意

他有时自信，有时自大。他主观意识很强，说起来话总是滔滔不绝，几乎没有停顿点。想让他听进去你说的话，还真不是件容易的事，他更喜欢你能专注于他的谈话。如果你试图打断他，他会明显不高兴。他喜欢吸引你的注意，如果你对他的谈话表现出浓厚的兴趣，他会变得很友好。

2. 说话缓慢平稳的人，喜欢和你分享生活经验

听他说话，你会感叹："他说话简直就像电视科普节目的旁白啊！"是的，这就是他说话的频率特点。他表现得很成熟、理性、随和。他总喜欢和你分享一些生活的经验。你和他沟通不会感到有压力，他总是从客观的角度看待事物，并且对你表现得十分友好。

3. 说话速度由慢转快的人，是为了掩饰内心

如果你的谈话对象说话速度忽然由慢转快了，这表明他非常紧张或着急。他想掩饰住自己内心的真正想法，想以较快的语言速度来干扰你的判断。当然，如果他谈到的话题正好是他比较感兴趣的，一般也会出现语速忽然间加快的现象，这就需要依具体的语境来判断了。

4. 说话速度由快转慢的人，对你有所怀疑

如果你的谈话对象说话速度忽然由快转慢了，你要好好考虑你的谈话重点了。一般他们出现这样的反应表明他已经开始对你有所怀疑了，甚至对你有隐隐的敌意。通过放慢语速，他是想强调自己内心的想法和观点，也想告诉你他有不同的意见。如果此时你不能掌握他释放给你的讯息，他的敌对心态和怀疑将会进一步加深。

交谈时不同的身体语言，透露说话者不同的心理及性格特征

如果交谈的人在与你面对面坐着或站着时，他总喜欢不时地摸一摸头发，你是不是觉得他可能做了新发型，在吸引你的注意力？其实不然，这种人就算是一个人独自在家看电视，也会每隔三五分钟"检查"一下头发上是否沾上了什么不好的东西。他就是享受这种"过程"，对事情的结果倒是毫不在乎，因此，如果他为之努力和奋斗了许久的事情失败后，你别想从他的脸上找到一丝

丝的懊恼，他通常会说："我问心无愧，因为我努力了，去干了！"

生活中这类人不在少数，他们大都性格鲜明，个性突出，爱憎分明，尤其疾恶如仇。假如公共汽车上有小偷，而乘客恰恰都是这类人，那么这个小偷就倒霉了，他一定会被当场打个半死。这类人一般很善于思考，做事细致，但有的缺乏一种对家庭的责任感，他们对生活的喜悦来源于追求事业的过程，这句话听起来有点玄乎，不过仔细想来你就会明白，喜欢努力和奋斗的人，他们是不在乎事情的结局的。

许多人在说话时，往往会伴随着一些动作，这些动作，有的是习惯形成的，有的则代表一些心理暗示。像交谈时摸头发、抖腿或打手势等这些身体语言动作，往往透露着说话者的某些强调或附加的含义，还反映着不同人的心理及性格特征。现在就让我们一起来看看这些不容忽视的动作都分属于什么人吧。

1. 交谈时不断抖腿的人，爱制造"醋海风波"

无论是开会也好，与别人交谈也好，独自坐在那儿工作，或是看电影，有些人总喜欢抖腿或者脚尖点地带动整个腿部颤动，有时候还用脚尖磕打脚尖或者以脚掌拍打地面。当然，这种行为举止难登大雅之堂，但习惯者却总是习以为常。

设想一下，倘若你的谈话对象完全不顾及你的感受，也不认真地倾听你到底说了些什么，他只是自顾自地抖起了腿，好像爽得一塌糊涂。我想，你肯定有一种把水泼到他脸上的冲动。是的，这种人最明显的表现是自私，很少考虑别人的心情，凡事从利己的角度出发。如果是男性，他和妻子的关系也好不到哪去，因为这种人对妻子的占有欲望也特别强，经常会无缘无故地制造一些"醋海风波"，在这个问题上说他具有"神经质"一点也不过分。他对别人很吝啬，对自己却很知足，据说"守财奴"——欧也妮·葛朗台就有这个"良好"的习惯。不过这类人也不是毫无优点，他们通常很善于思考问题，会给周围的朋友出一些意想不到的主意。

2. 边说话边打手势的人，爱扮演"护花使者"

如果你的谈话对象喜欢边说话、边打手势，那么只要他们的嘴一动，就一定会伴随一个手部动作，摊双手、摆动手、相互拍打掌心等，好像总是在对自己的说话内容进行特别强调。事实上，他们也相当自信。他们通常做事果断，性格外向奔放而又踏实肯干。这样的性格使他们的事业大都小有成就。无论在任何场合，他们都习惯把自己塑造成一个领导型人物，很有一种男子汉的气派。这类人去演讲一定会极尽煽动人心之能事，他们是气氛的活跃剂，良好的口才时常让你不信也得信。他们与异性在一起时表现尤其兴奋，总是急于向人展示出他的"护花使者"身份。当然，他们对朋友相当真诚，但通常不轻易把别人当成自己的知己。

3. 说话时紧盯你的人，看起来像"花花公子"

有些人在和你谈话时会目不转睛地看着你，他们的目光冷冷的，好似透视光，让你总有一种想逃的感觉，根本无暇顾及他们说了些什么。

在生活上，这种人也常常盯住一个人不放，当然，并不是说他看上了这个人。他们的支配欲望往往很强，而大多数的时候他们确实又都有某种优势，他们仿佛也特别幸运，占不到天时、地利就一定能占到"人和"。因此只要有机会，他们就会向别人表现自己，这使他们的行为时常看起来像花花公子。但有一点值得大家肯定，他们在大是大非面前很懂得把握自己，如果选定了人生的目标就一定会去努力实现。但他们又不喜欢受束缚，经常我行我素。此外，他们比较慷慨，因此他们周围总是围绕着一些相干和不相干的人。自然，有真心的，也有看中"酒肉"的。

总之，只要我们留意和细心观察，便可以从说话人的动作中窥探到他们的内心世界，从而了解这些人的性格特征。

第三章
不仅要听他说什么，更要看他做什么

· 第一节 ·

眼神和视线透露意识和喜好

瞳孔扩张，表示对你的谈话感兴趣

日常生活中我们很容易观察到别人的手势、坐姿、表情等身体语言，而对于眼睛的观察只是停留在暗淡无光或是炯炯有神的层面上，其实人的瞳孔里还有很多值得我们去发掘的信息。人的眼睛通过数条神经与大脑连接，它们从外部获取信息，然后通过神经把信息传递给大脑。受到刺激的大脑又反馈信息给瞳孔，于是人的心理也就在瞳孔上表露出来。如果说眼睛是心灵的窗口，那么瞳孔就是窗内的风景。

美国芝加哥大学研究瞳孔运动的心理学家埃克哈特·赫斯发现，瞳孔的大小是由人们情绪的整体状态决定的。如果有一天，你兴致勃勃地和某人聊天，发现他的瞳孔扩张，认真聆听你的谈话，这表明他对你的谈话非常感兴趣，你可以继续发表你的言论。

晓月在电脑城卖电脑，她向顾客推荐新产品时，她会一边介绍，一边留意顾客瞳孔的变化，如果她发现顾客在听她讲解的时候瞳孔明显变大，心里就会暗自窃喜，因为她知道她的推销成功了，顾客对她的谈话和她推荐的商品都很感兴趣，她就会把价钱要得很高。

从例子可以看出，当一个人对你的谈话内容感兴趣的时候，会在他的瞳孔上有所反映。当一个人处于兴奋、高兴的情绪状态时，其瞳孔就会明显变大。反之，当一个人处于悲观、失望的情绪状态时，其瞳孔就会明显缩小。据此，细心的你可以通过他人瞳孔的变化发现生活中其他的有趣现象。

例如，一个性取向正常的人，不管是男人还是女人，只要他们看到异性明星的海报，瞳孔便会扩张；但若看到同性明星的海报，瞳孔就会收缩。同样，当人们看到令人心情愉快或是痛苦的东西时，瞳孔也会产生类似反应。比如，看到美食和政界要人时瞳孔会扩张；反之，看到战争场面时瞳孔会收缩，在极度恐慌和极度兴奋时，瞳孔甚至可能比常态扩大4倍以上。婴儿和幼童的瞳孔比成年人的瞳孔要大，而且只要有父母在场，他们的瞳孔就会始终保持扩张的状态，流露出无比渴望的神情，从而能够引来父母的持续关注。

一般来说，当人们看到对情绪有刺激作用的东西时，瞳孔就会变化。赫斯还指出，瞳孔的扩张也与心理活动密切相关。例如，某个工程师正在冥思苦想努力解决某个技术难题时，当这一难题终于被攻破的那一刹那，这位工程师的瞳孔就会扩张到极限尺寸。

很多玩牌的高手之所以能屡战屡胜，最主要的原因就在于他们善于通过观察对手看牌时瞳孔的变化来揣摩对方手中牌的好坏。他如果看见对方看牌时瞳孔明显扩大，则可基本断定对方拿了一手好牌，反之，当他看见对方看牌时瞳孔明显缩小，据此他又可以断定对方的牌可能不太好。如此一来，自己该跟进还是该扔牌，心里也就有底了。如果对手戴上一副大墨镜或太阳镜，那些玩牌的高手可能会叫苦不迭。因为他们不能通过窥探对方瞳孔的变化来推断对手手中牌的好坏。如此一来，他们的获胜率肯定会直线下降的。

这一点还体现在青年男女约会上，如果你的约会对象在注视你的时候，眼神温柔、瞳孔扩大，那基本可以断定他是喜欢你的。关于瞳孔扩张的这一发现被研究引入了商业领域，人们发现瞳孔的扩张会令广告模特显得更有吸引力，从而吸引更多的顾客购买商品。因此，商家通常将广告照片上模特的瞳孔尺寸修改得更大一些，有助于提升产品的销量。

有句老话说，在和别人说话时，要看着对方的眼睛。是的，如果他在和你交谈时，瞳孔扩张，那真要恭喜你，这表明他对你的谈话很感兴趣。下次，要"好好看看对方的瞳孔"，因为瞳孔从不说谎。

走路时视线向下的人凡事精打细算

孔子曾说过："观其眸子，人焉廋哉！"意思就是说，想要观察一个人，就要从观察他的眼睛开始。因为眼睛是人的心灵之窗，所以，一个人的想法经常会从眼神中流露出来。而研究发现，一个人的视线，尤其是单独走路时无意识中流露出来的视线，总会在无意间展露内心的意识以及喜好。

正常人在走路时视线是在前面大概 3 ～ 6 米的位置，角度通常是 75 度。在有人告诉你有危险或自己感觉到有异常时，人走路的视线角度会发生很大变化，可能在前面一米左右，角度非常小，步幅自然减小，以应对突发的变化。但是，如果你细心就可以发现，生活中很多人在平时走路时视线都是向下的，颇有走自己的路，让别人去说的味道。这类人往往小心谨慎，凡事精打细算。这样的人都比较内向，他们心机比较重，为人谨慎、多疑，看似无心，实则总是在思索。与他们交流，你能感受到，他们对能带来实质性收获的交流感兴趣，重视家庭生活。

在与人交往的过程中，如果你希望深入了解他人的喜好、秉性，你就需要多留意他人的视线。以下就来讨论不同的视线区域可能代表他人的哪些特质。

1. 走路时视线朝上

这样的视线，通常会配合轻快悠闲的步履，头微微上仰，双手插在口袋里。如果你在路上遇到他，他可能还哼着小曲儿。这类人往往个性质朴，活得轻松自然，喜欢自然界的一切美好事物。一朵花、一只小狗、一顿晚餐，都能为他带来身心的满足。

2. 走路时习惯平视

这类人个性认真，凡事喜欢就事论事，多半不喜欢拐弯抹角，不喜欢浪费时间，这类人属于务实派。

3. 走路时盯着某物直瞧

平时很容易见到这类人，吸引他目光的可能是一支笔、一只猫。其实，吸引他的不是这些东西，真正吸引他的通常和他正处理的事务相关。这类人往往专注力强，此时，他正沉浸在自己的世界里天马行空，这类人喜欢谈论目前手头上正在进行的事务。

4. 走路时喜欢东张西望

在走路时喜欢东张西望的人，往往专注力不强，这类人很容易受到外界的干扰，总是漫不经心，好奇心比较重，喜欢新鲜的人、事、物。如果你和这样的人讨论问题，他往往会反复问相同的问题。是的，他根本没有仔细听。这就是小时候老师常常批评的"注意力不集中"。

总之，每个人走路时的视线区域是不同的，了解这些细微差别，你就可以从这些司空见惯的动作里透视人心。

握手时一直盯着你的人，心里想要战胜你

在西班牙斗牛的节目中，那些被激怒的公牛会在进行角斗之前，把眼睛瞪圆了一直盯着对方。在这点上，人类也是一样。世界上大多数国家的人都不会对不熟悉的人进行直视，一直盯着对方会被认为是没有教养的表现，甚至被看成是一种故意挑衅的行为。当某人和你握手时，一直直视你，甚至盯住你不放，这其实是对你的挑衅，他的心里是想要战胜你。

目光接触是非语言沟通的主渠道，是获取信息的主要来源。人们对目光的感觉是非常敏感、深刻的。通过目光的接触来洞察对方心理活动的方法，我们称之为"睛探"。目光接触可以促进双方谈话同步化。在对方和你交谈时，如果他用眼睛正视你，你可以更有效地理解他的思想感情、性格、态度。同时，通过"睛探"，可以更好地从对方的眼神中获得反馈信息，及时对你的说话进行必要的调整，通过这样的审时度势，一旦发现问题，可以随机应变，采取应急措施。

如果遇到和你握手时一直盯着你的人，并且他对你的注视时间超过5秒，他除了想在心理上战胜你之外，往往还对你有一种威胁。这种盯视还会被用到

其他场合。例如，警察在审讯犯人的时候通常对他怒目而视，这种长时间的对视对拒不交代罪行的犯罪者来说有着无声的压力和威胁。有经验的警察常常用目光战胜罪犯。

可见，无论是谁都不喜欢别人用眼睛紧紧盯住自己。因为被人紧盯住之后，心里就会产生威胁和不安全感。事实上，在你和对方握手、交谈时，如果遇到长时间盯着你的人，由于他眼神传递出来的信息产生了副作用，你从他的视线中是感受不到真诚、友善、信任和尊重的。

在生活中，人的角色是多样的，眼神之间可以传递不同含义的讯息，而影响一个人注视你时间长短的因素主要有 3 点：

1. 文化背景

文化背景不同的人注视对方的时间可能存在很大的差异。在西方，当人们谈话的时候，彼此注视对方的平均时间约为双方交流总时间的 55%。其中当一个人说话时，他注视对方的时间约为他说话总时间的 40%，而倾听的一方注视发言一方的时间约为对方发言总时间的 75%；他们彼此总共相互对视的时间约为 35%。所以，在西方国家中，当一个人说话时，对方若能较长时间看着对方的眼神，这会让说话的人感到非常高兴。因为他认为对方这样做，说明对方很在意他的讲话，或者是很尊重他。但是，在一些亚洲和拉美国家中，如果一个人说话时，对方长时间盯着他看，这会让他感到不舒服，并认为对方很不尊重他。比如，在日本，当一个人说话时，如果你想表示对他的尊敬之情，那么你就应该在他发言时尽量减少和他眼神的交流，最好能保持适度的鞠躬姿势。

2. 情感状态

一个人对他人的情感状态（比如喜爱，或是厌恶），也会影响到他注视对方时间的长短。比如，当甲喜欢乙时，通常情况下，甲就会一直看着乙，这引起乙意识到甲可能喜欢他，因此乙也就可能会喜欢甲。如此一来，双方眼神接触的时间就会大大增加。换言之，若想和别人建立良好关系的话，你应有60% ～ 70% 的时间注视对方，这就可能使对方也开始逐渐喜欢上你。所以，你就不难理解那些紧张、胆怯的人为什么总是得不到对方信任的原因了。因为他们和对方对视的时间不到双方交流总时间的 1/3，与这样的人交流，对方当然会产生戒备心理。这也是在谈判时，为什么应该尽量避免戴深色眼镜或是墨镜的原因。因为一旦戴上这些眼镜，就会让对方觉得你在一直盯着他，或是试图避开他的眼神。

3. 社会地位和彼此的熟悉程度

很多情况下，社会地位和彼此熟悉程度也会影响一个人注视对方时间的长短。比如，当董事长和一个普通员工谈话时，普通员工就不应该在董事长发言时长时间盯着他，如果那样的话，他就会认为你在挑战他的权威，或是你对他说的某些话持有异议。这样一来，肯定会在他心里留下不好的印象。所以，和领导或上级谈话时，最好不要长时间盯着对方，你可以采取微微低头的姿势，同时每隔10秒左右和他进行一次视线接触。不太熟悉的俩人初次见面时，彼此间眼神交流的时间也不宜太长，如果一方说话时，另一方紧紧盯着对方，这肯定也会让对方感到非常不舒服。

游离的视线暴露内心的不安

在日常生活中我们经常能遇到这样的情形，当你遇到一个眼神闪烁不定，东张西望的人，你会感到他忧心忡忡。甚至你会觉得他心中可能隐藏着某些事，或者是背着你做了对不起你的亏心事。这种担心是有科学根据的，就心理学而言，游离的视线往往会暴露内心的不安，往往是对方不愿意让你看到内心映射的表现。也就是说，隐藏着不想被你知道某些事的可能性非常大。

主持人挑战赛第九场，挑战者正在进行电视演讲。观众们发现2号挑战者的眼神左右游移，这使得他像在东张西望一样。这种动作和表情引起了观众的反感。事后，记者对他进行了采访，他说，太紧张了，心里很不安，眼睛有些不知道往哪看了。

挑战者在演播厅里的举动是因为他内心很紧张、不安，而他又想和观众保持眼神互动交流，所以不停地转换视线，以求和更多人的视线汇合一下。但他的动作由电视信号传递出去，更多的场外电视观众就会认为他的眼神很不规矩，东张西望的神情也令人生厌。

视线的游离往往是人内心活动的反映。在与人交谈的过程中，如果遇到东张西望的人，你该多留意一下他的视线变化，或许你可以从中了解到更为真实的东西。要知道，东张西望所透露出来的内心独白是："外部环境很陌生，我需要认清它并找到安全逃跑路线。"如果你不相信，可以看看动物的反应。很多动物被带到一个陌生的环境中，它们的视线就会上下左右四处扫视。而且动作相当明显，甚至伴有头部转动的动作。而一旦受到惊吓，它们会立刻循着自己刚刚锁定的路线奔逃，一刻也不迟疑。这证明它们在东张西望中就已经安排好了逃跑路线了。人类在新的环境中的环视动作比动物要隐蔽得多，但摄像机还是能记录这些不安的眼神。所以，东张西望的神情是人们对眼前的人或事缺乏安全感的表现。

游离的视线在很多时候是内心不安的表现，这里也有一类更为特殊的群体。在医学上，有些人被称为"视线恐惧症"患者，他们在与别人发生视线接触后，往往会立即转移自己的视线。因为他们觉得对方的眼光太过于强烈，从而使自己的眼睛不由自主地东张西望，这会让他们感到非常不舒服。与此同时，他们的心理也处于一种矛盾的状态之中，一方面，他们想如果与对方进行对视，会不会使对方感到不快。另一方面，又想自己若是进行视线转移，对方会不会看透自己的心理。在这种进退两难的矛盾状态之中，他们越是焦急不安，就会使眼神更加左右游离，强烈不安的心理情绪就越严重。一般来说，此种类型的人，他们之所以会产生"视线恐惧症"，归根结底，是因为他们缺乏自信心。他们往往是通过别人眼中反映出的自己来认识和确认自己的存在与价值。

生活中，还有一些其他的视线可以传达不同的信号。例如：瞳孔偏到一旁的目光伴随着压低的眉毛、紧皱的眉头或者下拉的嘴角，那就表示猜疑、敌意或者批判的态度。你在公司会议上发表见解时，如果发现你的老板和同事大多用这样的视线来看你，你就得警醒了。可能是他们对你本身有意见，或者对你的说话内容表示不屑。不管是哪一种，你的主张都没有办法打动别人。而女人们通常喜欢用这种视线表达感兴趣的意思，同时伴有眉毛微微上扬或者面带笑容，这是很有兴趣的表现，恋爱中的人们经常将之作为求爱的信号。

眼睛这扇天窗时刻都在向外界传播着内心世界的种种信息。当你看到有人不停地左顾右盼，目光游离，那么你就可以断定，他的目光是在告诉大家，"我内心不安"，或"心怀不轨"。

从镜框上方看人，是审视的表现

许多电影里的搞笑镜头都有这样的画面：犯错的年轻女孩低眉顺眼地站立着，一个保守、严厉的老学究从镜框上方打量着她，久久不说话……如果你遇到眼神从镜框上方延伸出来的人，这表示他对你所说的话充满了怀疑，他希望可以从你的情绪反应中证实你说话的可信度，这是对你审视的表现。

眼神分为多种多样的。从眼镜上方透出的眼神往往是冷冷的，带着拒绝交流的味道，是一种不太客气、心怀戒备的注视。一般来说，从镜框上方看人往往不是正视，而是习惯用斜上方的目光看人或是用余光扫视，这样的人一般都是刻板、保守、斤斤计较、心存鄙视的人。他的目光表露出来他轻视一切、怀疑一切，甚至有一些人带着性格上的缺陷。这样的人眼神也可能变成指点，如果你从他的身边走过，他往往先看看你的头，又看看你的脚，可能还轻轻地撇撇嘴，那么他的眼神就是在指责你，你的动作引起了他的不满，叫你注意。以眼神指点往往不太显眼，比较客气。当然，也有一些戴着老花镜的人，仅仅是为了从眼镜上方看清外面的世界，这样的人不在此列。

米歇尔·阿基利认为，一个人在与他人进行交谈的过程中，视线朝向对方脸部的时间约占据双方谈话时间的 30% ～ 60% 左右。因此，在面对面的交流中，他人的目光转换动作能让你轻易了解他是个什么类型的人。

1. 目光左右移动是缺乏安全感的表现

内心缺乏安全感的人，他们的目光常常左右移动，这说明他们的生活正处于不安的状态，这样的心理会让他们感觉到不舒服，这些人常常感觉缺乏自信，他们习惯自欺欺人，严重者甚至有被迫害幻想症。

2. 目光总是不规则移动是不怀好意的表现

如果有人在和你交谈的时候，他的目光总是不规则地移动，这会让你觉得这是一个不正经、不可信或心怀歹意的人。实际上，这不只是一种感觉，有上述行为的人也许正准备设下圈套来陷害你。

3. 翻白眼的怪异目光是怀疑和轻视的表现

在和你谈话的过程中，如果对方时不时地翻白眼并且用怪异的目光看你，或者忽然间用锐利的目光盯着你，这表示他对你有所怀疑或轻视。他们想通过这样的目光来检测你的情绪反应，从而证实他对你的猜测。还有一些性格有缺陷的人，也习惯用怪异的目光看人。

总之，了解人类的心灵之窗，你就能在他人的视线注视下轻松自如，你也可以最大限度地接受别人眼神传递出来的信息。

·第二节·

控制与防备，看手就知道

对方是否喜欢你，握手见分晓

握手是在相见、离别、恭贺或致谢时相互表示情谊、致意的一种礼节，双方往往是先打招呼，后握手致意。据说握手最早发生在人类"刀耕火种"的年代。那时人们手上经常拿着石块或棍棒等武器。他们遇见陌生人时，如果大家都无恶意，就要放下手中的东西，并伸开手掌，让对方抚摸手掌心，表示手中没有藏武器。这种习惯逐渐演变成今天的"握手"礼节。而现在，握手已经逐渐演变为人们用来维系业务关系的一种沟通方法。但就是这样一个小小的握手礼，其中却暗藏着不少玄机。

莫里斯与女友在餐馆就餐时，遇到了女友的前任情人比尔。女友尴尬地为俩人介绍，莫里斯与比尔握手致意。两只手紧紧地握在一起，莫里斯感觉到对方的力度越来越大，并且扳着他的手，想让自己的手心朝下。莫里斯暗想："这可真是个厉害人物。"

从上面的例子来看，简单的握手动作就可以接受到对方传递过来的信号：他是否喜欢你？是不是心理很强势，想打压你？比如比尔与莫里斯握手时将手掌翻转，使自己的手心朝下，就给对方制造出一种强势的感觉，这种不喜欢是不加掩饰的。

这种凌驾于人的握手方式并不少见，专家曾对 350 位高级行政主管开展过一项关于握手的调查研究，这群研究对象 89% 为男性。结果显示，在各种面对面的会谈中，88% 的男性主管和 31% 的女性主管在握手时都会采用这种能够制造强势效果的握手方法。而且这种握手的力度也会相对较大，甚至会令对方有轻微疼痛感。

通常情况下，握手只是人们见面时表示问候，离别时表示再见的一种礼仪。但是，你可以从握手这一细节动作上预见对方是否喜欢你，了解他想表达控制还是顺从的意思，了解他的个性特点。一般来说，性格温和、内向的人在与人握手时通常会采取顺从的姿势，这也表示他比较崇敬你。而性格外向、脾气火爆、霸道的人与人握手时，通常会采取控制性的握手姿势，这表示他不是十分喜欢你，或者是想让你感受到他对你的震慑力。有趣的是，当两个性格温和、彼此有好感的人握手时，他们通常会表现得温文尔雅、谦卑有礼。如此一来，双方便形成了一种平等、融洽的关系。

一般来说，初次见面的双方握手致意，通过这一动作，你可以感受到对方传递过来的一些微小的信号，这些信号可能是无心的，也可能是有意的，而你也可以因此构建对对方的初步评价。一般来说会有这样三种评价：一是认为对方很强势，觉得对方并不喜欢你，他甚至想控制你；或者觉得对方比较弱势，你认为自己可以掌控对方；或者感受到彼此的平等地位，能够感受到对方很喜欢你，你也觉得和他在一起很舒服。

著名的作家海伦·凯勒曾经这样写道："我接触过的手，虽然无声，却极有表现性。我握着他们冷冰冰的指尖，就像和凛冽的北风握手一样；也有些人的手充满了阳光，他们握住你的手，使你感到温暖。"海伦·凯勒虽然不能用眼睛观察到对方，但她的触觉是极其敏锐的，她关于握手的描写也极其精彩地展现了握手能带给人的不同感觉。可以说，要知道对方是否喜欢你，握手便知分晓。

不停地敲桌子，是因为有话要说

你是否有这样的经历，当你和同事争论某个问题的时候，他会不停地敲桌子，然后说，静一下，听我说两句。是的，他不停地敲桌子，是因为有话要说。如果你是一个会议的发言人，当你在滔滔不绝的时候发现有的与会者在不经意地以指尖轻敲桌子。那么你千万不要觉得对方是在向你表达赞同或者恭维，这表明他在思考，他在等待发言。当你在进行业务解说，发现客户有这个动作时，你就该考虑停下来，把话语权交给他，以免客户不耐烦。

传播学家研究发现，手上的小动作往往比有声语言更能传达出说话者的心意，因为作为一种可视的沟通形式，它比语言传递得更远，而且不会受到那些有时会打断或淹没话语的噪音的干扰。所以，有时候手势是一种独立而有效的特殊语言，它能传递一些我们熟悉的讯息。比如，拍手表示激动或赞成，而把小指和拇指放在耳朵边上表示需要打电话；大拇指朝上表示赞同或钦佩，大拇指朝下则表示不赞同或鄙视对方；伸手表示想要东西，手背在后面表示不想给予。

除敲桌子之外，还有一些不自觉的小动作，也能暴露行为动作者内心的真实状况：

1. 不停地摸耳朵

如果他人在和你交谈的过程中，对方频繁地摸耳朵或拉耳垂，这表明他厌倦了你的滔滔不绝。他做这个动作是想告诉你，他很想开口谈谈自己的意见。

2. 把玩手腕或手腕上的物品

如果你正在和他人交谈，发现他正在把玩手腕或手腕上的物品，这表明对方内心充满犹豫，他正在考虑诉说他内心的想法，这表明他内心很挣扎，有话要说。

3. 微张嘴唇

如果和你交谈的人，几次三番地微动嘴唇，却没有发出声音，这表明他有话要说。他内心很想表达自己的想法，所以自然张嘴欲言。可是出于礼貌，他没有打断你的话。

4. 用手指或手上的东西做画线动作

如果你正和他人交谈，发现他用手指或利用手上的东西在桌上做画线动作，这表明他有话想说可是又不能打断你，他不停的动作表明他很焦急。此时你还不停止说话，他的额头甚至会出现汗珠，手上动作的频率会更快。

手势里蕴含大量的信息，是随着说话者所表达的内容、具体的环境以及在某种感情的支配下，自然而然地流露出来的。因而，从某种程度上来说，手势是人的第二张面孔，传达着丰富多彩的信息。

搭你肩膀的人，喜欢当老大

在人类发明车子以前，肩膀担任着负重运输的重任。直到今天，肩膀也是最常用的负重部位之一，早年的商贩、劳役、挑夫等劳动者，都是以肩挑着货物兜售、运输。因此，肩膀被视为责任、负担和力量的象征。

拍肩搭背的动作可以给对方打气，仿佛通过肩膀传递了力量，但是有事没事总喜欢搭别人肩膀，则是喜欢当老大的表现，有这种习惯的人多半比较以自我为中心，虽然看似想和你做朋友，心里却希望你臣服于他们。

一位心理学家就曾在法国进行了一个有趣实验，找几个有型男士，走访不同的消遣胜地，与百余个女性搭讪。实验结果显示，被俊男轻轻搭过肩膀的女性当中，有高达 65% 的人同意与俊男共舞。而与俊男没有任何身体接触的女性当中，只有 43% 的人同意跳舞。

专家研究发现，在男士追求心仪的女性的时候，搭肩膀比用眼神交流、用语言调情、用手指轻撩对方的掌心更容易点燃爱的火花。能够手搭肩膀的男士往往比较自信，喜欢当老大，更能显现出男士魅力。而肩膀被男士轻触的女性，会更倾向于臣服男人的老大魅力之下。

为什么搭肩膀能产生这种效果呢？我们来看看肩膀本身所传达的语言信息。一般的身体语言研究认为，肩部的动作，能够表达威严、攻击、安心、胆怯、防卫等意思。因为肩部上下活动比较自由，因此能缩小或扩大势力范围，同时这些动作也易引起他人注目。向后缩的肩膀表示因积压的不平、不满而引起的愤怒；耸肩表示不安、恐怖；使劲张开两手的肩膀代表责任感的强烈；向前挺出的肩膀代表责任重大引起的精神负担等。

中国古代武将穿戴盔甲，现代军人佩戴肩章，就是在有意强调肩部，以示威严。男人的西装，在肩部填入垫肩，使肩膀看起来较宽，跟故意使双肩耸起的行为同样属于男性的信号。肩部可以视为象征男性尊严的部位。所以，习惯搭你肩膀的人往往喜欢做老大，他们习惯发号施令，喜欢"照顾"弱势的群体。

摸袖口，表示对方的心理开始动摇

如果你做过业务或销售人员，你会有这样的体会：当你的客户开始摸袖口，你会在心里喊，我快成功了。这时你往往会选择停止说服，留一点空当给客户思考。因为你清楚，当谈话对象开始摸袖口，这表示他的心理开始动摇了，他基本已经认可了你的谈话内容。

一般来说，如果你是个有经验的销售人员，你一定不会一直喋喋不休，你会留心观察谈话对象的肢体语言，这既可以避免引起别人反感，又可以归纳出客户被劝服的信号，从而达到谈成业务、卖出产品的目的。在生活中，我们可以从下面这些身体语言中，挖掘出对方心理开始动摇的信号。

1. 摸袖口，拨纽扣

如果你发现，和你交谈的对象开始出现摸袖口、摸纽扣的动作并伴有若有所思的表情，这基本可以肯定对方已经卸下防卫，他的心理开始动摇了。一般情况是，对方坐在你面前，手肘靠在桌上，或是将手臂放在椅子上，再用另一只手的手指轻摸袖口和纽扣。这表明他在考虑你所说的话，这种姿势是在告诉你，"你说得好像蛮有道理呢，我再想想……"。如果你遇到这样的情况，你可以采取下一步的措施了。不过，你需要注意的是对方手上的动作是否缓慢轻柔，如果是频繁动作，并伴着焦躁的神情，你就要考虑对方是不是不耐烦了。

2. 手心向上，拿笔等待

当你的交谈对象很自然地拿起了笔，像是等待记什么东西的时候，如果你注意观察，他的手通常是手心向上的。或者是他手边没有笔，可是身体语言也不自觉地流露出这样的拿笔动作，这就表示，你的话产生了作用，他的心理开始动摇，对你也没有戒备了。

3. 露出前颈，微张嘴巴

颈部是人类比较脆弱的地方，也是人类最容易受到攻击的部位，所以人在潜意识里都有保护颈部的欲望。如果你发现，和你交谈的人在不知不觉的状态下露出了前颈，并伴有微张嘴巴的身体动作，你就该明白他这是心理开始动摇的标志，也是对你示好的表示。他认为你安全、可靠、值得信任。

4. 模仿你的动作

你做了一个手势，他也跟着你做了同一手势，这是他在模仿你。当对方开始有意无意模仿你的动作时，表示你对他有一定的影响力，他对你甚至有些崇拜和敬重，你的话更是在他的心海里荡起了涟漪。

5. 和缓点头

这种点头，不是指点头如鸡啄米似的快速点头，而是和缓自然的，这是表示赞许、信任、内心契合的点头。通常，他会选择在你一句话未结束时就开始和缓地点头，并伴有嘴角微微上扬的表情。这就表示你已经掌握了他的需要，你的话已经起了作用。

总之，如果你想更多地嗅出对方散发出来的动摇味道，你就需要读懂他们的身体暗语。

握紧拳头，是发怒的前兆

著名的人际关系大师亚伦皮斯在幼年时已经学会了一套察言观色的本领。他曾经上门推销橡胶海绵，并且知道当对方的手心展开时，他就可以继续他的推销活动。而如果对方虽然表面上和气，而手却攥紧了拳头，他就要马上离开，免得浪费时间。

握紧拳头是指在交谈的过程中，对方两手握拳的时间较长。最常见的是两手握拳于身后呈叉腰状，或者双手抱胸两手紧握而不是像平时那样两手掌张开，也有时是两手握拳，撑在下颔处。

握紧拳头是心理学上的武装姿势。美国心理学家布莱德曼经过研究证实，在很多情况下，一个人做出此种手势其实并不代表着他非常自信，与之相反，它代表此人正处于一种焦虑、紧张，或者是失望、悲观的情绪之中。例如，当一个人将双臂环抱于胸前时，再加上了双拳紧握这个细节动作，这代表强烈的敌意。如果有人在和你交谈的过程中握紧拳头，我们可以推断出他心里很讨厌你。这样的人有着明显的防御意识，同时你也可感受到对方的敌意。紧握的双拳是他在极力克制自己的情绪。你也可以从他的其他身体语言上看出这一点，比如眉头紧皱，甚至还有脖子上青筋迸发的现象。如果此时你激怒他，他会由这种显示敌意的状态转变为敌意真正爆发的状态。

王明和小张是同寝的大学室友，4月1号那天，王明偷拿了小张的论文。在小张焦急地寻找论文时，王明拿出论文，说，你也太笨了，就放在你的枕头下面啊。小张不由自主地握紧了拳头，手上的青筋迸发。王明并不在意，继续和室友一起起哄，一起嘲笑小张。结果，小张对王明大大出手。

从上面的例子可以看到，王明没有及时理解小张传递出来的手势信号，所以才激怒了焦急、羞愤的小张。其实，只有你懂得观察，你的确可以从对方手掌的姿势，看出他们对你这个人的看法。

1. 手掌向上自然平展的人，对你有好感

你和朋友聊天时，经常可以看到，他靠在桌子上，掌心向上，一只手可能还夹着烟。这表示对方对你颇具好感，想和你更亲近。手掌向上自然平展是身心放松的表现，只有对你没有戒备，才会展现这类手势。

2. 手掌向下自然平展的人，对你还有戒备

平展的双手通常会放在椅子扶手上、大腿上，有时候还会放在面颊上。这表明他极力想对你示好，但心理还有戒备，不过这种手势很普遍，说明大体上对你还是有好感的。

3. 双手摊平合十的人，对你很抗拒

这是我们大家熟悉的祈祷手势，好像拜拜一样，有人用这来表示拜托、请求。如果我们遇到这样的人，基本可以断定，这人是对你抗拒的，这种动作往往用在有求于人的时候，虽然嘴上要求，但心里往往是抗拒的。

另外，在某些特殊情况下，一些人有了握拳的动作，其实并不是讨厌你，例如有些人在内心焦虑或紧张不安的时候，也会做出握拳的动作，这是一种对

自己负面情绪的安慰，是一种心态的特殊反应，所以我们应该区别看待。

头枕双手，一切都在他掌握之中

高度自信的动作能够反映大脑的高度舒适感和绝对自信。你可以尝试一下头枕双手这个动作，当你做这个动作时，是不是腰挺得很直？是不是有一种长高了的感觉？对，要的就是这种优越感。这是一种袒露胸脯、表现力量的体势。它代表着自信和无所不知，那些自我感觉高人一等，或是对某件事情的态度特别强势、自信的人，就会经常做出这个姿势。仿佛在对旁人表示，"我知道所有的答案"，或是"一切都在我的掌控之中"。

一般情况下，头枕双手的姿势经常见于管理层的职员，刚得到晋升的经理也会突然开始习惯于做这个姿势，尽管他在被提拔之前很少做出这种姿势。通常是管理者在他们的下属面前做出这个姿势，很少能见到面对自己的上级做出这个姿势的职员。

某公司职员们发现刚刚晋升的销售部经理突然间有了这样一个习惯动作：当他坐在自己的椅子上时，喜欢把头向后仰，然后用双手枕住，使得双臂弯曲折在脑后，形成一个类似于羽翼的形状。于是，很多职员偷偷讪笑他越来越有官相了。

晋升以前，经理并没有经常做出这种头枕双手的姿势，但新的地位却让他养成了这个习惯。由此可以证明，经理对他的现状感到满意和舒适，他感觉一切都在他的掌握之中。

头枕双手的姿势不仅可以显示出当事人自我感觉良好，还可以表现出他想要获取支配地位的心态。研究还发现，男人更喜欢用这种身体姿势。你和人交谈的时候，如果他是采用这种姿势的，那代表他的心里有些高你一等的想法。通常他是想给你施压，或者故意营造出一种轻松自如的假象，以此麻痹你的感官，让你错误地产生安全感。

生活中表现自信和掌控的体势很多，例如双手放在背后，同时双手紧握，抬头挺胸，下巴微微扬起，这个动作表达的含义和头枕双手相类似。这个动作往往与权威、自信和力量相伴相随。摆出此种姿势的人是将脆弱、易受攻击的咽喉、心脏、脾胃暴露在你的视线之下，这样做显示了他无所畏惧的胆魄，他有一种"一切都由我掌握"的优越感。

在生活中，只有那些有着骄傲的自信、"艺高胆大"的人才敢于做这样头枕双手、倒背手紧握的动作。他们将自己的胸脯袒露给你，正是想向你表明自己的自信和力量，这样的姿势强化了信心、权力、权威的色彩。

·第三节·

腿和脚：离大脑最远的部位最诚实

对方与你的身体距离，折射出与你的心理距离

小平是一个推销保健品的业务员。一天，她在小区里遇到了同楼住的王大妈，也许是平日里"低头不见，抬头见"的关系，她向王大妈介绍保健品的时候格外热情。在整个讲解的过程中，她不断拉王大妈的胳膊、搭肩膀、贴耳说话，想让王大妈快点买她的保健品。可是适得其反，王大妈紧缩双眉，小平向她靠近一步，王大妈就退后一步，始终和小平保持着一定的距离。最后，王大妈婉拒了小平推销的产品。

从例子中可以看出，王大妈的身体语言曾多次暗示小平，她并不想买小平的产品，她对小平并不信任，可惜小平没有读懂。有个很简单的技巧可以判断你的谈话对象是否信任你，即在你们站定后，如果你轻轻上前一步，想拉近你们的距离，而对方却后退一步，这很明显他对你有戒备心，他并不信任你；如果这时你还不识相地再进一步，他会愈发不信任你，他每退一步，就对你的信任打了一次折扣。

人与人相处需要一定的距离，想让对方信任你，先要保持"让对方舒适"的距离。在这一点上人和动物其实是相似的。叔本华曾经讲过一个刺猬哲学。一群刺猬在寒冷的冬天相互接近，为的是通过彼此的体温取暖以避免冻死，可

是很快它们就被彼此身上的硬刺刺痛，相互分开；当取暖的需要又使它们靠近时，又重复了第一次的痛苦，以至于它们在两种痛苦之间转来转去，直至它们发现一个适当的距离使它们能够保持互相取暖而又不被刺伤为止。

根据叔本华这一比喻的延伸，人与人之间也应有一定的距离。以日常生活中乘坐公交车为例，如果上车后你发现只有最后一排还有几个座位，走在你前面的一位大爷坐在了中间，旁边还有四个座位，这时，你会坐在哪里呢？一般情况下，你多半会坐在两边靠窗户的座位上，而不会紧挨着那位大爷坐下。这是因为人在潜意识里会不知不觉地和不熟悉的人保持一定的距离。

美国人类学家爱德华·霍尔博士将人类的这种距离关系划分为 4 种：

1. 亲密距离

这是你和他人交往中的最小间隔，即我们常说的“亲密无间”，其范围在15 厘米之内，彼此间可能肌肤相触、耳鬓厮磨，以至于相互能感受到对方的体温、气味和气息；其远范围是 15 ～ 44 厘米之间，身体上的接触可能表现为挽臂执手，或促膝谈心，仍体现出亲密友好的人际关系。

2. 个人距离

这是人际间隔上稍有分寸感的距离，较少有直接的身体接触。个人距离的近范围为 46 ～ 76 厘米之间，正好能相互亲切握手，友好交谈。这是与熟人交往的空间。如果你以陌生人的身份进入这个距离会构成对别人的侵犯。个人距离的远范围是 76 ～ 122 厘米，任何朋友和熟人都可以自由地进入这个空间。不过，在通常情况下，较为融洽的熟人之间交往时保持的距离更靠近远范围的近距离 76 厘米，而陌生人之间谈话则更靠近远范围的远距离 122 厘米。

3. 社交距离

人际交往中，亲密距离与个人距离通常都是在非正式社交情境中使用的，在正式社交场合则使用社交距离。这已超出了亲密或熟人的人际关系，而体现出一种社交性或礼节上的较正式关系。其近范围为 1.2 ～ 2.1 米，一般在工作环境和社交聚会上，人们都保持这种程度的距离。

4. 公众距离

这是公开演说时演说者与听众所保持的距离。其近范围为 3.7 ～ 7.6 米，远范围在 7.6 米之外。这是一个几乎能容纳一切人的“门户开放”的空间，人们完全可以对处于空间的其他人"视而不见"、不予交往，因为相互之间未必发生一定联系。因此，这个空间的交往，大多是当众演讲之类，当演讲者试图与一个特定的听众谈话时，他必须走下讲台，使两个人的距离缩短为个人距离或社交距离，才能够实现有效沟通。

当然，人际交往的空间距离不是固定不变的，它具有一定的伸缩性。生活中，你要关注谈话对象的肢体语言，因为随便进入他人的"亲密范围"，不光会使他对你的信任度降低，还会使他对你的反感加深。

从脚尖的方向看对方是否对你感兴趣

我们在阅读身体语言时，很容易忽略脚尖的指向。似乎脚在地上的摆放位置只是一种天然的习惯，没有更多的深意，所以脚尖朝向也就不值得探讨。实际上，当人类的上身在自身潜意识的作用下发生偏移的时候，他们的下肢也会随着移动。

我们对身体语言的研究通常会重点关注上肢动作，例如手势等。但其实，下肢动作更能反映人的内心，下肢动作也很难撒谎。大部分人在注意了自己的上肢动作后都很难顾及下肢的动作。于是内心最真实的想法就很容易通过下肢动作流露出来。比如他的脚尖就会不由自主地朝向他关注的事物。例如，几个朋友一起结伴到餐馆吃饭，他们围坐在一张桌子旁边。从桌子上方看，他们互相之间都有着融洽和谐的关系。而从桌子下方看，则有了不同的场景。另外几个人的脚尖都朝向了其中的一个人，由此也看出，这个人才是这群人中间的主角，他才是大家的兴趣所在。

因此，如果你在和人交谈的时候，发现他们的脚尖正对着你，这基本可以断定，他们对你和你所说的都非常感兴趣。如果兴趣加深，他们会将一条腿自然地伸向你，脚尖也指向你。腿伸向你是脚尖朝向的强化动作，后者只是微微表露了心意，而将腿伸向你则是向你明确地示好。当你与对方谈话时，无论他是对谈话内容还是对你感兴趣，他们都会把脚伸向你，脚尖指向你。反之，如果他们感觉兴味索然，他们就会缩回自己的脚，脚尖甚至指向与你相反的位置。如果你们是坐着谈话，这样的行为更加明显。当他们不想发表谈话，也懒得附和你的意见时，他们就会把脚收回，有时候他们甚至会交扣着脚踝放到椅子下面，呈现出一副封闭式的姿势。

此外，如果你细心观察就会发现，人类在行走时，脚尖的朝向会有所不同，也就是我们常说的"外八字"和"内八字"之分，如果排除生理缺陷等原因，这些行走中的脚尖朝向也在一定程度上反映了他们的性格趋势。

如果一个人习惯用"外八字"的姿势走路，也就是脚尖往外偏的幅度很大，表明他会被一些无关紧要的小事所吸引。他有很强的猎奇心理，为了得到更多的信息，他甚至愿意绕道而行，这样的人比较容易敞开心扉，容易接纳新的事物。所以如果你和他交谈，他比较容易对你产生兴趣。

"内八字"使得脚尖朝向里，给人一种可以随时刹车的感觉。如果一个人习惯用"内八字"的姿势走路，表明这人经常犹豫不决，做事小心翼翼。如果他的上身姿势也经常是封闭性的，那么他的内向、拘谨的性格特征就更加明显了。他永远是一副憨实厚道的样子，但这样的人在厚道的外表下，并不显得沉静。他平常留意生活中的细节，事事喜欢按部就班地进行，如果有突发事件发生就会大乱阵脚，而显得手足无措。如果你让他成为被人瞩目的焦点，他甚至会浑身不自在，因为他往往只追求平淡的生活。你和他交谈，他也很难真正对你产生兴趣。

尽管人类用鞋子遮住了双脚，但是它们仍然是有活力的身体部位。当人类的情绪发生变化的时候，双脚能第一时间做出反应。

先迈左腿的人感性温和，先迈右腿的人理性强势

科学家研究发现，人的大脑右半部支配着人体左半身的活动，负责管理音乐、声音、色彩、想象等认知，一般被称为感性脑；而左脑则被称为理性脑，它支配着人体右半身的活动，负责理性思维、分析、文字、推理、判断等。而右脑左脑何者占优势，则明显表现在我们的肢体动作上。

以走路时迈腿这个动作来说，习惯先迈左腿的人，通常是右脑（感性脑）为主导，他们的肢体动作较温和，他们善良、热情，比较有耐心，会主动帮助别人；而习惯先迈右腿的人，以左脑（理性脑）占优势，他们的动作较强势，

凡事重逻辑，遇到事情倾向于反复思考、比较后再做决定。

　　小林在一家超市卖保暖内衣。这一天，来了个女孩。她跨出左腿，兴冲冲地奔向保暖内衣展柜，拿起保暖内衣的手也是左手。这一切都被小林看在眼里，她没有急着介绍产品的质量，而是说："这个衣服是灰太狼的图案，穿上很有活力。"得知女孩是给自己的男朋友选内衣，小林又提议女孩选个情侣款，她说："你穿上红太狼的衣服，既有趣又温馨，还能让你男友体会到你的爱……"最后小林一下子卖出了两件高档保暖内衣。小林很关注购物者的身体语言，她总是变着法地猜透购物者的心思。这不，又来了个老大妈，她冷静地站在内衣展柜前，用右手翻看着内衣的标签，她的双脚交叠，右脚在上。小林面带微笑地走过来，说："这件衣服是百分百纯棉的，如果大小不合适，我们包退包换。"

　　从例子可以看出，小林是个成功的导购，她关注购物者的身体语言，并且会随机应变地应用到销售技巧里。她看准了哪些人需要感性诉求，哪些人需要理性说服，这样的技巧使她屡试不爽。其实，生活中还有很多鲜活的身体语言向我们展示了左右脑主控下的惯常动作的含义。现在，让我们一起来看看吧！

1. 浪漫的左撇子，健忘的右撇子

　　如果你的交流对象是个左撇子，你可以感受到他的浪漫。惯用左手的他很容易接受抽象概念，他容易受到影像、声音、人物的影响，大脑的注意力广而分散。他的记忆力也不错，在听你说话的时候他甚至能把你的话前后对比，来确信你是不是前后矛盾，所以有人说不要欺骗左撇子。能让左撇子感兴趣的事，大多是感性或图形化的，他喜欢心灵相通的浪漫情境。反之，如果你的交流对象是个右撇子，即惯用右手的人，你会感觉到他很理性，他很注重逻辑性，他甚至会专注于你所说的每一句话，以便于细细推敲。由于他的用脑特点是将看到或听到的信息、画面等，以理性方式记忆，所以相当花时间。例如，他看到一瓶橙汁时，会这样转换："这是一个透明的塑料瓶，有500毫升，装着有果肉的橙汁。"由于他的记忆容量不大，所以他的记忆力不好，有时甚至有严重的健忘。

2. 感性的左腿翘，理性的右腿翘

　　如果你和他人正在交谈，你发现他两腿交叠，左腿在上方，即左腿翘。你要理解，他更喜欢你在谈话中说点感性的话语。例如："我们今天能碰在一起真有缘啊！""你看过动画片《蜡笔小新》吗？"……这些话题往往能引来他的滔滔不绝。反之，如果对方的右腿在上，即右腿翘，他往往会希望你能多说一些理性分析的话题。他对数字比较敏感，也习惯用刻板的印象来判定事物，很容易产生先入为主的观念。

总之，在与人交流中，熟悉了人的左右脑主控下的惯常动作，我们既可以了解先迈右腿的人理性强势的一面，也可以用语言唤起左撇子感性的一面。这些习惯的动作往往是他们潜意识里最原始、最深层的想法。

用一条腿支撑身体的重量，表示想告辞了

双腿远离头部，人们对它们投入的注意力往往很少。殊不知，人的腿部动作是丰富的信息源，能够泄漏出人们内心的秘密。想象一下，如果你是个十分健谈的人，你正对朋友滔滔不绝地描述最近一次出国的经历，而他要赶着参加一个同事的婚礼，你兴致正起拉着他不放。你能猜到他会是什么姿势？是的，他会做出"稍息姿势"，即把身体的重心放在一条腿上，这是一种意图线索，表明他想要告辞了。

用一条腿支撑身体的重量的姿势有助于我们判断一个人当下的打算，因为休息的那条腿，脚尖所指的方向，往往是离他最近的出口位置。如果你在和他人谈话时发现，他改用了稍息姿势，那就表示他想结束谈话，他要离开了。

除了稍息姿势，还有其他的身体语言表明谈话者想终止谈话、想要离开的意愿。

1. 起跑者的姿势

起跑者的姿势也传达出想要离开的愿望。表达这种愿望的肢体语言包括身体前倾，双手分别放在两个膝盖上，或者身体前倾的同时两手分别抓住椅子的侧面，就像在赛跑中等待起跑的运动员一样。这时你如果注意观察他的双脚，通常是两腿前后分开，一只脚前脚掌着地，脚跟高高抬起。在你和别人交谈的过程中，只要你看到他做出这样的动作，这就是他想要离开的标志。他的身体分明在说：预备，脚踩在起跑线上，我要告辞了……

2.两腿不停地换边

这种情形在开会时常见，通常他们的腿是交叠的，不停地换边，一会儿这条腿压在了那条腿上，一会儿又按照相反的方向重复交叠，看起来有点像"尿急"的感觉。这是他们想要赶快结束，着急离开的标志。

3.两腿交叉，手脚打拍子

两腿交叉和着手脚的拍子，显出了他们的焦急，他们的身体语言分明是向你表明：快点吧，快点结束吧，我要走了，再不快点，我要逃遁了。

总之，很多时候人们出于礼貌不会直接说想要离开，但他们的腿部语言不会说谎，如果你看不懂他们身体的这些"明示"，很可能就会被归类在不识相的一族里！如果你发现对方这些硬撑下去的动作，那你要识趣一点，他们是要告辞了。

脚尖向上翘起的人，听到了好消息

当人们感到高兴或幸福的时候，会飘飘然，整个人会有一种被向上提升的感觉。如果让你画一幅笑脸，你是不是首先会画上向上翘的嘴角？其实，当一个人感到高兴或幸福的时候，上翘的不止是嘴角，还有他的脚尖。对于兴奋的人来说，重力好像不起作用了。

在我们所处的环境中，背离重力作用的行为每天都会走进我们的视线。例如，观察一下你身边悠闲打电话的人，如果他在听完电话后，把本来平放在地上的一只脚换了一种姿势，他的脚跟还处于着地的状态，脚掌和脚尖却向上翘了起来，脚尖指向天空方向。不要以为这样的动作稀松平常，其实，这表示打电话的情绪不错，他正听到或者讲到什么令自己非常高兴的事。他的身体动作分明散布着这样的语言信息："棒极了，简直太好了！"这种动作代表的心理状态和向上跳跃、欢呼是相似的。

《快乐男生》的电视选拔赛上，2号男生被宣布直接过关。他的表情很淡定，上半身也表现得很镇定，但是他的脚却乐疯了，他的脚尖上翘指向天空。事后过关采访验证了他的快乐，他兴奋得变了声音，不住地说："太好了，感谢大家！"

在解读身体语言的时候，很多人都习惯从表情开始，其实，表情通过训练可以人为控制，但脚的细节动作却很少有人去刻意控制。这也就是例子中2号男生上半身镇定、脚部兴奋的解释了。

大部分人对脚的动作不太关注，不会考虑伪装或掩饰。因此有人说双脚才是人身体上最真实的部分之一，它们真实地反映人的感觉、思想和感情。让我们看看其他传达快乐情绪的双脚吧！

1. 颤动的双脚

如果你发现一个人的双脚在颤动或摆动，甚至他的衬衫和肩膀也会随着颤动，这是他心情大好的标志，这些细微的动作正向你表明，他很轻松、愉悦和满足。很多人在听着美妙的音乐时会抖动双脚，也是这个道理。

2. 把玩鞋子的脚趾

做这个动作的以女性居多，当感到愉快的时候，女性常常会把玩鞋子，她们有时候会用脚趾将鞋子挑起再放下，如此反复。或者将鞋子挑起来摇晃。

3. 恋爱的幸福双脚

如果你细心观察情侣桌下的腿脚，你会发现，他们会用脚部的接触或轻抚来表达彼此的好感，搓擦对方的双脚或用脚趾轻触对方。做这样的动作表明他们很舒适、心情愉悦。

4. 交叉放松的双脚

你和朋友交谈得轻松愉快，你会发现，他改为双腿交叉的姿势站立了。这是他感到轻松愉快的标志。你们的关系很好，他可以卸下防备，完全放松下来。

总之，脚部传达的信号是诚实的，是很难作假的。可以抓住对方一个不经意的脚部动作，从而"明察秋毫"，看穿他的情感趋势和真实意图。

走路连蹦带跳的人，往往纯真活泼

走路连蹦带跳的人，一般都是纯真无邪、有小孩子性格的人。他们的天真无关乎年龄的大小，总会保留着一些小孩子的特质。他们时而顽皮、时而任性、时而率真、时而伤感。他们一般不会隐藏自己的心思，有什么心事都会流露于外表。

走路连蹦带跳的人，一般性格比较外向、开朗热情。待人方面，他们热情诚恳，率性自然；做事方面，他们光明磊落，胸怀坦荡，多数都有着一副侠义心肠。如果你和他们做朋友，绝不会感到疲惫，无时无刻你都会感受到他们的真性情，在交流与沟通上不会有障碍。所以，他们的人缘很好，一起谈心、聊天的朋友也很多。

走路连蹦带跳的人，一般是手舞足蹈、一步三跳且喜形于色。有时候人们有这样的反应，也有可能是听到了某种极好的消息，或得到了意想不到的盼望已久的东西。他们城府不深，不会隐藏自己的心思，有时候他们也很喜欢表现自己，常常希望得到别人的赞扬和关注，希望自己成为朋友圈子里的核心人物。如果能有一些"抛头露面"的活动，他们一定会乐于参加并十分热衷。比如一些舞蹈比赛、唱歌擂台，他们都会兴奋地参与，并且不会扭扭捏捏，会十分放开。他们知道如何取悦和打动观众与评委，通常能成为最后站在领奖台上的人。

不过，你不要以为他们没有什么心机就去招惹他们，当他们要小孩子脾气时，会十分难缠，他们可能会任性地大哭大闹，不分场合，也不会考虑怎么给你台阶下来。在他们的印象里，没有什么应该不应该，他们会完全随着性子来，情绪来了谁也挡不住。

生活中，不管是在拥挤的人群当中，还是在人迹罕至之地，我们还会遇到另外一种人，他们不光喜欢蹦蹦跳跳地走路，有时候还习惯横冲直撞。他们不管前面有多少人，一律长驱直入，而且从来不顾及他人的感受。一般来说，这样的人性情急躁，办事风风火火。他们多少也带一些孩子气，一般比较坦诚率真，喜欢结交五湖四海的朋友，讲义气，不会轻易做出对不起朋友的事。

所以，当我们看到有谁走路连蹦带跳，甚至横冲直撞时，便可知道这有可能是个有着小孩子性格，比较任性、率真，不会隐藏心思的人。

第四章
如何识破谎言

·第一节·

揭开谎言的面纱

谎言，我们必须面对的事实

我们的大脑从接收到信息到指挥身体各个部位发出信息的刹那之间，经过了高速而缜密的思维过程，掌握语言中枢的新皮质大脑会根据不同的情况分析出最佳的对话策略，于是就出现了所谓的"口是心非""言不由衷"等情况。如果有人宣称他这辈子从来没有撒过谎，想必任何人都不会相信。我们无法否认也无法拒绝我们生活在一个充满谎言的世界里这一事实，正如法国的沃尔纳格所说，人人生来都是纯真的，每个人死去时都是说谎者。的确，人人都会撒谎，撒谎可以说是人类天性的表露。

例如：一个年年都是"三好学生"的小学生为了获得一次和同学去郊外野餐的机会，他会理直气壮地告诉父母，周末的作业习题他都已经完成了，而事实上他才做了一半；一个刚毕业不久的大学生，虽然只进入了一家普通的公司，拿着微薄的薪水，为了不让家人担心，会夸口说他进了一家声名显赫的大公司，一个月的薪水有多少多少，而事实上他的薪水只有他说的一半。

心理学家告诉我们，说谎是人类区别于其他动物的重要特点之一，是人类社会生活中不可缺少的部分。有研究结果表明，大多数人平均每天会撒两次大谎，人与人的交谈中有三分之一的部分存在某种形式的谎话，但是，其中只有五分之一被人们察觉到了，有80%以上的人曾经为了获取工作或保住职位而说谎，对伴侣说谎的频率更是居高不下。

可见谎言在我们的生活中比比皆是。甚至有位西方哲人说，社会就是由谎言组成的，人与人之间就是互相撒谎的关系。这句话当然有些偏激，但不可否认，撒谎的确是人类日常生活的一个组成部分。只要我们稍稍留意一下，就会发现在我们的生活中，随时随地都会听到各种各样的大大小小的谎言，其中有一些只是善意的欺骗，还有一些是恶意的谎言，会对我们造成伤害，因此我们必须学会如何面对谎言，从而有效地保护自己。虽然我们无法阻止别人说谎，但是我们可以学着永远不上当。

为什么会出现"口是心非"

大家普遍认为，口头语言是人际沟通的唯一途径，但许多人却忽略了口头语言并不是"百分之百"准确。在很多情况下，口头语言并不能将人们内心的真实想法展露出来，即所谓的"心口不一"，当然这也包括了人际交往中常出现的"口是心非"。

我们已经知道，人体所有的行为都受到大脑的控制。不论是弯腰、挠痒，还是三级跳、后空翻，这些动作都是通过大脑掌控的。长久以来，在大多数人的印象中，我们每个人都只有一个大脑。实际上，在我们的大脑中，有三个截然不同的部分，或者说每个人其实有三个大脑，每个大脑都具有不同的特点和功能，它们合起来构成了完整的人脑，给人体的每个部位下达指令，这三个部分分别是脑干、边缘系统和大脑新皮层。

其中，边缘系统对人类的非语言行为起着重要的作用，它主管人类的情绪和感觉功能。其他哺乳类动物和人类一样也有"边缘系统"，这是大脑最古老的一部分，使得人类得以成为一个存活了数百万年的物种。边缘系统的主要功能是对我们的听觉、视觉、感觉和触觉做出反应。这些反应是即时的、一瞬间的需无需经过思考的；因此，它就是对环境做出的最诚实的回应。

相比起来，"新皮层"则是人脑这一"宝库"的最新成员，掌管记忆、计算、分析、解析和直觉等高级思维活动，而这些能力的高级程度是人类这一物种独有的。由于它具备复杂的思维能力，所以这一部分的大脑和"边缘系统"不同，它并不总是老老实实的，相反，它会经常撒谎，是大脑构成的三个部分中最不可信的。当有个令人讨厌的人走过身边，老实的"边缘系统"可能会迫使人们做出斜视的动作，这是下意识的，而聪明的"新皮层"则很善于对真实的感受撒谎。掌控大脑语言运动中枢的"新皮层"也许会让我们在看到那个讨厌的人时，一脸笑容地说："好久不见，真高兴再见到你。"尽管这话一听完全就是假的。由于"新皮层"擅长说谎，所以别指望能从它那得到既可靠、又准确的信息。

对于语言系统本身而言，这套符号系统若要传播人们内心的想法，首先要进行编码，把思想转换为语言符号。当信息传递给别人时，他人在领会意义时又要进行解码，也就是把语言符号重新转化为思想。但由于存在个人表达和他人理解的偏差，往往就容易让接受者在信息传输上产生与本意有异的现象。

语言并非天生的，而是经过后天的学习才能掌握的技能。对于一项客观存在的技能，必然有人掌握得好，有人掌握得差。就像生活中，我们常会形容一些人口齿伶俐，而另一些人笨嘴拙舌，这个区别就来自他们对口头语言技能的掌握。当然，这并不能作为判断一个人聪明或愚蠢的标准，但往往容易让人产生误解。

人们刻意地歪曲了内心的真实想法，这就导致了谎言的产生。在很多情况下，人们在说话时，会出于一定目的地隐藏自己的本意。无论是基于什么原因，这些话都会使沟通和交流的效果大受影响，交流的时间被浪费，语言传递信息的作用被削弱。

现实生活中，也许你还没有意识到口头语言的局限，相信看到下文列举的场景后，你一定会觉得熟悉。

场景一：他接受你的观点了

你试图劝说一个顽固的人，虽然他表面上满口答应，但目光斜视地面，双手抱肩，一副十分犹豫的样子。实际上，他内心也正在抵触你的观点，甚至可能计划着明天依然照旧，绝不改变。与其继续浪费时间，你还不如早些结束

117

劝说。

场景二：孩子的谎言

一些小朋友因为犯了错误而害怕受到家长的惩罚，便向家长说谎。虽然他们言辞上没什么漏洞，但由于内心充满了不安与愧疚，往往会在脸色、小动作或睡眠方面表现出异常。而这些反常的变化，就是孩子不诚实的最好证据。

场景三：朋友在说真心话

同朋友去特卖场买衣服，当穿上自认为漂亮的衣服问对方时，对方可能说："不错，还可以，你喜欢就行。"仔细观察他的表情你可能会发现，他的鼻子和嘴像快挤到一起了，眉毛皱得都打了结。这些表情都说明他没有说真话，实际情况是——这身打扮在你身上真是糟糕透了。但为了避免伤害你的自尊和心情，你的朋友只能选择一种举动，那就是口头上赞扬，身体上抗拒。这个时候，如果不是很为难，你最好考虑换一身衣服。

场景四：你到底有多高兴

有时候，言语不能完整地表达出内心所想。例如，在我们长久梦想的事情实现时，当时的心情根本无法用词来表达。因为，内心的感触要远比这些能说出的词汇更加丰富。而那些快乐与幸福更将成为人们"只可意会，不可言传"的心灵感触。

综上可见，人们内心与语言的不一致相当普遍。所以，我们在洞察人心的时候，不能完全依靠语言这一途径。

谎话大王的四张面孔

虽说人人都会说谎，没有一个人敢声称自己是绝对清白的，但人们说谎的频率确实有所差别，的确有那么一些人，是可信度极低的谎话大王，对于他们所说的话一定要秉着"批判主义的精神"，当然，你也可以把他们当作你练习识破谎言技巧的最佳教材。

心理学家为我们总结出了最爱说谎的 4 种人：

1. 虚荣心重的人

生活中的很多谎言都是因为面子问题而产生的，虚荣心重的人最看重面子，这类人十分在乎他人对自己的评价，喜欢受到关注和赞美，不愿意别人看低自己，因为他们太注重外在的东西，而对个人的素质与气质疏于培养，但又渴望得到别人的喝彩，于是，他们凭内在的实力无法达到这种目的时，撒谎便成了他们使用的最便利的手段。这类人常常在不熟悉的朋友面前编造一些美好的谎言。例如自己的家庭背景有多好，身上戴的首饰值多少钱，甚至自己是哪所名牌大学毕业的。当然，这些谎言仅仅是为了满足个人的虚荣心，如果你识破了也大可不必揭穿它。

2. 自卑感强的人

严重自卑的人通常敏感而脆弱，既能敏锐地感受到自己许多不如别人的地方，同时，又极容易把周围一切人对自己的注意——哪怕是关心和帮助——看成是对自己的怜悯。因此他们需要一些谎言来安慰自己，或者是借助谎言来逃避，在别人面前树立完美的形象，以谎言为武器来调整自己在他人心目中的位置和形象，用谎言来安慰、麻痹自己，在幻想中获得满足感和认同感。

3. 过分争强好胜的人

争强好胜在一定程度上说是一种有益的品质，说明一个人积极进取、不甘落于人后，这样的人也更容易在事业上有较大的成就和作为。但任何事情都有个限度，超过这个限度便走向它的反面。要强也是如此，事事要强，时时要强，总想高出别人一头，这作为一种理想是很不错的，但如果把它落实在生活中，则太困难了。过分好强的人活得很累，他们事事都想出类拔萃，对自己要求很高。一旦失败或者遭遇挫折，他们往往没有勇气面对，只能用谎言编织理由为自己寻找退路，维护面子和自尊。因此，虚构成功的情景，蒙骗他人或欺骗自己，便常常成为他们的拿手好戏。

4. 过分以自我为中心的人

趋利避害是人的本性，我们每个人在思考问题、处理事情时，都不免会以自我为中心，首先考虑保全自己的利益。但这种以自我为中心的心理应有个限度。如果没有损害他人的生活，大家自可相安无事。但如果一个人以自我为中心的心理严重到过分的地步，在与他人发生利益冲突的时候，在任何时候都只考虑自己的利益，损人利己的谎言也就随之而来。

身体语言如何泄露谎言

可能很多人都会认为说谎是一件很容易的事，其实并不是这样。说谎，尤其是想成功地说一次谎，是一件非常困难的事。为什么说谎就这么困难呢？主要原因在于当一个人撒谎时，他的潜意识不会听从他的"指挥"，而会独自行动。如此一来，他的身体语言就会使他的谎言不攻自破。这就是为什么那些平常很少说谎的人，一旦说谎，无论其谎言多么完美，显得多么真实可信，都会很容易被对方识破。因为从他开始说谎的那一刻起，他的身体就会发出一些自相矛盾的信号（身体语言和有声语言处于相互矛盾的状态之中），这就会让对方觉得他一定在撒谎。而那些职业说谎家，比如某些骗子，他们之所以说谎时不容易被别人识破，关键就在于他们能够有意识地将自己的身体语言和有声语言协调到较为完美的境界。因此，当他们向人撒谎时，人们往往会深信不疑。

看到这儿，有些读者可能会好奇地问，那些职业骗子是如何让自己的身体语言和有声语言达到较为完美境界的？一般来说，他们常用以下两种方法来实现这一目的。其一，平日反复练习在说谎的时候做出正确的身体姿势。长时间的反复练习是必不可少的，一般为2～3年。其二，尽可能地减少身体语言，尤其是自己潜意识不能控制的身体语言，这样，他们在说谎的时候，就会很少做出一些负面动作了。不过，要想做到这一点，往往是非常困难的。下面的这个实验也证明了这一点。实验中，心理学家让参加实验的人故意向他撒谎，并让他们尽量压抑一切身体姿势，不管是正面的，抑或是负面的。然而，那些故意撒谎的人虽然控制住了主要身体语言，但仍有不少的细微动作表现了出来。比如，瞳孔缩小、用手触摸鼻子、拽衣领、脸色潮红、鼻子出汗，以及其他一些细微动作，而这些细微的动作已经暴露了一个人在撒谎。

由此可见，要想成功地欺骗他人，最好的办法就是将自己的身体隐藏起来，让别人只能"闻其声，而不能见其人"。也正是因为这个原因，审问嫌疑犯时，审讯人员往往会将疑犯置于一个空旷屋子的中间，或是置于较为强烈的灯光之下，以便让他们的全身都暴露在自己的视线之中。这种情况下，嫌疑犯任何一个细微动作都逃不过审讯人员的眼睛，他们一旦说谎，就会非常容易地被揭穿。

一般来说，当你坐在桌子的后面，并借用桌子抵挡住自己的部分身体，或是从关着的门后面露出脑袋对人撒谎就较为容易成功了。当然，辅助撒谎的最好工具还是电话，或者是 QQ 等聊天工具。

·第二节·

从面部表情识别紧张情绪

眼睛向右上方看，大脑正在制造想象

还记得前面提到过的"EAC 眼睛解读线索"吗？神经科学的研究告诉我们，当我们思考时，大脑中的不同区域会被激活，导致眼睛向不同的方向运动。眼睛向左上方看时，表明大脑正在回忆过去的情景或事物；眼睛向右上方看时，表明大脑正在想象一幅新的画面；眼睛向左下方看时，表明大脑正在回忆某种味道或感觉；眼睛向右下方看时，表明此刻正感受到身体上的痛苦。也就是说，眼珠转动的方向会暴露我们的思想。借助这个线索，我们可以从对方眼睛运动的方向来判断对方是否在说谎。

具体来说，眼睛向左上方看，意味着大脑正在搜索记忆，所说的是真话；眼睛向右上方看，意味着大脑正在创建想象，所说的可能就是谎话。如果你周一早上问你的同事周末是怎样度过的，对方回答："带儿子去游乐场了。"此时，如果他的眼睛向左上方看，说明他脑海中正在浮现昨天和儿子在游乐场玩乐的情景，并没有撒谎；而如果他的眼睛向右上方看，则说明游乐场一事可能是他临时编造出来应付你的谎言。

人们在思考时，眼睛的运动方向是由大脑内活动的区域决定的，很难人为控制，因此，以观察眼睛的运动方向来判别谎言不失为一个很好的办法。不过，为了确保判断的准确性，使用这个方法还有两个很重要的注意事项。

1. 事先编造好谎言的人眼睛不会转动

眼睛的转动必须和相应的思维活动相联系才有意义，如果人们已经事先准备好了一套说辞，就等着你问他了，那你就不会看到他的眼睛运动有什么不同。因为即使谎言是虚构的，此时也变成了一种记忆。因此，只有在人们没有准备的情况下，一边说话一边构造谎言的时候，才能采用这种方法来判别。

2. EAC 眼睛解读线索并不适用于所有人

EAC 模型总结了大多数人的眼睛运动方式，但它并不适用于所有人，现实生活中总是存在着许多例外情况。例如，惯用左手的人眼睛转动的方向可能正好相反，往左上方看不是回忆而是编造谎言的表现。为了确保判断的准确，可以先提一些试探性的问题，找准对方眼睛转动的规律。例如，你可以先问对方"你觉得二十年后你会是什么样子？"这是一个关于想象的问题，仔细观察可以确定他在创建想象时眼睛转动的方向，然后就可以进行正确的判断了。

避免眼神接触，因为害怕被人看穿

大多数人在说谎时心中难免会有愧疚之感，以及担心谎言被揭穿的恐惧，愧疚和恐惧都会从他们的眼睛里流露出来，比如回避目光交流，或是低头不看对方，或是明显地把头偏向一侧，这些都可以说明这个人不坦诚。说谎时如果与别人对视，心里会更加紧张，然后就反映在眼睛里，因此说谎者会本能地转移视线，以消除紧张感。

避免眼神接触或很少直视对方是典型的欺骗征兆。人在潜意识里觉得别人会从他的眼睛里看穿他的心思，因此，很多人会尽量避免和对方眼神接触，因为心虚所以不愿意面对你，因而眼神闪烁、飘忽不定，或者不停地眨眼。影视剧中经常可以看到这样的片段，一个人怀疑别人在对他撒谎，于是对那个人说："看着我的眼睛，告诉我，到底是怎么回事。"而对方却把头低下或者撇开，不敢直视对方。的确，眼睛很容易泄露谎言，持续长久和躲躲闪闪的目光接触都是对方在说谎的重要标志。

揉眼睛则是另一种避免眼神接触的方式。当一个小孩不想看到某些人或某些事情的时候，他可能会用一只或两只手来揉自己的眼睛。成人也一样，当他们看到某些不愉快的东西时，也可能会用手揉自己的眼睛。揉眼睛这个动作是大脑不想让眼睛看到欺骗、疑惑或是其他不好的东西，或者是不想让自己在说谎时与别人发生眼神接触，以免自己因心虚而露馅。一般来说，当一个男性撒谎时，他可能会用力揉自己的眼睛，如果谎撒得较大，他会转移视线，通常是将眼睛朝下；当一个女性撒谎时，他不会像男性那样用力揉自己的眼睛，相反，她仅会轻柔几下眼部下方，同时将头上仰，以免和对方发生眼神接触。

频繁眨眼也是说谎的标志之一。科学家通过暗中观察记录，发现人们在正常而放松的状态下，眼睛每分钟会眨 10～20 次。而这种间隔在非正常状况下会被打破。所谓非正常状态就是说你的内心情绪有较大起伏，比如因为说谎而紧张，这个时候眨眼睛的频率就很可能会显著提升。撒谎的人内心无法平静，承受着担心谎言被识破的巨大压力。在这种压力下，说谎者或许可以控制自己的口头表达，但却很难控制身体语言，于是眼睛因为巨大的紧张感而不停地收缩。

当一个人心理压力忽然增大时，他眨眼的频率就会增加。比如，正常条件下（职业骗子除外），当一个人撒谎时，由于害怕自己的谎言被对方揭穿，他在说完谎话后，其心理压力会骤然增大，他眨眼的频率会相应地增加。所以，你在和某个人谈话时，如果你发现他总是不断地眨眼睛，说话也变得结结巴巴，你就得留心他所说内容的真实性了。

此外，英国动物学家戴斯蒙德·莫里斯在观察警察审讯的过程中发现，当人们说谎或努力掩饰某种情感时，他们眨眼时眼睛闭上的时间会比说真话时更长，这是另一种避免眼神接触的方式，说谎者在无意识中通过延长眨眼时间给自己关上"一道门"，从而减轻内心因说谎而产生的愧疚感。

对方直视你的眼睛，也未必在说真话

人们往往相信，当一个人说谎时，他会因为心虚而不敢正视对方的眼睛，因而他会将自己的视线移向一边。那么我们是否可以就此认定，当一个人和另一个人谈话时只要他敢于直视对方的眼睛，他就一定没有对对方撒谎呢？先不着急回答这个问题，一起来看下面这个实验。

实验中，心理学家把参加实验的人员分为甲、乙两组，并让甲组的人对乙组的人撒谎，同时，心理学家还要求甲组中85%的人在撒谎时一定要看着对方的眼睛。随后，心理学家把甲、乙两组人员的撒谎过程进行了录像。录像完毕后，心理学家来到一家电视台做了一期"你能识别哪些人在撒谎"的谈话节目。台下观众看完录像节目后，心理学家便开始让他们来识别哪些人在撒谎，并让他们说明各自的理由。

结果发现，很多观众都中了心理学家的"圈套"。在那些撒谎时注视对方眼睛的"骗子"中，有95%的人没有被观众识破，他们认为那些"骗子"在实话实说。因为"骗子"们在说话时敢于注视对方的眼神。而在那些事先没有被心理学家叮嘱过在撒谎时要注视对方眼神的"骗子"中，有80%的人都被观众识破了。可见，"注视对方的眼睛"正是说谎者用来伪装的有力道具之一。

由此，我们也就可以回答刚才提出的问题了。长久以来，变幻莫测的眼神、频繁的眨眼、不敢对视，都被认为是说谎的信号。这些看法都有道理，但是由于大多数人都这么想，所以很多人在说谎时就利用了这种心理，故意盯着对方的眼睛，显得那么从容不迫、游刃有余，以此表明自己没有撒谎。视线的转移确实会显露出一个人的情感状态。例如，悲伤时，我们的眼睛会向下看；羞愧时，我们会低下头。如果不同意对方的观点，则会直接把视线从对方身上移开。但说谎的人绝不会这么做，因为他们害怕被你看穿。

一整天，小洁男朋友的手机都处于关机状态，小洁很着急。第二天见面时，小洁装作很随意地问男朋友，昨天是怎么了，一整天都关机。男朋友为了掩盖自己的紧张，认真地看着小洁说："哦，昨天手机没电就自动关机了，我还不知道呢，晚上想给你打电话才发现的。"男友说话时一直看着小洁的眼睛，一副坦诚认真的样子，可小洁还是觉察到了异样。

说谎者的骗术固然高明，但也不是完全没有破绽，因为这种可以的"盯"和自然的凝视眼神是不同的。仔细观察就会发现，这种凝视很不自然。所以，即使对方直视你的眼睛，也未必在说真话。

突然放大的瞳孔揭示隐藏的情感

人类瞳孔的变化是不由人的主观意志控制的，完全是下意识的反应，因此可以真实地反映人的情绪变化。前面已经提到，人的瞳孔会随着情绪的变化而相应地放大或缩小。无论说谎者的演技多么高超，他都无法掩盖这一点。瞳孔的这种变化是人无法控制的，因此只要我们留意观察对方的瞳孔，就能断定他是否在说谎。

当我们对眼前的事物或者谈话内容感兴趣的时候，瞳孔就会放大。如果一个人的瞳孔变化和他试图表现出来的情绪不相符，就可以怀疑他所说的真实性。警察在询问嫌疑人时经常会用到这个方法。例如，警察想要知道嫌疑人和另一名疑犯是否相互认识，会把许多张照片一张一张地给嫌疑人看，其中只有一个是目标人物，嫌疑犯看到目标人物的照片时，瞳孔会突然放大然后恢复，警察如果能够观察到这个细节，基本上就可以下结论了。

关于瞳孔与谎言的关系，俄国有一个故事。

一个叫卡莫的俄国人在外国被警察抓获，沙皇政府要求引渡他。卡莫知道，一旦他回到俄国，无疑将面临死刑。于是他装成疯子，企图以此逃过惩罚。他的演技骗过了一位又一位经验丰富的医生，最后他被送到德国一个著名的医生那里进行鉴定。这位医生把一根烧红的金属棒放在他的手臂上，为了逃避惩罚，卡莫忍受着巨大的疼痛，没有喊叫，也没有露出任何痛苦的表情，但是他的瞳孔因为痛苦和恐惧而放大了。聪明的医生看到了这一点，完全明白了他不是丧失了知觉的疯子，而是一个正常人。

可见，演技再高超的骗子也无法控制自己瞳孔的大小变化。故事中的医生正是利用瞳孔与恐惧情绪之间的联系发现了这个俄国人的破绽。反过来，人们也可以利用瞳孔变化与兴奋情绪之间的联系来识破谎言。

第二次世界大战期间，盟军反间谍机关抓到一个可疑的人物，此人自称是来自比利时北部的流浪汉。这位流浪汉的言谈举止十分可疑，眼神中露出一种机警、狡黠，不像普通的农民那么朴实、憨厚。法国反间谍军官吉姆斯负责审讯此人，吉姆斯怀疑他是德国间谍。

第一天，吉姆斯问这位流浪汉："你会数数吗？"流浪汉点点头，开始用法语数数，他数得很熟练，没有露出一丝破绽，甚至在德国人最容易露馅的地方也没有出错，于是，他过了第一关。

吉姆斯设计了第二招，让哨兵用德语大声喊："着火了！"然而流浪汉似乎完全听不懂德语，一动不动地坐在椅子上，脸上也没有任何表情。吉姆斯心想，这个间谍果然不简单。

吉姆斯冥思苦想，想出了一个特别的办法。第二天，士兵将流浪汉押进审讯室，他依然是一副无辜的样子，十分冷静。吉姆斯看见他进来，假装非常认真地阅读完一份文件，并在上面签字之后，故意用德语说："好了，我知道了，你的确就是一个普通的农民，你可以走了。"

流浪汉一听到这话，误以为他骗过了吉姆斯，不自觉地卸下了防备，于是抬起头深深地呼吸，瞳孔突然放大，眼睛里闪过一丝兴奋。吉姆斯从这短暂的表情中看出了端倪，看来这位流浪汉确实会讲德语，而且之前一直是在伪装。吉姆斯抓住这个细节，对流浪汉进一步审讯，终于揭穿了他的谎言。

总之，瞳孔放大必然和恐惧、兴奋等情绪有联系，即使对方的身体一动不动、一言不发，仅从瞳孔的变化也可以发现他企图掩藏的情绪，从而揭开谎言。

硬挤出来的笑容嘴巴紧闭

最常用来掩饰情感的面具就是微笑。达尔文曾经做过相关的研究，他声称，人们通常企图掩饰消极的情感，而微笑所使用的肌肉与消极情感所使用的肌肉最无关。因而谎言往往伴随着虚假的笑容，笑容具有极强的感染力，也有极大的欺骗性，虚假的笑容有时甚至比恶语相向更有杀伤力，因为它戴着善意的面具。我们可以通过对方脸上的细节来识别虚假的笑容。

真正的笑容总是最全面的，能够让整张脸都亮起来。如果只是嘴角动了动，嘴巴紧闭，眼睛周围的轮匝肌和面颊拉长，这就是假笑，也就是所谓的皮笑肉不笑。假笑时面颊的肌肉松弛，眼睛不会眯起。狡猾的撒谎者将大颧骨部位的肌肉层层皱起来以弥补这些缺憾，这一动作会影响到轮匝肌和松弛的面颊，并能使眼睛眯起，从而使假笑看起来更加真实可信。一个人发出真心的灿烂笑容时，眼角和嘴角都会浮现出细细的纹路。

要知道为什么脸部纹路成为真笑与假笑的区别之处，就要先知道人的笑容运作的科学道理。人的笑容是由两套肌肉组织控制的：以颧肌为主的肌肉组织可以控制嘴巴的动作，使嘴巴微咧，露出牙齿，面颊提升，然后再将笑容扯到眼角上；而眼轮匝肌可以通过收缩眼部周围的肌肉，使眼睛变小，眼角出现皱褶。

我们的意识可以控制以颧肌为主的肌肉组织。也就是说我们自己可以命令这部分肌肉运作，即便我们的内心没有感觉到愉快，也能制造出嘴部的笑容。而眼部周围的眼轮匝肌的收缩却是完全独立于我们意识之外的，我们不能自主地控制，只有内心真正的愉悦才能激发它的运作。所以在一张不真诚的笑脸上，细纹只会出现在嘴的四周。

此外，假笑时，面孔两边的表情常常会有些许的不对称。习惯于用右手的人，假笑时左嘴角挑得更高，习惯于用左手的人，右嘴角挑得更高。而真实的笑容，两边的嘴角都会被最大限度地抬起，而且从来不会不对称。

笑容的时间长短也可以作为判断的依据。假笑保持的时间特别长。真实的微笑持续的时间只能在 2 秒到 4 秒之间，其时间长短主要取决于感情的强烈程度。而假笑则不同，它就像宴会后仍不肯离去的客人一样让人感到别扭。这是因为假笑是刻意伪装的，所以人们就不知道应该什么时候收起笑容，这无形中延长了笑容的时间，露出了破绽。而且，假笑常常可以在很短的时间里被堆出来，而真实的笑容往往需要更长的时间才能展现出完整的一面。

总之，如果一个人不想暴露内心的真实感受，他可能会带上"我很快乐"的面具，你只需切记，不是发自内心真实感受的笑容，是不会在脸上完全绽开的。

·第三节·

不经意的小动作会泄露真相

动作和语言不一致，嘴上说的不能信

人类大脑的边缘系统是非常诚实的，由边缘系统掌控的肢体行为会如实地反映我们的想法，这些动作是我们的主观意识无法控制的下意识的动作。我们之所以可以通过身体语言来识别谎言，原因就在于说谎行为本身的复杂性。看似漫不经心的一句谎言，想要做到滴水不漏不被人怀疑，其实是一件需要动员全身器官共同参与的庞大工程。因此，无论一个人的口才多么好，说谎技术多么高明，他的肢体都会"出卖"他。

人们在说话时，实际上是同时在意识和无意识两种层面上进行交流，说谎者把精力集中在编造谎言、如何应答上面，因而很难控制自己的身体语言。由于人们在交流中同时传递这两种信息，因此说谎能否成功的关键就在于对意识和无意识两种信息表达的控制。讲真话的人，意识表达和无意识表达总会保持一致，而一旦语言和动作之间出现不一致，我们就有理由表示怀疑。在这种情况下，我们难以控制的无意识信号，即动作和姿势，往往才是真情实感的表达，也就是说，当动作和语言自相矛盾时，所说的话就很有可能是假的。

生活中经常可以见到这样的例子，例如：抱怨感冒头疼向领导请假，却以轻快的步伐走下楼梯；嘴上明明说"不是"，同时却在点头；再如嘴上正在说好话，两个拳头却紧紧地握在一起，那分明就是讨厌你的表现。

曾担任过六百多件法庭审判顾问的乔艾琳·狄米曲斯在《读人》一书中提到过这样一幕：一次挑选陪审员时，负责此事的律师的妻子流产了，他向法官请求准他一天假好陪在妻子身边，但法官拒绝了，因为这会耽误工作。但是律师不得不走，把工作交代给其他同事后就离开了，而此时法官要求其他同事代他向律师及妻子表示最大的祝福。

乔艾琳注意到，从字面上看，法官的话语似乎充满了同情，但从他当时说话的表情和动作姿势中，丝毫感觉不到同情和温暖之意。他脸上没有表情，一边说话还一边低头批阅文件，这表明他压根儿就不关心律师和他家人的命运。稍后，法官因为另一件事情对一名陪审员咆哮，从言语上看他似乎很生气，但他的肢体语言却揭露了真实的情绪，他的动作并没有反映出怒火——身体没有靠前，没有任何手势或者脸红。尽管法官说话时故意很大声、装作很生气的样子，但他的肢体语言却说明他不过是在利用愤怒的声音恐吓威胁对方，因为他自己缺乏合适的理由说服别人。

动作和语言不一致还有另一种情况，就是时间点不对，这和假装的表情是一个道理。例如一个人在假装生气地说话之后，会故意用拳头捶桌子或者挥舞手臂作为强调，以此来让自己看起来真的很生气。这种事后追加的动作都是刻意为之，并非发自内心。

因此，我们听别人说话时，要同时注意他的肢体语言，拿肢体语言、表情和说话内容做比较，才能看出一个人的真实情绪和动机，除非动作、声音和说话内容彼此符合，否则就一定有所掩饰，那就需要我们仔细观察去找出线索。一旦认清了一个人的习惯做法，我们就很容易推测出他的其他行为。

不时用手接触口鼻，是企图隐藏真相

频繁用手触摸自己的鼻头或者手指不时轻触嘴唇，是最常见的说谎动作。一旦他的手离口鼻很近，基本上都有说谎的嫌疑。如果他在说话时用手捂住嘴巴，那就表示连他自己都不相信自己说的是实话。这些手部动作起着遮掩的作用，是说谎者在潜意识里企图隐藏真相。

美国前总统尼克松被迫下台之前，议会对"水门事件"展开了调查，当时他正在国会接受审问，在审问期间，人们惊奇地发现，他经常会出现一种非常明显的惯性动作——老是不断地用手触摸自己的脸颊及下巴。

在谈话过程中，尼克松时而双手掩面，时而摸脸，就好像在说："我不想听你说这些，我不想再谈论这个话题了。"正是因为他心中常有不为人知的隐情，因而感到非常焦虑，从而不停地用手接触脸部。用手捂嘴和触摸鼻子是两种典型的说谎标志。

1. 用手捂嘴

这是一种明显未成熟、略带孩子气的动作，很多小孩尤其喜欢使用此种姿势，当然，一些成年人偶尔也会使用此种姿势。一般来说，使用此种姿势的人会在自己说完谎话后，迅速用手捂住嘴，同时用拇指顶住下巴，让大脑命令嘴不要再说谎话。有些时候，某些人在做这一姿势时，仅会用几根手指捂住嘴，或是将手握成拳头状，放在嘴上，但其蕴含的基本意义是不变的。还有一些人则会借咳嗽的动作来掩饰其捂嘴的动作，以分散别人对自己的注意力。

2. 触摸鼻子

触摸鼻子是用手捂嘴这一姿势的"变异"，相比于用手捂嘴，它更具隐匿性。有些时候，它可能是在鼻子下面轻轻地抚摸几下，也可能是很快，几乎不易察觉地触摸鼻子一下。一般来说，女性在完成这一姿势时，其动作幅度要比男性轻柔、谨慎得多，这可能是为了避免弄花她们的妆容吧。关于触摸鼻子的原因，有这样两种较为流行的说法，其一，当负面或不好的思想进入人的大脑后，大脑就会下意识地指示手赶紧去遮住嘴，但是，在最后一刻，又怕这一动作太过于明显，因此手迅速离开嘴，去轻轻触摸一下鼻子。其二，当一个人说谎的时候，其身体会释放出一种叫作"儿茶酚胺"的化学物质，这种物质会使说谎者鼻子的内部组织发生膨胀。与此同时，一个人撒谎的时候，其心理压力会陡然增大，血压也会迅速升高，这样鼻子就会随着血压的上升而增大，这就是所谓的"皮诺曹的大鼻子效应"。血压的上升使得鼻子开始膨胀，鼻子的神经末梢就会感到轻微的刺痛。不由自主地，说谎者就会用手快速地触摸鼻子，为鼻子"止痒"。此外，当一个人感到紧张、焦虑，或是生气的时候，这种情况也会发生。

看到这里，可能有读者朋友会问，现实生活中的确存在鼻子真正发痒的情况啊，那该如何去区别两者呢？很简单，当一个人鼻子真正发痒时，他通常会用手揉鼻子或是用手挠来止痒，这和说谎是用手轻轻、快速地触摸一下鼻子是不同的。同用手捂嘴的姿势一样，说话的人可以用触摸鼻子来掩饰他的谎言，听话者也可以用触摸鼻子来表示对说话者的怀疑。

需要注意的是，不时地用手接触口鼻虽然是一个人说谎时最可能用到的姿势，但这绝不意味着只要一个人做出了这些动作，我们就可以立即断定他一定在撒谎。比如，某人说话时，之所以会捂住自己的嘴，是因为他有口臭，如果我们据此就认为他在撒谎，肯定会伤害到对方的。再如，当一个人陷入沉思而做出以上的动作，通常只是表示他完全沉浸在自己的思考当中。

手脚蜷缩贴近身体，因为缺乏安全感

心理学家指出，手势在很多时候是一种无意识的动作，能较为真实地反映说话人的心理状态。由于人们经常使用手势，而且手部的动作比腿部的动作更容易观察到，因而手势是识别谎言的绝佳突破口。不过，只要我们仔细观察，就会发现手和脚的动作都在传递着信息。

汽车销售员小陈最近业绩明显下滑，经理问他："你这个月怎么回事，业绩还赶不上上个月的一半？"

原来小陈最近迷上了网游，每天玩游戏到凌晨两三点，早上起不来，工作也提不起精神。被经理这么一问，不由得僵住了身子，把双手贴在大腿两侧，低着头小声说："最近我父亲身体不好，需要人照顾。"

像小陈这样，手脚贴近身体，身体缺乏动感，是明显的说谎特征。为了更好地识别人们在说谎时的状态，我们先来回想一下正常情况下的动作和姿势。当一个人充满自信、自由自在的时候，手和脚会自然地向外延伸。当他对自己所说的话深信不疑、感到兴奋时，会不自觉地运用各种手势来强调自己的观点，例如用手指指着别人或指向空中，表达坚定的观点。

反过来，当人们说谎时，由于精力集中在编造谎言上，身体语言会缺乏动感，明显的特征就是手和脚的动作会减少。如果是坐着，他可能会把双手放在大腿上，双腿交叠在一起；如果是站着，他可能会把手完全插在口袋里，或者双手紧握，手指蜷向掌心，这是出于防卫的心态。说谎者缺乏安全感，因此会做出这些手脚蜷缩、贴近身体的姿势。其他典型的还有把手指放进嘴里、抓挠脖子及拉扯衣领等。

1. 把手指放进嘴里

一般来说，一个人做出此种动作往往是下意识的，因为他可能正面临着巨大的压力。他之所以会做出这个动作，最主要的目的是想重新获得自己幼儿时期吮吸妈妈乳汁的安全感，因为在一个人的潜意识深处，吮吸妈妈乳汁是最有安全感的。所以，很多孩子在成年以前会用自己的指头或者衣领来替代妈妈的乳头，成年以后，他们则会用口香糖、烟斗等来代替。而说谎时担心被识破的不安甚者恐惧，激发了这种吮吸动作，因此很多说谎者会把手指放进嘴里，甚至开始咬指甲。

2. 抓挠脖子

有些时候，一些人在撒谎时会用食指来挠耳垂以下的脖子部位。如果仔细观察一下，你就会发现撒谎者通常会挠 5 次左右，很少会出现少于 4 次或多于 8 次的情况。一般来说，挠脖子这一姿势代表不安、疑惑，或是"我也不确定我会同意""应该不会那样吧"等意思。如果一个人说的话与这一动作相矛盾的话，就会表现得非常明显。比如，一个人说，"我比较同意你的看法"，与此同时，他又用手挠着自己的脖子，这就表明他心里其实并没有真正同意你的看法。

3. 拉衣领

身体语言学家通过实验发现了这样一个有趣的现象：当一个人撒谎时，会导致面部和颈部的一些敏感组织产生轻微的刺痛感，为了缓解或消除这种刺痛感，撒谎者往往会用手去挠或搓那些产生刺痛的部位。这就不仅说明了为什么人们在感到不确定的时候会用手挠脖子，也很好地解释了为什么一个人在说谎并怀疑自己的谎言已经露馅时，会不由自主地拉自己的衣领。

4. 不接触对方的身体

身体接触通常发生在亲密的人之间，是亲近的表现。人们说谎时，会暂时停止接触对方的身体，以此来降低心中的罪恶感。

类似的安慰动作还有很多，在此不一一列举。当你看到别人在听到你的提问后，手脚弓成像胎儿的姿势，手脚的姿势都很僵硬，除非他是真的感到身体不舒服，否则就一定是有所隐瞒。

不安的双脚泄露紧张情绪

英国的一名心理学家通过实验发现了一个有趣现象：人体中离大脑越远的部位，越有可能反映一个人内心的真实感情。脸离大脑最近，因此人们常常伪装出各种表情来撒谎，可信度最低；手位于人体的中间偏下部位，可信度中等，一个人会或多或少地利用手势来撒谎；而腿和脚离大脑最远，相对于人体其他部位，它的可信度最高，一个人脚上的动作往往会泄露其内心的真实情感，当你怀疑一个人在说谎，却看不出什么破绽时，不妨多加注意他的腿和脚的动作。

在某次会议上，总经理要求各部门经理汇报近半年以来的工作情况。很快，就轮到陈经理发言了。他整理了一下自己的衣领以后，便面带微笑地开始总结自己部门的工作情况。在他发言的过程中，总经理觉得陈经理今天有点不对劲，虽然他面带微笑，但嘴角总会偶尔歪斜一下，拿文件的手也在微微地颤抖着，更为奇怪的是，他的双脚在那不停地滑来滑去。稍微想了一下，总经理顿时明白了其中的原因。会议结束后，总经理让陈经理留了下来，说有事要单独和他谈谈。待陈经理坐下后，总经理单刀直入地问道："你为什么要在总结工作时撒谎？"一听这话，陈经理顿时满脸通红，连忙向总经理道歉，并请求其原谅自己。

为什么总经理知道那位陈经理在撒谎呢？原因很简单，因为陈经理在说谎的时候，尽管他做出了一些虚假表情，如面带微笑，并且努力控制自己的手部动作（其实还是没有完全控制住，仍旧在微微颤抖），但是他没有意识到在自己的发言中嘴角出现了歪斜，更为重要的是，他没有意识到自己下半身的动作增多了，如双脚在那"滑来滑去"，这些恰恰是一个人说谎时的动作。而他的这一切，正被总经理尽收眼底。这也是为什么很多企业的总裁总是喜欢坐在不透明的办公桌后面，让桌子遮住自己的下半身，只有这样，他们才感到舒适自在。因为一个人在撒谎时，他虽然可以控制上半身的动作、表情，但却无法有效地控制下半身，尤其是腿和脚部的一些动作。

因此，当我们看到一个人双脚处于一种不安的状态，不停抖动或者移来移去时，就可以说明这个人的情绪也处于一种比较紧张的状态，或者在撒谎，或者内心处于一种不安定的状态。

把头撇开是因为想要逃避话题

我们已经知道，人们说谎时，会下意识地避免与对方对视，例如低着头或者移开视线。如果此时说谎者内心十分紧张不安，他就会做出进一步的防卫动作，例如把头撇开，就好像在说："别再问了，我不想谈这个话题"。

把头撇开是人们说谎时的一种典型的防卫动作。如果仔细观察正在谈话的两个人就会发现，如果一个人对话题感到轻松自在有兴趣，会不自觉地把头靠向对方，仿佛希望进行更深入的交流。反过来，如果一个人身体后侧，把头撇开不看对方，说明正在谈论的事情令他感到不安，想要停止谈话。清白诚实的人面对别人的责问时，会积极地展开攻势，他之所以激动是因为不想被人冤枉；而心虚的人则会因为不安而做出防卫性的姿势和动作。

例如，乔安娜和约翰为一件事情大吵了起来，乔安娜认定约翰做了什么，如果约翰把头撇开，却不做辩解，那么确实是有什么事情发生了。相反，如果约翰十分激动地立刻辩解澄清自己，他很有可能就是无辜的。

把头撇开已经显露出内心的紧张和不安，如果说谎者面对提问极度不安，就会想要逃避，但他不会拔腿就跑，而是寻求空间的庇护。就好像我们受到威胁时想要躲避逃走一样，人们在说谎时，心理上处于劣势，担心谎言被识破，会不自觉地移开身体，他绝对不会主动靠前，而是退后或者转身，以此躲避直面指控的威胁。例如，把身体转向门口的方向、背靠墙壁，而不是坐在屋子中间，因为这样他看不见背后发生的情况会更加不安。另一种方式是直接寻找"盾牌"来保护自己。例如紧紧地抱着一个抱枕、书包挡在自己的胸前，或者把酒杯放在身前，这些都是在两人之间制造一种障碍物，好像士兵举着盾牌来保护自己免受伤害，说谎的人利用这些物体挡在两人之间，免受言辞的威胁。

换句话说，人们交谈时，身体姿势和动作的开放程度与他的可信度成正比。一个人的姿势动作越舒适自在，就越说明心中坦荡无欺，因为他知道自己是清白的，所以没必要紧张不安。而对方如果不敢看你、不敢正面对着你、不敢接近你，那就是说谎的征兆。

第五章
认清行为显示的本性

·第一节·
从行为举止看相处之道

对你彬彬有礼的人不欢迎你太亲近

人与人之间相互交流的语言是反映关系亲疏的重要标志。仔细想想你会发现，和闺密、死党在一起时，说话总有点大大咧咧，想说什么就说什么，甚至互相"使唤""数落"对方，反而更能显出友谊深厚。爱人之间更是如此，所谓"打是亲，骂是爱"，打打闹闹的夫妻情谊深，相反，"相敬如宾"则很有可能演变成相敬如"冰"。反过来，和不熟悉的人交往，人们会十分注重礼貌和礼节，说话做事都小心翼翼。语言可以拉近或推远相互之间的心理距离。保持适当的心理距离是人际交往的必要条件，然而，如果一个人对你总是彬彬有礼，就不只是礼貌，而是一种自我保护与防卫。

晓媛进入公司已经两个月了，生性活泼的她与办公室的同事相处得不错。其中一个女孩对晓媛总是非常客气，"请""没关系""谢谢"这些字总是挂在嘴边。一开始，晓媛觉得这个女孩很有修养，于是想和她交朋友，后来慢慢发现她其实不太喜欢自己，关系总是不远不近，反倒是那些互相打趣、开玩笑的同事和自己成了要好的朋友。

可见，礼貌有时被人们当作与人保持距离的武器。对于不想亲近的人，人们不好意思直接说"我不喜欢你，请你离我远一点"，于是采用这种婉转的方式，见面会报以微笑，说话也总是很客气，甚至有时候过分客气让你觉得不好意思，这就是他在暗示你"我把你当成外人，不想和你太亲近"。如果有人这样对你，千万不要误会他是个"十分懂礼、有修养的人"，真正有修养的人不会让别人感到不舒服，遇到这种情况，最好知趣地应酬几句就走开，别把对方的礼貌当成对你的好感。

日本语言学家桦岛忠夫说："敬语显示出人际关系的亲疏、身份、势力，一旦使用不当或错误，便扰乱了应有的彼此关系。"在某种无关紧要或特别熟悉的人际关系中，我们根本没有必要使用敬语。如果在很亲密的人际关系中，碰见有人突然使用敬语对你说话，那就得小心了：是否在你们之间出现了新的障碍？如果在交谈中常常无意识地使用敬语，就说明与对方心理距离很大。过分地使用敬语，就表示有激烈的嫉妒、敌意、轻蔑和戒心。所以，当一个女人对男人说话时，若使用过多的敬语，绝对不是表示对他的尊敬，反而是表示"我对他一点意思也没有"，或是"我根本就不想和这类男人接近"等强烈的排斥反应。

有些人虽然彼此交往了很长时间，互相也很了解，但是，对方依然在运用客气的言辞，说话也十分谨慎，谈话总是停留在寒暄的层面。在这种情况下，对方如果不是在心理上怀有冲突与苦闷，就是在心中怀有敌意。为求掩饰，便启动反作用的心理防卫机制——对人更加恭敬。这等于说，这类以令人难以忍受的过分谦恭的态度对待别人的人，内心往往郁积着对别人的强烈攻击欲。反之，有人故意使用谦逊与客气的言语，是因为他们企图利用这种方式和态度闯进对方心里，突破对方心中的警戒线，实际上，他们的真正动机在于企图掌握对方，实现居高临下的愿望。

总之，无论是哪一种情况，如果有人总是对你彬彬有礼，即使认识很长时间了也一直如此，那么请提高警惕，对方心里从未把你当成朋友，你最好也敬而远之，大家相安无事。

初次见面就有身体接触的人过于自信

在生活中，我们经常会遇到这样的情况：你的上司，或者资历比你深的同事，在你加班到很晚时，会拍拍你的肩膀，并说些鼓励的话。或者，你要进行一项比较重要的任务时，会拍拍你的后背，说："加油！"还有的时候，老板在听完某位员工的述职报告后，会简单地轻拍一下该员工的背部。在他们接触我们的身体时，我们会感到很踏实，有被信任和重视的感觉。

为什么我们会有那样的感觉呢？这是因为，一般情况下我们会根据对象的不同来调整自己的位置。当我们和喜欢的人说话时，会不自觉地靠得很近，而和不喜欢的人说话，就会保持一定距离。当我们的上司或者资历比较深的同事拍我们的肩膀时，已经不止是靠得很近，而是有了身体接触，这是一种亲近和信任的表现，他们的这些身体接触往往是表示对我们工作的肯定和鼓励，所以我们能愉快地接受。

但是，有的人，初次见面，也会触碰对方的身体，这就是过于自信的表现了。因为一般情况下，人们都会觉得和自己不熟的人有身体接触会令对方厌恶，所以初次见面时，会保持一定的距离。但是，这些初次见面就触碰对方身体的人不会这样认为，他们会有一种居高临下的优越感，觉得自己拍对方的肩膀或者后背，对方会很高兴。所以说，在他们的潜意识里，认为自己是很了不起的，这类人是过度自信的。

因此，当你和对方初次见面，对方就与你有身体接触，说明对方是一个过于自信的人。不过，不同的身体接触部位，也可以说明不同的含义。

1. 对方轻轻触碰你的手，是想给你留下好印象

美国的心理学家近来研究发现，有意识地轻轻触碰一下对方的手可能会让自己给别人留下很好的印象。因此，当有人轻轻触碰你的手时，很可能是想给你留下美好印象。而且，如果对方从事的是服务行业工作，那他的这一举动就可能是想博取你的好感，从而使自己获得更多的小费。因为，心理学家专门做过一个小测验。他们让一家饭店的部分服务员在客人结账时有意识地轻轻触碰一下客人的手肘或是手。结果发现，这样做的女性服务员从客人那里得到的小

费要比没有这样做的女性服务员多 40% 左右，而男性服务员也这样做时，其所得小费也要比没有这样做的男性服务员多 30% 左右。

2. 对方接触你的手肘，是想拉近你们之间的距离

因为大多数人不把手肘当作个人的私密空间，所以选择这个部位碰触通常不会让人感觉到被侵犯。而且因为大部分人并没有和陌生人身体接触的习惯，这样短而轻的碰触刚好给对方留下了印象。因此，如果对方轻轻地短短地碰触你的手肘，是想拉近你们之间的距离。

因此，当你与对方初次见面时，对方在与你进行握手的同时能用自己的另一只手去轻轻触碰一下你的手或手肘，是想获得你的好感或拉近你们之间的距离，从而使你更加认真地倾听对方，并加深他在你心目中的良好印象。所以说，初次见面就有合适的身体接触，可以给别人留下好感，也难怪会自信满满了。

总之，如果是初次见面，或者在双方不熟悉的时候，就和对方有身体接触的人是过于自信的。如果运用得当的话，会取得良好的效果，这样的人也比较容易在管理层或政界获得成功。

一直盯着路灯的人，性子比较急

在生活中，如果我们仔细观察可以发现，同样是过马路，不同的人却有不同的方式，通过他们过马路的方式，可以推出他们的性格。

有的人眼睛一直盯着路灯，一看见红灯转成绿灯就率先走过，迫不及待先越过马路。这样的人，性子很急，是在生活中总被时间追着跑的人。他们做事的风格通常也是雷厉风行，不会拖拖拉拉，而是干净利落，而且极有主见。这些人，因为常常是风风火火地行动，所以会给人一种对别的事都不屑一顾的印象。但是，他们也有喜欢照顾别人的一面。而且，拜托他们的事，一般不会拒绝，一定会尽量帮忙。不过他们也有缺点，会有点武断，只知道按照自己的想法去做事。

有的人则是不紧不慢地，看见旁边的人开始走后，才跟着一起过马路。这类人通常比较合群，性格随和容易相处。但是他们也强烈倾向于按照自己的步调行动，和别人的交往也有自己的防线，比较冷静。

有的人，很注意自身安全，总会左右确认没有车辆才通过，而且多半是站在人群中间。这样的人很注意自身安全，平时小心谨慎，害怕风险，有时会有些畏缩不前。也有些人，在过马路时，不在意撞上迎面而来的人，反而从中间直线穿过。这样的人，一意孤行，不会想到别人。他们不愿意与人交往，此外，也是不太会替人着想的人。

通过一个简单的过马路，就可以判断一些人的性格，而当有人从你们之间穿过时，通过他闪避的方式，又可以判断他对你的态度。这说明，走路也是有学问的。两个人肩并肩在路上走，大多时候，是互相配合，尽量走得速度和步调一致。但是，在配合的过程中，即使非常小心或者无意识，也会从中看出是谁有点超前，是谁有些许滞后，有谁在故意放慢脚步，有谁是完全不用配合地走路，等等。通过下面这些细节，也可以看出对方是怎样的人。

如果你和他并肩走着，他不知不觉走到了你的前面，说明他是一个性急而竞争心强的人。因为他会无意识地想要超越你。即使他配合你的步调，也只是说明他具有良好的耐心及自制力，可以压抑自己的本性。如果他走在你的前面，还露出不愉快的表情看着你，说明对你有点反感。

如果和你并肩走着，细心注意配合你走路的人，是对你有好感的人。因为他想采取谦和的态度来讨你的欢心，以引起你的好感。而不自然地与你并肩走着的人，是十分害怕和别人不同的人。因为他对自己没有自信而感到不安，所以特意跟人采取同样的行动。

而有的人在并肩走着的时候，常常会相互撞到。一般情况下，你和对方碰到一次之后，会把距离拉开并且改变步调，以免再次碰到。但是，如果还是会碰到或者撞到，有可能是对方节奏感不佳，或者走路的平衡感不佳。排除这个身体上的因素，且对方在与你产生身体碰触后没有厌恶感，据此可以判断出他对你有好感。因为这有可能是他有意或者无意地想要接触你。

当然，如果并肩走的两个人是情侣的话，对方如果和你慢慢地溜达，是非常喜欢你的行为。因为这样可以与你亲密地走在一起，而慢慢地走，又可以和你在一起的时间长一些。

另外，当你和你的朋友，一起走在人行道上。这时，对面有一个行人试图从你们中间穿过，你们会有什么样的反应呢？

实际上，这是一个实验。通过让人刻意从在人行道上行走的两个人之间穿过，来观察他们的反应，进而判断他们之间的关系。一般情况下，他们采取的行动有：两个人一起移动，让别人通过；或者，两个人左右分开，让行人从中间经过。实验的结果是，采取两个人一起移动的，八成以上是男女情侣。也就是说，如果两个人之间的关系亲密的话，会选择两个人一起行动。

因此，当你和朋友并肩行走，正面有行人过来的时候，请仔细观察你身边的人会如何闪避。如果他的身体向你这边靠来，表示他对你有好感，想要和你有亲密的关系。如果他离开你，让行人通过，表示他对你并没有好感，对你只是像对待客人般的礼貌而已。

总的说来，通过观察一个人过马路的动作，就可以初步读出人们的心理活动及性格。

选择坐在你旁边的位置，是想要亲近的表现

在选择座位时，一般来说，我们都应该本着不能侵犯他人私人空间的原则去选择。因为每个人都有一个属于自己的私人空间，不同的人可以接触的私人空间范围是大不相同的，也正是因为这个原因，座位的选择往往能反映这个人与你的关系和亲密程度。

比如，对方选择坐在你旁边的位置，就是想要亲近你的表现。因为与对方并肩而坐，是一种非常亲密的就座方式。它表明就座双方的关系非常亲密，如果是异性之间如此就座，两人多半是情侣或夫妻关系；如果是同性之间如此就座，则说明两人是非常亲密的知心好朋友关系。这样坐的原理就是，选择此种座位方式，彼此都朝着一个方向，注视相同的对象，这就很容易产生连带感，虽然他们彼此之间没有发生视线的接触或交流，但两人的内心肯定是在进行着积极的交流。而双方没有视线的交流，彼此便不会受到对方视线的干扰，所以双方可以进行自由畅快的交谈。所以，当对方选择坐在你旁边时，是渴望与你进行深入的交流，是想要亲近你的表现。

正是因为如此，很多咖啡店增设的情侣座只有一个茶几和一条长椅。让热

恋中的情侣并肩而坐，不仅有利于情侣们小声地互述衷肠，还可以消除情侣们将对方视为一个独立个体的心理潜意识，从而达到彼此心灵默默交融的目的。

除了坐在你旁边的位置，还有两种选择座位的方式。其一是坐在你的对面，其二是坐在你的右侧面或左侧面。

面对面相坐，这是一种防御性的就座方式。你们可能表面看上去非常熟悉、亲热，但实际上双方彼此间可能仅仅是朋友关系，双方之间在心理上的理解深度也还不够。而横在你们之间的桌子也就成了一道屏障，使双方之间产生了一种距离感。此种情况下，你们一般不适宜做各种姿势，因为这会让对方尽收眼底。当然，这种选择方式的最大好处就是可以避免两个不太熟悉的人面对面直接相处，如果一旦这样的话，会使对方的半身或全身呈现在另一方的视野范围之内，这就很容易让双方因视线的冲突发生"心理对峙"的现象。

坐在你的右侧面或左侧面，这是一种较为友好的就座方式。说明你们彼此较为随意、友好，或者是好朋友关系，或者是合作关系。你们可以无拘无束地进行交流。当然，交谈的一方可以做出很多姿势，同时你也可以自由地观察对方的姿势。

另外，假设你和朋友约在某咖啡厅见面，并且你们并没有事先预订好座位，那么根据是你先到还是对方先到，可以借机观察他选择座位的方式，进而了解他的个性特点。

1. 从先到时选择座位的位置，了解对方的性格

如果他身体面向咖啡厅的入口，说明他是很体贴入微的人，因为这样可以很容易就看见你走进来，可以及时跟你招手，不用你辛苦地寻找他。这样的人很容易交往，对人展现出互助合作的态度。

如果他不但是面向入口，而且就坐在入口附近，那么他多半是个急性子，做任何事都想速战速决，非常焦躁，无法平静下来，而且对时间很敏感，此时此刻并不想和你悠闲地聊天，只是想立刻解决问题。

而选择背对着入口的人，宁愿等着别人来找他，白白地浪费时间，也不愿意主动招呼别人。坐在墙壁旁边而且面向墙壁的人，多半是性格内向的人，不希望和人有瓜葛。

2. 从后到的人选择的座位，知道他的个性

如果是你比他先到，如果他选择面对面坐着，那你要注意观察，对方是采取朝向你的对面姿势，还是会稍微挪一下身子，采取微侧着你的姿势。

正面朝向你比侧面朝向你感觉来得紧张，这是对决与竞争要素很强的位置关系。如果对方坐在你的正对面，应该是抱着很强的念头和打算。"今天一定要得出结论""打算做彻底的讨论"，对方心中应该有这一类的想法；性格上，也多是外向的。如果对方采取微斜侧着的姿势，就没有了面对面的紧张感，这样可以比较轻松愉快地谈话，说明他希望和你闲聊。

总之，根据座位的选择，可以看出对方对你的态度。如果你能解读这些含义，就可以简单地做好准备。不过，当他肩并肩坐在你旁边的位置时，多半没有恶意，只是想亲近你而已。

习惯性迟到是因为态度傲慢

有些人，总是习惯于迟到。虽然守时是基本的礼貌，但是他们总是习惯性地迟到一会儿，少则几分钟，多也不超过20分钟。其实只要早一点儿从家里或单位出来就可以避免迟到，但是他们就是做不到，而且，每次迟到都要费尽心思地找借口，什么"堵车""忘记东西又回去拿了一趟""表坏了"，等等，然后下一次继续迟到。这种人很容易给别人留下散漫、没有时间观念的印象，难以成为职场上的成功人士。

你身边有这样的人吗？他们平时做事可能态度也不错，也肯定不是每次都迟到，但是和你约好见面时，却总是习惯性地迟到几分钟。如果你的身边有这样的人，那么你要注意了，因为习惯性迟到是因为态度傲慢，表示他看不起你。这是因为在他看来，你是无关紧要的，因为迟到一会儿，给你造成麻烦，也没有关系。所以，他才可以一直迟到。

总是迟到的人，也是不遵守时间的懒散家伙，并且比较自私。他们不考虑对方，只想到自己。不过归根到底，还是态度傲慢，觉得自己居于上位，迟到没有关系。遇到这样的情况，你应该先反省一下，看看自己是否也常迟到。如果有，先改变自己的这个坏习惯。如果没有，就应该根据情况采取措施了。不过，如果对方是你的上司，那你只好忍耐了。但是，如果对方是你的同事，哪怕是资历比你深的前辈，你就要想办法解决这种状态了。因为，如果你一味地迁就他的迟到，只会被他一直小看。

　　不过，也有故意迟到的情况，并以此来试探对方对自己的重视程度。比如在恋爱中，经常会有女孩故意迟到，看男朋友是不是等得不耐烦了。一旦发现有焦躁的情绪，就会想："我才迟到10分钟，他就生气了，可见他并不爱我。"

　　如果你等的人迟到时间超过了20分钟，那就不仅是态度傲慢的问题了。根据一项调查，"等待的人一直不来"的状态持续20分钟后，人就会开始焦躁。所以，迟到20分钟，就是挑战对方忍耐力的极限了。如果你等的人，迟到20分钟，这只能说明他工作秩序混乱，组织性不强。也可以说明，他想借迟到故意抬高自己，向你施压。因为让人等待是一种压低对方身份，从而抬高自己地位的好方法。因此，在碰到这样的人时，应该提起高度的警惕。

　　也有一些人，习惯于有计划地防备意外发生，或不想急急忙忙地赶过去，所以总会比约定的时间早一些到达。这样的人，守时，对自己要求严格，个性比较体贴，或者不想被人抓住弱点，留下不好的印象。如果提前到达30分钟的人，也并不是好习惯。早到这么久，说明对方的性格比较急躁，沉不住气，总是想早点见到对方。

　　一个人守时是言而有信、尊重他人的表现，而习惯性迟到，是态度傲慢，不懂得尊重他人的表现。所以，当你碰到这样的人，一定要注意，他迟到背后是对你的轻视。

·第二节·

生活细节中的个性痕迹

发信息多使用表情符号的人小心翼翼

　　现代的年轻人，可以不打电话，但是不可能不发信息。QQ、微信等信息交流工具已经成为我们表达自己真实的思想感情最贴切的工具。那么，在发信息时，你使用过表情符号吗？这时，女性朋友的答案一般是肯定的，至少，你不会一次都没有使用过。而男性，可能不会经常使用表情符号，但是，当收到女性发来的含有表情符号的短信后，很多男性会在回复时加入表情符号。这是男性很有趣的一种心理。

这是为什么呢？一般男性会认为，对方给自己的信息里有表情符号，自己要是都用汉字，会显得自己很无趣。于是，他就会顺着对方的方式。他们能够这样在乎对方的反应，说明使用表情符号的男性小心翼翼。这在女性中也同样适用。因此，在习以为常的信息交流中，在看似平淡无奇的信息内容里，却隐藏着读取对方性格和心理的密码。

还有的年长上司爱用流行语或网络用语，或者常常讲笑话，以此博得周围人一笑。他们总是故意让自己显得有趣。这也说明了他们的小心翼翼，因为他们对自己考虑的事或想说的话都不自信，总是试图在迎合他人的过程中获得肯定。

在我们日常生活中，除了发信息，电子邮件也是一种非常便利的交流工具。通过发信息，我们可以判断一个人的性格，而与之相反，电子邮件会呈现出"电子邮件人格"，即通过电子邮件的内容了解发信人的性格与其实际性格不一致的现象。比如，有些人的电子邮件写得很诚恳，感觉上是个诚实的人，但实际接触以后才发现，那是个非常狡诈的人。或者，某人写的电子邮件看起来冷冰冰的，感觉还很容易发怒，可是实际上那个人的性格却很温厚。

这是由于，在普通的交往中，我们会根据对方态度的变化控制自己的言行，即所谓的"察言观色"。然而，通过电子邮件交流却无法观其色、闻其声。写邮件时，完全是自己一个人在说话，而且还会出现一种兴奋状态，感情和情绪等有时甚至容易失控。这样写出来的邮件，肯定容易被对方误解。此外，我们在说话的时候，会根据对方传递来的眼神、服装、动作等各种各样的信息来分析其状态、判断其性格。然而，在读电子邮件时，根本看不到对方的样子，只能根据邮件的内容来想象对方的状态和性格，这样当然容易产生误解。因此，当我们通过邮件判断一个人的性格和心理时，一定要慎重。也正因为如此，我们在发信息或者发邮件时，才会选择使用最能表达我们心理活动的表情符号，小心翼翼地表达自己的想法，以免被别人误解。反过来讲，使用表情符号的人也就是小心翼翼的人。

　　总之，在生活中，通过观察对方发信息、发邮件等一些习惯性的细节，就可以判断对方是个怎样的人。

硬要移出大车位停车的人，个性保守有洁癖

　　身处闹市中，"移车"是一道常见的风景。为了避免开罚单，大家都是见缝插针地往里塞。但是有的人，连个小缝都没有，却费劲地把停车格里的车东挪西移，非要移出一个大车位才会停。

　　这样的人，通常是比较有想法的。他们很主观，不顾别人的感受。所以他们为了给自己腾出一个大车位，可以把别人的车移开。不过他们也不会占别人的便宜，而是保守而有洁癖。他们不愿意自己的车和别人的车挤在一起，因此，宁愿费力地把别人的车东挪西移，也要给自己的车一个舒适的位置和空间。他们对车尚且如此，在与人的交往中尤甚。所以，他们不愿意和别人有过多的来往，喜欢生活在自己的世界里，封闭而保守。如果你遇到这样的人，可以先称赞他们的车，这样你就会有话题可聊。不过，尽量不要与他们有肢体接触，否则很可能会引起他们的反感。

　　硬要移出大车位停车，是对自己的车的爱惜。大家总是很爱惜自己的物品，并且，我们可以通过观察他们对自己随身物品的爱惜，了解他们的个性。

　　有的人，即使在和他人进行正式洽谈，也会尽量把提包放在自己的视线范围之内，或者有意无意地触摸它。甚至坐下了，也会直接把提包放在自己的腿上或脚上，而不是放在另一个座位上或者地上、桌子上。这样的人通常有较大的不安全感，不太信任别人，什么事都要自己做。而且，他们在工作上要求很高，希望做到完美，责任感很强。不喜欢受到帮助，一旦受到帮助后会尽快想办法回报。因此，和这样的人接触，不要直接上前介绍自己，这样会让他们有威胁感。

　　还有的人，不管是站着、坐着还是走着，都会无意识地查看自己的衣着，或是低头看看身上其他地方有没有脏污，即使在和人谈话中，也会动不动就查看自己的衣着。这种类型的人，非常注重自己在他人心中的形象，容易紧张。他们通常略带自卑，或者口齿也不是很流利，比较安静。不管认不认识对方，

都希望给对方留下好印象。他们喜欢倾听，却很少反馈。

有的人很喜欢读书，并且喜欢把书拿在手上，而且用双手将书放在胸前，哪怕手上有提包或者其他可以盛放书籍的东西。还有的时候，他们会将书籍包上书皮。这样的人，自我保护意识很强，比较固执，还有点神经质。喜欢和人唱反调，很偏强，却又很悲观。和这样的人交往，不要采取强硬的态度，而是应该多说冲突话语，让他们把握听与不听的主动权，进而可以消除他们"被强迫"的感觉。

总之，通过人们对自己随身物品的珍惜，可以判断出这个人的个性和心理特点。而那些硬要移出大车位才停车的人，是个性保守而有洁癖的。

按规定速度开车的人，认真可靠

在开车的过程中，一个人控制汽车的方式，和控制自己的方式有许多相似之处。如果把车子视为一个人肢体的延伸，那么开车的方法，就是肢体语言的机械化身。因此，观察一个人开车的行为和方式，可以读懂他每天的心情与态度。

比如，有的人一直按规定速度开车。对这样的人而言，开车不过是带他去要去的地方，而不是一种快乐或刺激的经验。他守法，尽自己应尽的义务，绝不少报所得税，通常以平稳、容易把握的速度开车。他做任何事情都是中庸的态度，即使有很大的把握，也不会骤然冒险。这样的人可靠、不马虎，很适合在政府机关上班。

有的人，行车速度比规定速度慢。这样的人，坐在方向盘后面会令他觉得害怕，觉得自己无法操纵一切。他总是避免把东西放在自己手里，只要有人授权给他，他立刻把权限缩至最小。他嫉妒别人不断超越自己，而他胆小怕事的个性也令自己的家人、朋友失望。

有的人超速行驶。这样的人，不会受制于任何人，很积极向上，而且憎恨权势。他不允许别人为自己设限，如果有人企图这么做，他会找出极端而且可能很危险的方法，来维护自己的独立自主。他的父母和老师很有可能都十分严格，而这正是他发泄心中怒气的唯一方法。

有人喜欢大声按喇叭。在现实生活中，这样的人喜欢尖叫、大喊、发脾气；在马路上，他则使劲按喇叭。他对挫折的应变能力很差，经常觉得受到别人的威胁。他通常以一连串的高声谩骂来表达心中的焦虑和不安，发怒的程度完全和刺激自己生气的原因不合。

有的人不喜欢换挡。这样的人希望所有事情都被安排得好好的。他比较喜欢寻找属于自己的生活方式，即使有时候这么做遇到的困难比较多，他也很少向别人请教。没有人告诉他该往何处去，可能常常是他告诉别人该怎么做。这样的人，是实践家、行动主义者，凭直觉行事而且喜欢把事情揽在身上。

有的人会在绿灯亮了以后，才发动车。因为这样很安全、有保障，用不着和别人争吵。这样的人害怕受伤害，不喜欢竞争，谨慎而不会露出锋芒。而有的绿灯一亮，就抢先往前冲。这样的人，凡事比别人抢先一步是他生存的方式。他喜欢胜利的感觉，因为他不愿被烙上失败者的印记。他认为诈世积极，才有竞争力，才能够成功。只要有一条线，他总是第一个站在线上的人。他不是向前看，而是向后看，看别人离自己还有多远。

总之，按规定速度开车的人，是认真而可靠的。通过观察一个人开车的行为和习惯，可以读懂这个人的性格和心理。

喜欢在咖啡厅谈话的人，谨小慎微

环境可以影响人，不同的人会选择不同的环境。因此，从一个人习惯谈天的场合，可以看出他们的性格。

比如，有的人喜欢在咖啡厅或者茶馆里谈话。这样的人一般都比较谨慎，办事很小心，不喜欢露出真面目，也不希望别人看出自己的内心想法。因此，他们会选择在人比较多、没人注意的咖啡厅或茶馆里谈话，这样，会让他们有被掩护的感觉。你如果和这样的人交往，最好让他们先开口，因为他们不喜欢自己的想法被猜到。另外，如果有人选择和你在咖啡厅见面，也说明这个人的个性较为节俭、务实，他不愿意或者是没有能力为了追求美食或者形象而花很多钱。他约你在咖啡厅见面，只是纯粹想和你聊天，而不是想向你展示他的财富或者地位。并且，如果是商人请客户到咖啡厅吃饭，会说明两个人的关系非常好，双方都无需自我炫耀。

喜欢在饭店大厅谈话的人，大都是胆量大、有智慧的人。他们通常有较高的社会地位，也具有领导的能力或渴望。因此，和他们沟通，千万不能用威胁性的语气，否则对方会拒绝和你交谈。

也有人喜欢在俱乐部或者酒家谈话。当你和这样的人打交道时，多称赞他们的做事方式或决策就可以了，他们会很开心地与你有进一步的交流。并且，如果对方约你在酒吧谈话，你推出的酒精饮品对他而言是社交的润滑剂。

有人喜欢在户外谈话。他们喜欢在公园、露天餐厅等户外环境谈话，说明他们的心胸较为开阔，也很容易接受新事物，不喜欢固定的模式。这里需要注意的一点是，对方可以选择的空间越大，所透露出的信息越多。比如，你在周末的下午，看到你的两个朋友在公园里打网球，这说明他们肯定喜欢户外运动，愿意花时间和朋友边运动、边聊天。但是，如果其中一个人是在公司举办的野餐会上打网球，你就不能马上得出上面的结论。即使他打得很高兴，你也只能判断出当他不得不接受某项安排时，仍能愉快地接受并乐在其中。

还有人喜欢在办公室里谈事情。这样的谈话通常代表他们有诚意，对工作也很有信心，他们对你是很认真和重视的。所以你和这样的人交往，也应该专业一些，让他们明白你也很用心。

最后应该注意的是，在你单独一次会面即根据你们谈话的场合判断出对方的性格之前，先弄清楚对方在那个地方花了多少时间。比如，一个人在每个星期天都去参加志愿者活动，这说明帮助别人对他来说是很重要的，但并不能表现出乐于助人在他生活中占多大的比例。但是，如果这个人不仅星期天去参加志愿者活动，周五晚上还要去敬老院照顾老人，周六还要带孤儿院的孩子们去公园玩，那么你就可以大胆地判断出，帮助那些需要帮助的人，在他的生活中占有很高的比例。因此，一个人花在这个地方的时间越多，越能反映出他的性格和心理。

总之，从一个习惯在什么场合谈话，以及在这个场合谈话的频率和时间，可以判断出他是一个怎样的人。

字体较大、笔压无力、字形弯曲的人，和蔼可亲

笔迹作为人们传达思想感情，进行思维沟通的一种手段和方式，也是人体信息的一种载体，是大脑中潜意识的自然流露。不同心境下写出的字，笔迹也不一致。但在长时期内，字体的主要特征，如运笔方式、习惯动作、字体开合等是不变的。只是近期的字更能反映出最近的思想、感情、情绪变化、心理特点等。笔迹分析的方法很多，由笔迹观察人的内心世界，可以从三个方面来观察，即用笔压、字体大小、字形这三个要点来研究分析这个问题。

比如，笔迹特征为字体较大，笔压无力，字形弯曲，不受格线限制，这样的笔迹具有个性风格，容易变成草书；有向右上扬的倾向，有时也会向右下降，字体稍潦草。这样的人，和蔼可亲，容易与人相处，善于社交活动。或许他们并没有刻意去结交朋友，但是他们体贴、亲切的性格，使他们能够很快就和别人打成一片。这种类型的人，气质方面具有强烈的躁郁倾向。另外，他们待人热情，兴趣广泛，思维开阔，做事有大刀阔斧之风，但多有不拘小节、缺乏耐心、不够精益求精等不足。

而有的人，笔迹特征为字形方正，一笔一画，笔压有力，笔画分明，字字独立，字的大小与间隔不整齐，具有自己的风格，但笔迹并不潦草。字的大小虽有不同，但一般而言，显得较小。这类人不善于交际，属理智型。他们处事认真，但稍欠热情；对于有关自己的事很敏感、害羞，对别人却不甚关心，反应较迟钝；气质方面具有分裂质倾向。一般情况下，他们都有较强的逻辑思维能力，性格笃实，思考问题周全，办事认真谨慎，责任心强，但容易循规蹈矩。书写结构松散者形象思维能力较强，思维有广度；为人热情大方，心直口快，心胸宽阔，不斤斤计较，并能宽容别人的过失，但往往不拘小节。

有的人笔迹特征为字形方正，一笔一画，但与上述类型不同，为有规则的平凡型，无自己的风格，字迹独立工整，字形一贯，笔压很有力。这类人凡事拘泥慎重；做事有板有眼、中规中矩，但行动有些缓慢；意志坚强，热衷事务；说话唠唠叨叨，不懂幽默，不识风趣，有时会激动而采取强烈行动。他们精力比较旺盛，为人有主见，个性刚强，做事果断，有毅力，有开拓和创新能

力，但主观性强，固执。书写笔压轻者缺乏自信、意志薄弱，有依赖性，遇到困难容易退缩；笔压轻重不一，则想象思维能力较强，但情绪不稳定，做事犹豫不决。

有的人笔迹特征为字形方正，稍小，有独特风格，尤以萎缩或扁平字形为多。字迹大多各自独立，无草书，笔压强劲；字的角度不固定，但字体并不潦草。这类人气量较小，有些缺乏自信、不果断，极度介意别人的言语与态度。简而言之，属于神经质性格的人。他们还有把握和控制事务全局的能力，能统筹安排；为人和善、谦虚，能注意倾听他人意见，体察他人长处；右边空白大者，凭直觉办事，不喜欢推理，性格比较固执，做事易走极端。

汉字的发明是一个奇迹，而汉字的笔迹与书写者的个性之间更有着神奇的联系。这也可以从不同的角度去认识。

比如，从运笔走势上看。运笔有力，笔力浑厚，说明书写人性格刚强，气魄宏大，并有强烈的支配别人的意愿，但这种人往往过于自信或容易自满；运笔协调流利，轻重得当，说明书写人善于思索，爱动脑筋，有较强的理解分析能力，善于随机应变；如果运笔轻浮，说明书写人缺乏魄力和毅力，在生活中常常不能如愿以偿。

从书写是否流利上看，如全篇文字连笔甚多，速度极快，说明书写人充满活力，待人热心，富有感情，并且动作迅速，容易感情冲动；如全篇文字工笔慢写，笔速缓慢，说明书写人性情和蔼，富于耐心，善于思考，办事讲究准确性和条理性，不善谈吐，但往往有巧于应机发言的才能。

从字形架构上看，字体简洁明了，没有花样和怪体，说明书写人比较诚实，办事认真细致，心地善良，能关心他人；如果字体独特，伴有花体和怪体，并夹杂许多异体字和非规范字，则说明书写人有较丰富的想象力和幽默感，但爱吹毛求疵，自我表现欲强，这种人多半多愁善感，很在意外界对自己的看法。

从外观轮廓上看，全篇字体大小适中，端正工整，说明书写人平易近人，温柔审慎，行动从容不迫，遇事较为持重。如字体很长，则说明书写人活泼好动，有较强的主动性和自信心；字形很大，甚至不受纸上格线的约束，书写人往往是办事热情、锐气洋溢，并可能在许多方面有所擅长的人，但这种人缺乏精益求精的态度；字形很小，则说明书写人精力集中，有良好的注意力和控制力，办事周密谨慎，看待事物往往比较透彻。

从大小布局上看，全篇文字松散而不凌乱，书写人往往热情大方，不拘小节，这种人喜欢直言不讳，善于交际并能与朋友相处，别人征询他的意见时能以诚相见，并能宽恕他人的过失。全篇字迹密集拥挤，书写人通常沉默孤僻、谨小慎微，不善交际。

总之，可以从不同的角度去分析人们的字迹，而不同的笔迹能够反映人们不同的性格。

在网上发表恶意言论的人幼稚而脆弱

当我们浏览网上的留言板或者一些回帖时，会有一种很复杂的感觉。因为有太多的恶意言论充斥其间，甚至有满是脏字地破口大骂。而且，网络上这种激烈的恶意言论还有增多的趋势，比如，在拥有众多用户的网站上，除了一些肮脏的字眼，像一些"去死""我要杀了你"等攻击性的字眼也屡见不鲜。

这是因为我们生活在一个互联网发达的时代。我们在网络上为自己起一个虚构的名字，就可以为自己塑造一个完全不同的形象，甚至伪装成一个陌生人。这个人没有人认识，也就不用顾忌会对自己产生什么不良影响，所以不用考虑外界的因素和别人的感受，在网上肆意地信口开河，发表恶意言论。

其实这样的人是幼稚而脆弱的。虽然他们仅仅是一时冲动，口出恶言，但是被指名道姓的一方却并不这样认为，因为这样很可能会给自己带来严重的后果。所以说他们单纯而幼稚。另外，如果他们心里不平衡，不会找知心朋友或亲人倾诉，而是选择在网上发表恶意言论，就证明他们内心很脆弱，不想把自己的问题公之于众，于是就在网上找平衡。

与之相似的是，当人们聚在一起，尤其是男人们聚在一起，比较容易说些"有伤大雅"的粗话，尤其是涉及禁忌的词汇，或者一些恶意言论，好像只有这样才能体现出男子汉的气魄和对时政独到的见解。其实，这类男人是因为内心的欲求不满而粗话连篇的。

我们可以肯定，喜欢口出秽言和发表恶意言论的人，是属于某些方面欲求不满的人物。他们在心理上是常常焦躁不安的，又没有办法去排除，所以长年累月积累起来，只要碰到偶发小事件，他们就借题大肆发挥。积累后的"爆炸"并不一定仅仅针对他不满的对象而发动攻击，一旦被他逮到机会，无论何时、何地、何人，他一样照说不误。有时候，即使说话的人不是有意的，但对听话的人来说，却在心里结了个疙瘩。

这种因欲求不满而产生的粗言恶语，说话的人并未考虑到会招致何种后果，只是一味地借机说出心中的不愉快。至于是否会伤害他人，一时便考虑不到了。可见，所谓粗话，只不过是为发泄内心不满，一般并不具有特殊意义，同时又不对大家的身体造成实际上的伤害。所以，除了意欲给予对方致命的打击，而事先在内心一再计划好的蓄意性言语外，对于别人的粗言恶语，最好充耳不闻。

不过，还有一种人会故意在异性面前讲粗话，其乐趣在于观看对方的反应。他们常常有意选择那些正在对异性方面的问题发生兴趣，但又对粗俗语言不具有抵抗力并怀有来自生理方面的憎恶感的女性，在不适当的时候提及这类话题，以欣赏她们的窘态。因此对他们来说，说粗话只是前奏，观看女性的反应才是他们真正乐趣之所在。

无论是在网上发表恶意言论，还是在生活中口出恶言，都是一种幼稚和脆弱的表现。真正成熟而内心强大的人，是不会说出那样没有教养的话的。

·第三节·

从消费习惯看人生态度

只在别人看得到的地方花钱，是想买物质以外的东西

活在当今的社会，没有人会不花钱。不过，花钱也有不同的方式与用意。有的人，只喜欢在别人看得到的地方花钱，事实上，这是想买物质以外的东西，也就是赞同。

有一种人，无论干什么，都喜欢要最好的。比如，买昂贵的衣服，住五星级宾馆，坐飞机要头等舱，吃饭也要在高档的餐厅等，挥霍无度。他们不一定有钱，有的只是收入中等，但是他们却可以买昂贵的礼物、穿着名牌、开着最好的车、过着奢侈的生活。这时候，你可以问他们一个问题，如果别人没有发现你花钱买的都是最好的、最贵的，你还会继续这样挥霍吗？他们通常会沉默。因为，如果他们悄悄地出钱让自己的父母每年到国外去旅游没人知道，如果他们有昂贵的收藏嗜好没人知道，他们每周都要参加昂贵的私人活动也没人知道，他们一定会失落。因此，他们在那些别人看得到的地方花钱，只是想让所有人都知道自己有钱，都赞同自己的财富或者品位，这样会让他们感到骄傲和充实。

我们经常会遇到这样的情况。比如在咖啡厅，一名男子会骄傲地说："这次我请客。"有的时候，他怕和自己在一起的女士没有听到他慷慨的表示，还会再次诚恳地说道："这次我请客。"我们可能会想，不就是一杯卡布奇诺吗，值得这样大惊小怪？其实，他之所以这样小题大做，只是想得到你的赞同。因此，他如果不满意你当时的表现，就会继续提醒你，他是多么慷慨，多么伟大和富有，然后，期待得到你的肯定和赞赏。

与之相反，有的人却非常节俭，而这些节俭的人和挥霍的人有时却有相同的心理。比如，美国的乔艾琳·狄米曲斯曾讲述过，她曾经处理过的一个遗产纠纷案：刚刚过世的是一位一只眼睛失明的老妇人，在一栋房子里住了25年，生活简单朴实。她深居简出，买的东西都是最廉价的。她的丈夫在20年前就过世了，她一个人管理着几间公寓。人们都认为那是她的兴趣而不是职业。但是，她留下的遗产竟然至少有3300万美元！

是什么样的性格能让人有这么极端的表现？一方面是没有积蓄的奢侈，一方面是自我牺牲般的节俭。其实，他们都是因为自卑。极度奢侈和极度节俭，都是自尊心太低的缘故。奢侈的人，想让别人看得起自己，不想被别人看低，所以他尽可能地买昂贵的物品，在别人看得到的地方花钱，只怕别人不知道自己有钱。他认为钱可以买来的不只是物品，还有自信和尊重。同样，过度节俭的人，认为自己很卑下，不值得把钱花在自己的身上。

因此，我们可以看出，只在别人看得到的地方花钱，是想买物质以外的东西，即赞同和尊重。而无论是过度奢侈的人还是过度节俭的人，都有自卑的心理。

讨厌折扣促销的人最害怕和别人一样

在日常生活中，我们看到打折的物品、搞的活动、让利促销的物品，肯定都会忍不住进去看看。这种情况在女士中更常见。有人曾这样形容女性："她们见到打折的东西，都以为不要钱了。"确实如此，哪怕不是很需要，但是看到在打折，比较便宜，也会忍不住买一大堆回去的。

因此，有的人通过电视、报纸或者其他渠道得知某某商场打折的消息后，在打折的第一天，就会冲进店里抢购，而有的人却对打折的物品漠不关心。从这两种不同的现象，可以推断出他们不同的心理和性格。

比如，讨厌折扣促销的人，很害怕和别人一样。他们有自己的价值观和购物观，不是那种见到便宜的东西就改变自己原则的人。需要就买，无论价格；不需要的话，即使再便宜也不买。他们很强调自己的个性，所以害怕和别人一样。买东西尚且不愿意和别人一样，何况是被卷入人群，去随大众做这些失去自我的抢购打折物品的行为？因此，他们不愿意做那些随波逐流的事，也不喜欢和别人拥有同样的东西。这样的人，大部分是独立意识很强的自信者，他们对各种事物或者人群都会适当地保持距离，不知不觉地采取疏远的态度。他们的优点是沉着冷静，不会在人群中失去自我；他们的缺点也是如此，会让人觉得他们冷漠而又顽固。

而有的人很喜欢打折的物品。他们一看到相关的消息，就会想："又打折了，我一定要多买一些东西。""太便宜了，多买一些，太划算了。"这样的人非常合群，要求被他人喜欢或认同的欲望很强。在人际交往中，他们很担心和别人发生不愉快的事，这样会深深地影响他们的情绪。他们也比较胆怯和保守，不想得到错误的答案或评价，承受挫折的能力也不强。而且，他们有很强的经济观念，也很看重金钱，所以才会在看到便宜的打折物品时急忙购买。不过，这样的人通常没有主见，看到打折的东西就买，很多时候会在一大堆人疯狂购物的氛围下，不知不觉地买下很多根本用不着的东西。他们贪的都是小便宜，看似很会省钱，其实买下那么多用不着的东西也是在浪费钱，而且没有计划和原则，看到别人怎样，就会追随别人。

还有的人喜欢买礼包，所谓礼包，就是商场或者百货公司，在逢年过节的时候出售的一种具有未知性的物品。有的礼包价格超高，有的礼包价格很便宜，任何人都买得起，不过礼包里面的物品一定比平时的价格便宜。但是，在购买之前，并不知道里面都有什么。有的时候，里面的东西可能你不喜欢，或者你已经有了，或者大小不合适等。因此，购买礼包具有风险性。所以，喜欢购买礼包的人，很少拘泥于自己的喜好，能够广泛地接受各种事物。他们不把风险当回事，喜欢刺激。他们是乐天主义者，很少后悔，总是向前看。他们也很会玩，不管做什么事都能乐在其中，并且喜欢热闹，喜欢节日。

总之，当商场或者店铺在打折、出售礼包时，看哪些人被吸引，哪些人不为所动，就可以据此判断出对方的性格怎样。

掏钱速度快的人，最怕被人看不起

从一个人掏钱的方式和他拿钱的习惯，可以推断出他的性格。因为从一个人掏钱的方式或拿钱的习惯，我们可以推出金钱在他心中的地位，从而判断出他是怎样的人。

比如，有的人掏钱速度很快。不管是吃饭，还是买什么东西，刚吃完或者拿到东西，就立马掏钱付账，这样的人其实最怕被人看不起。他们怕掏钱慢了对方会认为自己没钱，会看不起自己。因此，他们通常会在口袋里放一沓厚厚的钞票，目的是为了显示自己很有钱。他们认为钱是最好的身份象征。为了让别人知道自己有钱，他们有时还会把整沓的钞票拿出来张扬。在整理钱包时，也会把面值大的钞票放在外面，把小额钞票夹在里面。当你和这样的人接触时，应该要注意自己的语言，因为他们比较容易受到刺激。

有的人对钱比较粗心大意，喜欢把钱随处乱塞。如果你到他们家去，会发现到处都是他们随便乱放的零钱或者整钱。他们也很少把钱整整齐齐地放进钱包里，而是胡乱塞在钱包、手提袋、衣服口袋里。这样的人，一般对创作比较感兴趣，他们能够欣赏艺术和大自然的优美，把宇宙视为乐趣的源泉，而不认为金钱最重要。

有的人省吃俭用，用钱时十分谨慎。他们的成长经历通常比较坎坷，所以对没有钱的体会非常深刻。一般情况下，这样的人工作都很努力，因为他们知道只有努力工作才能摆脱贫困。但是，他们虽然知道勤奋工作，却不知道怎样与人相处，而且，由于他们把钱看得太重，也没有什么真心的朋友。

有的人非常喜欢把钱藏起来，因为他们经常担心被小偷光顾。这样的人一般很难相信别人，总是怀疑对方，严重者精神会有点不正常。他们对什么都不确定，买东西也没有明确的目标。有的时候，甚至是因为到处藏钱，最后藏得自己都找不到了。

有的人会对钱斤斤计较。这种人一般分两种情况。第一种情况是，对任何金钱交易都十分小心，不管是零钱还是大钱，在付钱找钱时都会清点得十分仔细。这样的人，一般都有很重的猜忌心理。在他们看来，世界上到处充满欺诈，所有的人都不可信。另一种情况就是，他们可能会因为一块钱和别人争吵得面红耳赤，却肯花几万块去国外旅游。这样的人，没有什么金钱的概念，喜欢享受，比较任性。

有的男性在掏钱的时候要求女方付钱。这样的男人是严重缺乏安全感的，他们总是希望别人能够帮助自己。在买东西时，他们也总是挑那些有保修服务的商品。

前面说了掏钱速度快的人，还有一种类型是摊账时结算速度特别快的人。在中国，人们总是习惯于请客。我们总是觉得 AA 制有点伤和气，也显得太小气。不过，近些年来，我们也开始学着摊账了，因为这样可以避免浪费，也有利于长远交往。摊账，简单地说，就是单纯地以人数平均分摊所消费的数额。从这种消费习惯，也可以看出一个人的性格。

比如，酒足饭饱的时候，大家都还在想着这顿饭谁请客的时候，就会有一个人站出来宣布"一人收多少多少钱"。很容易看出，这个人对金钱和摊账方面的执着。这样的人，性格容易紧张，做事情非常认真，并且有自己的原则，所以对人对己都会严格要求，态度比较强硬。他们总是在准确地计算着每个人应该摊账的份额，因此玩的时候总是不能放开心情好好享受。不过，他们重视礼仪秩序，对那些随便的人会感到厌恶，并且总想改变对方，强迫对方接受自己的想法。

有的时候，在喝酒的场合，摊账的时候会有很大的价差，因为这时会因各自所喝的量而定。而这些会以喝酒的分量决定摊账多少的人，考虑非常周详，连最细微的环节也会注意到，并有将其具体实行的能力。而大多情况下，女士是不喝酒的，因此这种因为各自喝酒的量而摊账的方式会使女士比较高兴。并且，女士对连这个都能算出来的细心人士会有好感。由此可以看出，能够这样付账的男士，也是很有心机的。他们在避免自己多花钱的同时，还能够取悦女士。

通过一个人掏钱和拿钱的方式和习惯，或者这个人摊账的方式，都可以推断出这个人的性格。从一个人对待金钱的态度，最能看出这个人的内心。

"列出清单"的理性派和"随心所欲"的感性派

在我们购物的时候，有人会把所需的物品详细地开一个清单，有人却喜欢什么就买什么。通过他们在购物时的习惯，也可以推断出他们的性格。

具体地说，有的人在购物时，会详细列出要采购的清单，他们根据清单，只买真正需要的食材或者日用品。可以想象，他们的冰箱里会整理得整整齐齐，甚至是垃圾也分类得认真仔细。这样的人，会给人以死板僵硬的印象，他们讨厌开玩笑或者恶作剧，他们也不具备幽默感，更不要说风趣了。他们的衣服总是可以穿很久，因为他们不喜欢变化。不过，这种人做事非常认真和执着，并且具有坚忍不拔的精神，是我们可以长久交往的对象。不过，他们不懂得变通，如果事情的发展没有按照他们预计的进行，就会令他们措手不及，所以他们才会那么重视计划。他们还害怕失误和由此带来的麻烦，因此他们才会开清单，以免忘记买一些东西或买错东西。

有的人在购物时，虽然不会列出清单，但是他们很会精打细算，也是属于理性派的。他们不管买什么东西，都会认真地挑选，比对价格，哪怕只便宜一块钱也会多走几百米去另一家店。这样的人，都有很强的自制力。他们也有自己的目标，知道哪些是应该买的，应该在哪儿买。而且，虽然看起来有点儿计较，但是不会占别人便宜。不过，他们对品位不是很重视，经常会为了便宜，买一些不是很好的东西。有时候，这会阻碍他们的发展。

而另外一种人刚好相反，他们急急忙忙地去购物，没有什么计划。看到喜欢的就拿，有的时候因为购物的费用超过了身上带的钱，只好再退还一部分商品。这样的人，家里的东西肯定是胡乱放的，冰箱里也杂乱无章。此种类型的人，属于粗枝大叶的感性派。他们的性格一般都是开朗豁达的，他们可以一边看着商品，一边想着别的事情，还要确认在钱不多的情况下，哪些东西可以去掉，所以头脑比较灵活。

与这些"随心所欲"的感性派相类似，还有一种人，也喜欢逛街，而且他们好像对什么东西都感兴趣，不过，究竟买什么，他们却拿不定主意。相比较于狂热购物，他们还是更专情于凝望。什么东西，看看就好了，不是非要买下来的。这样的人，一般都是很热情的，他们个性随和，对谁都很好。在工作上，也是积极能干型的。对于新鲜事物，他们一般都能津津乐道。不过，一般情况下，他们的心胸会有点狭窄，对于一些事，看不开，有点斤斤计较。

总之，只要你细心观察一下就会注意到，一个人的购物习惯和购物方式，可以体现出他的性格特点。下次你陪朋友逛街时，可以试一试，用他们的购物方式，验证一下他们是不是这样的性格类型。

老是拿大钞付账的人，有些胆怯

在生活中，我们总是免不了要消费，而在付账的时候，我们可以通过观察他人的付账方式来推断这个人的性格。

比如，有的人总是喜欢拿大钞来付账，即使他们购物所花费的金额不大，但是他们仍然会拿 100 块或者 50 块的整钱出来。这样的人通常是很注重自己的形象的。因为他们觉得当着别人的面，打开钱包翻找东西会不好看，会让别人觉得自己小家子气。不过，如果他们看上去外表并不是很雅观，那就说明他们是粗枝大叶的人，他们一般不会去考虑细节，所以才会随便抽出一张大钞，付账了事。还有一种情况，是他们不想在找零钱的时候让店员等，那样他们会感到不好意思，感到给别人添麻烦了。这样会让他们的心情不好，所以他们宁愿抽出一张大钞，让店员找，让自己等待。如果这时他在递大钞的同时还说

"不好意思，没有零钱了"等的话，就说明他在人际关系上有些胆怯，他时刻担心别人会对自己不满或者对自己产生误解。

而恰恰相反，有的人会在付账时付刚好的钱。他们得知应付的金额后，会坦然地翻钱包，找好零钱付账。这样的人，是注意细节的人。他们在思考问题时，任何细节都不会疏忽，对事物的看法也是黑白分明。如果他们和别人顶嘴的话，就会一条一条地分析，是一个啰唆的人。如果在翻钱包找零钱的时候，还会预先告知店员"请稍等"，说明他们会坚守自己的看法和风格，不会胆怯，且个性率直。当这类人太固执自己的想法而走到极端时，他们就无法正确控制自己的行为，可能会和对方产生冲突，并使对方产生不快。

有的人总是喜欢用信用卡付费。即使购物所花费的金额较小，他们也是习惯于刷卡。这样的人分为两种情况：一种是只带卡不带现金；另外一种是把好几种卡并排放在钱包里，这样的人可能有一点爱慕虚荣。因为他们觉得金钱交易的行为很俗气，而且，也讨厌那些所谓的大款的派头。他们有时甚至会让人觉得棘手。不过，他们却很注重有逻辑的事物，做事干净利落，也不喜欢那些暧昧不清的关系。有的时候，会让人觉得他们没有人情味。

还有的人，会先算好钱再付账。比如，一件物品是 15.5 元，他们会给对方 20.5 元，然后让对方找给自己 5 元整。这样就需要迅速计算的能力，因此这样的人头脑比较灵活。而且，在计算之前，要保证自己不会出错，所以也是对自己的计算能力的自信，推展开来，这样的人也是比较自信的人。他们之所以不愿意让对方找自己一堆零钱，就是怕自己的钱包又大又鼓，而这样想的人一般情况下有点神经质。

因此，在付账的时候，用零钱还是整钱，用信用卡还是现金，都能看出这个人的个性如何。

收到账单后立即付款的人很有魄力

在日常生活中，结算各种各样的账单已经成为我们的消费中非常重要的一个环节。从人们采用什么样的付款方式，在一定程度上，可以看出这个人的性格。

比如，有的人在收到账单后会立即付款。他们在收到账单后，一刻都不会拖延，哪怕手头上有事，只要不是特别重要的，都会放下手头的事去付款。这样的人，多是很有魄力的。他们不管是什么事，说到做到，当机立断，从来不会拖拖拉拉地纠缠不清。对于感情的事，他们也拿得起放得下，喜欢就去追，追上了就会对他（她）好，没感情了就会放手，从此开始新的生活。他们的个性也很独立，什么事都想自己完成，不管在什么方面，都不想欠别人的，不过别人如果欠自己倒是可以。他们为人很真诚，也很坦率，对朋友很讲义气，因此人缘很好。他们做事也很追求效率，什么都想最快最好地完成，如果有什么事阻挡了他们完成任务，他们会想方设法地创造条件完成。

和立即付款的人相反，有的人在收到账单后，能拖多久，就拖多久。这样的人，大部分比较自私，他们总想着占点小便宜，想着怎样才能少付出或者不付出就能得到尽可能多的回报。他们缺乏公平的概念，不知道付出和回报是要公平的。而且，他们一般情况下也很少关心和帮助别人，对人不冷不热，哪怕是对熟悉的人也很少付出真心。

有的人在收到账单后，喜欢把付款的任务交给别人，他们总是喜欢让别人帮他们完成。这样的人，常常无法坚持自己的立场和原则，他们也很难成为领导。因为他们总是喜欢服从他人，依赖他人。而且，他们的责任心也不强，遇事总会找各种理由或借口推脱，在挫折和困难面前还会胆怯和退缩。

有的人恰恰相反，在收到账单后喜欢亲自去付款。这样的人，大多比较保守，是传统型的人。他们对新鲜事物的接受能力比较差，缺乏冒险精神，喜欢抱着一些过时的东西，过循规蹈矩的生活。他们也缺乏安全感，容易怀疑别人，认为凡事只有自己亲自参与，才会可靠。他们的自卑心理也比较重，但是又很希望获得别人的肯定和认同，比较矛盾。

而有的人和亲自付款的人不同，喜欢采用电话付费或者网上缴费。这样的人，对新鲜事物的接受能力很快，并懂得利用它们为自己服务。不过，由于对一些东西的依赖性太强，也会使他们丧失一些主动权，从而容易受控于他人。不过，他们胸怀坦荡，容易信任别人，也会得到别人的信任。

总之，通过付款的细节，也可以判断出一个人的性格。而收到账单后立即付款的人，有魄力，值得相交。

·第四节·

从小动作看异性对你的好感度

触碰你的随身物品, 是要和你牵手的前兆

有时候, 你和某个男生已经互相有好感, 甚至已经开始约会, 两人也聊得很开心, 但他却迟迟没有牵你的手, 这时候女生们都会很疑惑: 他是真的喜欢我吗? 还是因为害羞而迟迟不敢行动呢? 遇到这种情况, 不妨先仔细观察一下你们在一起时他的各种小动作, 例如他是不是经常把玩你随身携带的包包、手机、吊坠等等。如果他经常触碰你的随身物品, 那么在潜意识里他非常想牵你的手, 只是暂时还没有行动罢了。

之所以要观察他对你随身物品的态度, 是因为一个人随身携带的东西, 虽然不是自己身体的一部分, 却扮演着 "肢体延伸物" 的角色。当他想要触碰你, 却不好意思或者觉得太唐突, 就会先试着触碰你的随身物品作为过渡, 相当于间接地接触你的身体。这同时也是在试探你的反应, 如果你给他机会, 他才敢大大方方地牵起你的手。

同时, 从他触碰的物品种类, 可以看出他对你有好感的程度。

在有好感的初期, 他会触碰你的 "非直接贴身" 的私人物品, 例如手机、提包等, 这些物品是属于你个人的, 但没有直接和身体接触, 相当于是和你接触的入门仪式, 借由观察你的手机和提包来制造话题, 拉近彼此的距离。

如果他进一步研究你的手表、项链、耳环等这些与身体直接接触的物品, 则表示他已经非常喜欢你了, 通过接触这些配件来触碰你的身体, 进一步试探你的反应, 如果你不反感, 就等于告诉他 "牵我的手吧", 之后他便会大胆行动了。

四种牵手方式，显示不同的亲密度

情侣之间牵手恐怕是最普通的行为之一，只要不是害怕被别人看见的地下恋情，牵手一定是少不了的。然而，牵手也有很多种形式，看他如何牵你的手，就能够知道他内心对你的亲近程度。

1. 让你挽着他的手臂

这种挽手臂的牵手方式很常见，通常女方属于小鸟依人类型的，依偎在男朋友的身边，而男方通常比较成熟、稳重，有点"兄长"的感觉，对女朋友非常照顾，不喜欢那种像小孩子一样手牵手的方式。但如果他从来不跟你手牵手，只让你挽住手臂，那就要提高警惕了。不肯让你触碰手掌的男人和你之间一定还有隔膜，他对你还有防备或者隐瞒了什么。

2. 让你牵他的手指

处于初恋阶段的两个人可能因为害羞而只牵手指，但如果他一直如此，往往在心里也藏了某些秘密，有事情瞒着你。与挽手臂的情况类似，他不让你接触他的掌心，也就是仍然把你当外人，还没完全对你敞开心胸，当然也不排除他有严重的"手汗"问题。

3. 像握手一样牵你的手

当他用整个手掌握着你的手，说明你们之间的关系很正常，他和你在一起很自在舒适，凡事都愿意和你分享，同样也希望你很坦诚地对待他。

4. 和你十指紧扣

正所谓十指连心，如果他不满足于握你的手，而要和你十指交缠相扣，多半是处于热恋的阶段，想要和你密切地接触，甜蜜的感觉藏也藏不住。另一方面，也可能是他感受到某种危机，想要通过亲密的十指相扣来确认你们的关系，以此获得安全感，此时，可能你们的感情出了某些问题，需要沟通一下。

总之，通过观察情人之间不同的牵手方式，可以判断出他们的亲密程度。

从约会中的小动作，预知他的下一步行动

第一次约会之后，最想知道的事情恐怕就是："他对我的印象如何？还会约我出来吗？"由于不知道对方的态度，我们常常忐忑不安地等待，如果对方并没有继续接触的想法，岂不是一厢情愿浪费时间。其实，从约会中他的小动作，便可以知道他对你的好感程度，预测出他会不会再继续约你。

如果约会时，他会不经意地帮你拨拨头发，耐心地帮你把被风吹乱的头发重新理顺，就说明在他心里已经把你当成很亲密的人了，潜意识里希望看到你头发整齐光洁的样子。这和许多灵长目动物互相"梳毛"的动作非常相似，例如猩猩和猴子会用手耐心地为对方梳理毛发，以表达关心和爱护之意。无论是帮你理顺头发还是整理卷起来的衣角，此类的动作，都是一种自然流露的疼爱表现。

如果他更进一步，抚摸你的脸颊，则更是一种表现亲密的方式。通常我们只对非常亲密的家人、恋人或者小孩子，才会抚摸对方的脸颊，这是非常怜爱和亲密的表现。如果他在帮你拨头发的同时，顺手轻触你的脸颊，表明他内心对你已经产生了明显的怜爱之情，想要亲近你、爱护你。虽然可能只是一个顺手的小动作，却比他说上十句"你真美"更能表露心意。

再看约会结束时他的动作，即使是第一次约会，双方通常都要有礼貌地握手，就算是害羞的男生，握一下手也不过分。如果连礼节性的握手都没有，那么这个男人不是不懂礼貌，就是真的对你没有兴趣，下次再约会的概率几乎为零。如果他想要再约你，握手之后他还会趁机用手碰碰你的手臂，稍微大胆一点的男性，可能还会拍拍你的肩膀或者轻轻搂抱你一下。如果仅仅是礼貌性地握手，那么下一次见面的机会也很小。有的男性即使是第一次约会，也会拥抱你，看起来非常热情，这类男性多半是情场老手、阅人无数。他也很可能会再约你出去，但并不一定会认真和你交往，这样的男人最好远离以免自己受伤。

从双腿摆放的方式，看出他对你的好感度

如果仔细观察你会发现，很多男性在自己喜欢的女性面前很善于摆造型。通常男性在站立的时候，如果在很自然的状态下，两腿会自然站开，双脚间的距离与肩同宽或者略小于一些，一般不会双腿并拢呈立正的姿势。然而有的时候，你会发现一些男性在你面前双腿比平时站得更开，两腿间的距离大大超过肩宽，而且脚尖是朝外的。这种站姿是男性典型的开放性姿势，仿佛在展示自己的胯部，好像是整个人都对你"敞开"。这种看上去不十分雅观的姿势，来自于男性的生物本能。双腿叉开，正好突显了男性独有的"重要部位"，以此在自己喜爱的女性面前展示男子气概，虽然很多女性都十分反感这种站姿，但仍然有很多男性会在不经意间摆出这个姿势。如果他这样站着和你谈话，那么就等于告诉你，你的魅力唤醒了他体内的雄性荷尔蒙，他很愿意和你更加亲近。

接下来可以继续观察他的双手，如果双腿叉开的同时，他双手叉腰或者把手插在皮带的位置，就好像美国西部片里牛仔的姿势，那么他可能是想在你面前表现得又帅又酷，什么都不在乎的样子。而如果他双手交叉放在身前，正好遮住胯部，那么他对你可能还有些害羞，所以下意识地遮住自己的"重要部位"。

喜欢你的男人，不会一直凝视你

恋人之间深情对望的场面相信大家都见过，然而长时间地凝视并不一定是爱的表现。相反，真正喜欢你的男人，不会一直盯着你看。当你说话时，他会忍不住看看你，但是过不了几秒钟就会把视线移开，过了一会儿又会再次把视线投向你的脸。

回想一下自己初恋时候的经历就会发现，想看又不敢看，是男性和女性共有的天性。趁对方不注意的时候偷看几眼，但又害怕被对方发现，所以几秒钟之后就会把视线移开，装作没事的样子，可过一会儿又忍不住再看几眼。如

果一不小心正好和对方四目交接，更是惊慌失措，如果是害羞的人，可能脸马上就红成一片。而如果是对你没什么感觉的人，则不会有这种害羞的反应。总之，越是心中喜欢的人，越不敢长时间地凝视，总是想看又不敢看，眼神会在你的脸和旁边的景物之间来回移动。

同样，如果你们谈话时，你发现他无法一直凝视你，总是过不了多久就移开，假装看看窗外的景物，做出一副思考的样子，当然他也有可能是故意在耍帅装酷，但无论怎样，都表明他对你非常有兴趣而同时又很害羞的心情。

如果你还是不确定他对你的态度，不妨趁机做个试验。当他看你的时候，你也把目光投向他，看他是不是会立刻移开视线。之后，你再假装看别的地方，用余光留意他的眼神。如果他又再次把目光投向你，那么就可以确定，他对你有好感。

烟不离手的男人，只把你当普通朋友

虽然一直在提倡戒烟，但是如今吸烟的男士仍然占大多数，不论是社交需要还是释放压力，香烟已经是大多数男士离不开的必需品。女性通常对男性吸烟非常反感，一来是讨厌呛人的烟味，二来是不想受"二手烟"之苦，因此，有涵养的男性在女性面前总会稍微克制一下，尤其是在自己心爱的女性面前，会尽量不吸烟。如果你想要了解他有多爱你，不妨看看约会当中他吸烟的次数，除非你自己也是"瘾君子"，否则那些和你约会还烟不离手的男人，多半只是把你当成普通朋友。

如果他平时烟不离手，但和你在一起时总是能够克制自己尽量不吸烟，这足以说明你在他心中占据了很大的分量，你对他的吸引足以让他暂时忘记吞云吐雾的快乐，或者他愿意为了你一直忍着不抽烟。

相反，如果约会过程中，他仍然忍不住不时地找机会避开你抽一根，甚至只要是在户外活动的情况下就尽情地吞云吐雾，说明他虽然重视你的感受，但内心重视你的程度仍然不如重视尼古丁的程度。

如果你的约会对象刚好有吸烟的习惯，而你又想立刻了解他对你的重视程度，不妨在约会的过程中故意制造一些让他单独行动的机会，看他是立刻开始享受尼古丁还是想要一直和你待在一起。

·第五节·

读懂职场中的暗语

注意，面试官在暗示你

求职时，人们会遇到形形色色的面试官，从进入办公室开始，你就将一直面对这个人。问题是，我们并不知道他们的性情，因此不知道该如何同他们打交道。此时，不妨先观察一下面试官的身体动作，也许能获取些许有效的信息。

1. 严肃的面试官

当你走进面试的房间，发现面试官一脸严肃，似乎对你的出现没有任何反应，然后对你说："嗯，请坐。"等你坐好后，他开始提出问题。

一般遇到这样的面试官，新手会感到十分棘手。这类人就像是冷酷的"终结者"，很轻易就能把自己删掉。实际上，这类考官可能是较为保守的一类，不想听其他人的长篇大论，他们只注重你的实际能力，他们需要你将自己突出的某方面能力展现出来，而不是做过多的论述。或者，面试官内心也比较紧张，是个内冷外热的人，如果遇到合适的谈论话题，他们或许会和你侃侃而谈。当然，他最感兴趣的还是你的能力和这种能力会为公司带来什么。

2. 热情的面试官

一见到面试者就非常主动热情，握手端茶。如此的举动让你感到受尊重，甚至有贵宾般的感受。甚至，他们还会不停地赞赏你，让你放松警惕。除非你非常有能力，足以让这类面试官仰慕你的才华，否则，他们就是在"作秀"。这样做的目的无非是想让你"小看"了面试的严肃性，然后充分表达，暴露自己的缺点。

3. 礼貌的面试官

对待面试者，他们客气有礼，很注意双方之间相处的距离。就像正式场合中的外交代表一样，既不过分热情也不让人感到冷漠。他们给人的感觉是礼貌的疏远，不会主动挑起话题，只会安静地听你陈述。这类人多心思缜密，城府深，你不容易洞察他们的内心，所以，你所能做的就是举止得体，正常发挥。

4. 一言不发的面试官

这样的面试官极少遇到，他们从头到尾也没有说几个字，都是让你做自我陈述，只在最后吐出几个字："好，就这样，你可以走了。"这种面试官一般是等着你自由发挥，看你如何进行自我描述。如果他一直面无表情，那也无需紧张，自由发挥即可。

5. 善于言谈的面试官

他们是会谈中的积极者，一张嘴就能淋漓尽致地发挥自己的能力。这时，面试者应当感到庆幸，这是个自以为是的面试官，他们喜欢表现自己。这样的面试官，需要你将面试中的绝大部分时间留给他们。当你表现出应承或者点头示意的时候，他们会加深对你的认可。要注意的是，他们需要你一直表现得恭恭敬敬，不能出现懈怠或者疲倦的神情。

总之，只要我们注意观察一下面试官的身体动作，就可能会获取一些有效的信息。

听！面试官话里有话

在有限的面试时间里，面试官不会有闲情逸致聊与主题无关的东西，小心面试官话里有话，他们的目的只有一个：全方位地掌握你的思想。

某中学校长到某大学选毕业生，欲招聘几名教师和校刊编辑。一位新闻系的学生前来应聘。一见面，这位中学校长便说："你们学的是新闻专业，但我们校刊是一份小报，我想多少有些大材小用。你大概是打算到我们这儿来积累经验，然后跳槽到大报社去吧？"

这名学生见校长笑容和蔼，就没听出校长说这话的深意，也就没对这话做出反应，只是笑了笑。这学生本没有跳槽之意，但校长以为他默认了自己的推测，就马上把他否定了。

面试时一定要留个心眼，琢磨一下面试官的"话中话"。

一家大公司要招一个财务总监，前来面试的人很多，经过初试、复试，最后只剩下 5 个人。在最后一次面试中，面试官问了他们每个人一个问题："你怎么样能帮公司逃掉 300 万元的税？"

大家都绞尽脑汁地想办法：第一个应聘者说可以这样做些手脚；第二个应聘者说可以那样做一下账，绝对不会被发现……

听了这些答案后，面试官什么也没有说，只是让他们回家等通知。

这时还剩下最后一个应聘者，当他进来后，面试官问了他同样的问题："你怎么样能帮公司逃掉 300 万元的税？"

这个应聘者听完一愣，他思考了一下，然后说："如果真的必须这样，那么对不起，我退出，我想贵公司的这个职位不适合我。"说完他起身准备告辞。

这时，面试官站起来冲他笑了："请留步，你是这次来应聘的人中最有原则的，你通过了最后的考试。我相信你会把这份工作做得非常出色，欢迎你加入我们！"

面对提问不可疏忽大意，许多面试官就喜欢"攻其不备"，旁敲侧击，以确定你是否就是他们要的人选。

神情告诉你他的最终决定

面试的紧要关头，面试官的表情骤然起了变化，他究竟会如何做决定？请看清楚他的下列神情。

1. 面试官眼睛的变化

面试快结束时，面试官眼睛上扬，看似一副满意的表情，实际上传达的是不太满意，好像是说，这个问题似乎没有表态的意义了。

如果面试官眼睛表面闪亮，可能是情绪激动造成的，说明他在遇到你这样的人才时，感到情绪兴奋，这无疑是对你最明显的肯定。

如果面试官用眼睛不停地注视你，似乎在做某种默契的目光接触，就像在传达：你正是我们需要的人。当然，不是挤弄眼睛，若是在社交场合，两个陌生人挤弄眼睛，则会有强烈的挑逗意味。若面试官做出这样的动作，你最好谨慎为妙。

2. 面试官目光的变化

面试中，如果面试官目光闪烁不定，说明他性格浮躁，并未投入面试中，或表示你不被信任。

假如面试官目光落点不定，说明在内心深处他有不安的情绪干扰，或者对你感到不满，你不是他需要的人。

如果面试官眼睛往上吊，那么他心里在做着权衡，可能在你之前已经有了几个人选，而你所处的位置较尴尬，需要让他更快地做出决断。

如果面试官眼睛往下垂，那你成功的概率已经大大降低。他的表情说明，从他放下眼帘开始，他已对你不感兴趣。

3. 面试官睫毛的变化

面试官睫毛振动、挤眼睛等的动作，说明他在极力抑制情绪。也许你说错了什么，让他开始压抑自己的情绪。相反，若是他眨眼的速度较慢，幅度却较大，意思就是说："我不敢相信我的眼睛。"也就是在怀疑，你说的是真的吗。另外，若面试官出现睫毛振动时眼睛迅速开闭的夸张动作，也是在说："不能欺骗我啊。"

总之，我们可以通过观察面试官的神情，来猜测他将要做怎样的决定。

观察平常表现，读懂你的同事

行走职场，如果能洞悉同事真实的心理，将使你在与同事的交往中得心应手，这对你的工作、你的事业都大有裨益。看透同事的心理并不难，只要细心观察，看同事平常的表现就可略知一二。

1. 不忙假装忙的人

这种人是在掩饰自己的工作能力低下。他们大多对自己的能力产生怀疑，力图通过在别人面前装出一副努力工作的样子，使同事，特别是领导不会轻视自己。而事实上，他们的工作业绩却非常差，为了掩饰自己的弱点，他们除了装忙碌之外，别无选择。

2. 看上司脸色行事的人

这种人表里不一、情绪不稳定，只有在上司在场的时候，才会聚精会神地工作，而上司一旦走开，他们的干劲便会回落到谷底。他们在生活中也是玩着当面一套、背后一套的把戏，用一张伪善的面孔面对周围的人和事。有一些内向的人见到领导就会紧张，结果由于分心而使工作效率大大降低，其实这都是他们的自卑感所致。

3. 心不在焉的人

他们不重视谈话的过程，自然不会在意谈话的内容，即使听了，也是粗枝大叶、丢三落四。他们办事容易拖拉，一延再延，因为他们根本就不知道对方想让自己做什么，只是得过且过；如果目标已经明确，条件也成熟，他们又往往无法使精力集中起来，接到手中的任务往往不了了之，毫无责任感，终身难有成就。

4. 趁人不注意窥视他人的人

属于心术不正类型。他们自身根本就没有什么特长或惊人之处，却总是想着能够"不鸣则矣，一鸣惊人"。他们不知如何才能实现这个愿望，而现实当中又很少有人愿意理会这些空想家，结果是他们的自尊心受到很大的伤害。为了实现自己的白日梦，向世人证明自己的存在价值，他们工于心计，善使机关。

5. 凝视对方的人

凝视是一种意志力坚定的表现，他们往往不用过多的言语和动作就已经显得咄咄逼人了，而且不管是男人还是女人，都表明他或她现在是充满力量的强者。如果眼光真的可以杀人，他们的凝视肯定可以成为致命武器，因此与这种目光接触，难免会有受到攻击的恐慌。其实，大多数人之所以凝视他人，只是为了看穿对方的性格而已，并无实际攻击意图。

6. 动作夸张的人

哪怕是鸡毛蒜皮的小事，他们也要蹿上蹿下，扰得周围的人不得安宁。但他们的本质是好的，并不是存心想要别人不舒服，之所以会这样，其实是按捺不住热情，认为光靠言语不足以表达心中炽热的感情，所以必须加进一些夸张的动作来表达自己的内心想法，以引起他人的注意。可是在他们的内心深处，通常存在着极度的敏感和不安，他们无法确定自己的这种方式能否被别人认可和喜欢。

7. 喜欢目光接触的人

眼睛是心灵的窗口，与别人目光接触，无疑是主动向对方展示自己的内心，表明既希望能够深入了解对方，也为对方了解自己敞开了大门。他们充满了自信和直爽，从不认为自己的动作会给他人带来不愉快。他们懂得为他人着想，所以做事专心，尽量满足大家的要求，希望做出好成绩让大家认可自己，接纳自己；他们懂得礼貌在交际中的作用，能够把握分寸，非常适合需要面对面地进行交流的工作。

以上是职场中常见的一些类型的人的表现，通过这些表现，你可以看透你的同事的心理，进而了解你的同事。

看透同事的内心

工作中，同事之间的互动，通常是闲谈之语，难以触动真心，即使内心有再大的波动，也会尽量压抑。有关专家指出，人们为了保护自己，会使用更多、更复杂的"伪装"。但是，一些外在的表现也能揭穿人们的这种"表里不一"，因此，在对方什么都不说的情况下，仍有可能探析到对方的思维。

1. 目光的暗示

目光的接触通常具有很复杂的含义，但在同事之间，一般使用表示认真聆听的凝视、不满的怒视和普通使用的直视。男性的目光展现威严并不难，而女性在这方面表现得较弱，因为女性往往不能很好地使用目光接触，她们过于敏感和害羞，往往让他人误解。为了展现女性的威严，你不妨什么话都不说，只用严厉的目光气愤地看着对方的眼睛，保持凝固的面部表情。你也可以轻轻皱着眉头或者扬起眉毛。这种姿势保持的时间越长，对方将会越心虚，从而让你掌握到主动权。

2. 面色的警示

如果迎面而来的同事刚从经理的办公室里走出来，且面无表情，则此时你最好不要直接上前攀谈。在职场中，当员工不满主管的言行时，常常敢怒不敢言，会表现出一副毫无表情的样子。实际上，他们内心的情绪非常强烈，很需要一个借口来发泄。尤其是当他们的面孔显得僵硬时，最好不要轻易与他们说话，更不能再指责他们什么或者说令对方尴尬的话，否则，他们表面上不做回应，内心可能会暗暗找机会报复你。

3. 手部触摸的暗示

在办公室里，如果同性之间触摸对方，则可能表示一种鼓励或者优势，而不像生活中一样，展现彼此的亲密。如果是异性之间的触摸，尤其是女性触摸男性，有可能她们是想展示权威。

另外，当男性频繁地摩擦裤子的时候，说明他们很紧张，因为人们紧张的时候手心通常会出汗，女性一般会使用手绢或者纸巾等来擦手，但男性通常没有这些物品，所以常会揉搓裤子。

4. 选择落座位置的暗示

如果在办公室里有无人坐的空椅子，通常人们会选择不同的位置入座。如果有人选择了靠近角落的位置，则说明这种人在工作中一向处于退让的态度，他们不想过多地被打扰，只想安静地拥有个人空间。如果有人选择了靠近中央的位置，则可能是比较外向，且具有进取心的人，这些人希望能控制局面，或者做出有影响力的决定。

5. 距离的暗示

工作中，异性之间常常会有一些接触。在距离较近的时候，女性通常对个人空间的大小较为敏感。由于女性表现得比较柔顺或者顺从，常常会忍受男性对其空间的无意识入侵，这样对女性展现权威没有好处。而如果女性想向男性展示权威，她就必须表现得更强势，让动作放大，姿势明显，拉开与对方的距离。

总的说来，通过上面的几种情况，我们可以猜测出同事是否表里不一。

工作态度，透露出同事的性格

人们在不知不觉中都会将自己的性格特征表现在对工作的态度上，所以，如果想了解和认识一个人的性格，可以从他对工作的态度上进行观察。

通常来说，外向型的人多勇于承担责任，在工作中，没有机会的时候会积极地寻找和创造机会，有机会的时候会牢牢地把握住机会，他们大多很容易获得成功。

内向型的人在面对一项工作的时候，首先想到的是自己该承担的责任、后果等问题，总是担心失败了会怎样，所以时常会表现出摇摆不定的神态。因为顾虑的东西实在太多，行动起来就会瞻前顾后、畏首畏尾，最后往往会以失败而告终。

工作失败了，不断地找一些客观的借口和理由为自己开脱，以设法推卸和逃避责任，这种人多半是自私而又爱慕虚荣的，他们常常以自我为中心。

工作上一旦出现问题，就责怪自己，把责任全部包在自己身上，这样的人多胆小。

失败以后能够实事求是地坦然面对，并且能够仔细、认真地分析失败的原因，进行总结和归纳，争取在以后的工作中不再犯同样的错误，这样的人多是真正成熟的人。他们为人处世比较稳定和沉着，具有一定的进取心，经过自己的努力，多半会取得成功。

工作比较顺利就特别高兴，稍有挫折就灰心丧气，甚至是一蹶不振，这种人多是性格脆弱、意志不坚强的类型。

第六章
看人也要看环境

· 第一节 ·
居住环境——反映生活方式和
关切点的重要指标

居住环境比穿衣打扮更能反映社会经济地位

居住环境，是能够贴切地反映出一个人的性格和生活状态的。比如，你到别人的家里去参观的时候，应该注意的就是他的住处、他家里的布置和他这个人的外在形象是否相符。通过对比，可以发现很多情况。

因为，一个人的穿着打扮与居住环境之间的差别，可以透露出这个人愿意把钱花在什么地方。比如，一个人穿着很华丽，但是居住的地方却很简朴。他的房子很旧，所在的位置也比较偏僻，房间里的摆设也很简单。看到他的住处，你完全不能和平时光彩照人的他联系在一起。那么，此时，他的住处更能反映出他的实际财务状况，而他的外在形象只能说明他对自己的期许。他希望自己成为一个富有魅力的有钱人，所以他把自己打扮成这样。而且，他的穿着打扮与他的住所之间的落差越大，他追求财富的动机就越强烈。因为对外表的注重若大于对舒适度的追求，就说明这个人有很强的企图心。他们的目光很远大，追求很高，所以愿意暂时住在简朴的环境中，以所有的财力满足对长远目标的追求，并随时严阵以待不放过每一个机会。当然，还有另外的情况，比如，他们是虚荣心很强的物质主义者。他们贪图别人的目光和称赞，虚荣心极度膨胀，因此，宁愿住得不好也不愿意穿得差。还有一种情况，是缺乏安全感。他们害怕如果不将自己打扮得靓丽一些，就会受到他人的轻视。

还有一种人，和上面的人刚好相反。他们可能会把收入的大部分投入在房子上，在最好的位置买最好的房子，房子的装修和布置也是最好的。但是，他们却并不在乎自己的穿着打扮。这样的人，非常在意自己的舒适度，而不怎么会在乎别人的目光和评价。

比如，有一个人，公司是他自己开的，所以他每天穿很随便的牛仔裤、衬衣上班。他身上也没有任何值钱的配饰，他就是一个普通的人。没有人会把他和有钱人联想到一起。可是，如果你去了他家，那个位于海边的美丽别墅，你就会知道他是多么的富有。他不在意穿着和别人对自己的评价，只要自己舒适就可以。这样的人，是非常自信的。他对自己的现状已经非常满意，所以他不需要向别人展示什么。这样的人，也热爱生活，热爱家庭，他们对家人和朋友的关怀甚于对事业的重视。他们活得洒脱而真实，只会做自己喜欢的事，服从自己内心的想法，是真正的成功人士。

总之，如果一个人的居住环境和外在形象基本上没有差异，那说明这个人对自己的身份和工作都比较满意。如果一个人的居住环境和外在形象存在很大的差别，这个人就值得你思考了。一方面，一个人的居住环境比他的穿着打扮更能真实地反映出他的社会经济地位；另一方面，居住环境所透露出的信息也较为可靠，因为在自己的家里，人们往往不需要掩饰自己真实的身份和性格。

选择在学校附近居住，是重视子女教育的人

孟子是我国战国时期著名的思想家。但是，孟子小时候，也和一般的孩子一样，很贪玩，不愿学习，整天和小朋友打打闹闹。他的母亲为了让他受到良好的教育，花了好多的心血。最初，他们住在墓地旁边。孟子就和邻居的小孩一起学着大人跪拜、号哭的样子，玩起办丧事的游戏。孟母看到了，皱起眉

头："不行，我不能让我的孩子住在这里了！"于是，孟母就带着孟子搬到市集旁边去住。到了市集，孟子又和邻居的小孩学商人做生意的样子。一会儿鞠躬欢迎客人，一会儿招待客人，一会儿又和客人讨价还价，表演得像极了！孟母知道了，又皱皱眉头："这个地方也不适合我的孩子居住！"于是，他们又搬家了。这一次，他们搬到了学校附近。孟子开始变得守规矩、懂礼貌、喜欢读书。这个时候，孟母很满意地说："这才是我儿子应该住的地方呀！"

这就是"孟母三迁"的故事。这个故事说明，无论是大人还是孩子，都应该多接近好的人、事、物，这样才能养成好习惯，并拥有高尚的情操。但是，从这个故事中我们也可以看到，正是因为最后孟母迁到了学校旁边，才使孟子从小就懂礼貌、喜欢读书。所以，居住环境对孩子的影响是巨大的，而选择在学校附近居住的人，是真正重视子女教育的。

在人们选择住所时，会考虑许多因素。地理位置优越吗？这样离市中心近，买东西会比较方便。离医院近吗？这样看病会方便些。离电影院、KTV等娱乐场所近吗？这样玩起来会方便些。喜欢自然风景和新鲜空气的人，可能会宁愿远一点，也要一片安静的空间。这时，有些人就会考虑，离学校近吗？这样孩子上学会方便一些。而有的家长，会刻意将住所选择在学校旁边，这样就可以让孩子从小就得到良好的教育。

住在学校旁边重要，但是选择什么样的学校也很重要。比如，有位女士描述她为儿子寻找一家幼儿园的经过。她进第一家幼儿园的时候，正是中午时分，那些孩子们正散坐在客厅里看电视。而且，他们竟然在看娱乐节目。如果是卡通片或者介绍大自然的节目，这位女士还可以勉强接受，但是，竟然让小孩子看娱乐节目，她难以理解，于是转身走了。她进入第二家幼儿园，发现房子打扫得一尘不染，而且所有的插座都装上了安全塞子，桌子的每个角落也都套上了橡皮护套，一些可能产生危险的物品也被放在了孩子够不着的地方。每个地方都有贴心的布置，处处显示着这家幼儿园的专业和关怀。通过对比，这位女士选择了这家幼儿园。

总之，住在学校周围，对孩子有好处，所以选择如此居住环境的人重视孩子的教育。但是也要看学校的环境和质量。如果是不好的学校，也会对孩子的成长起反作用。

把整个客厅让给小孩的人，不会拒绝你带小孩来拜访

不同的人，对自己的房子有不同的设计，什么房间起什么作用，都是经过自己精心安排的。因此，通过观察他人对自己房子的设计和各个房间的用途，可以看出这个人的性格。

比如，有的人会把整个客厅都让给小孩，在客厅里堆满了各种各样的玩具。小孩可以在客厅里为所欲为，把客厅弄得很乱，把自己的玩具弄得到处都是。但是，这些人却并不会责怪自己的小孩，而是尽可能地让小孩玩得开心，他们甚至创造条件让孩子玩，并且默默地整理被孩子弄乱的客厅。这样的人，非常爱自己的孩子，并且希望自己的小孩能够快乐地成长。他们注重培养孩子的想象力和创造力，他们让自己的孩子随心自由地发展。因此，这样的人，偏好家庭式的休闲活动，他们不会拒绝你带小孩来拜访，甚至很欢迎你带自己的孩子来家里玩。因为他们是真正富有爱心和耐心，且开明的家长。

而有的家庭会把玩具放在孩子的房间，他们只允许孩子在自己的房间里随便玩，而要把客厅保留为大人的活动空间。这样的人，比较讲原则，但也可以适当地通融。什么事，该怎样做，他们心里有想法，有自己的原则，但是在一定程度上，他们也可以适当放宽条件。

还有的人，专门为孩子设了游戏房间，这样，孩子既可以在自己的房间里玩，也可以去专门的游戏房间玩。不仅保证了客厅的整齐，也使孩子的房间不至于太乱。这样的人，是非常讲究计划的，也非常善于安排。他们可以尽量使每个人都满意。

值得注意的是，一些女性的房间可以很直接地说明她的性格。比如，她的房间收拾得很干净，家具不多，但是简单而实用。多以白色、蓝色等清淡的颜色为主，呈中性化风格。那么，屋主很可能是性情直爽、性格独立的女性。她们要求和男性具有对等的地方，自主意识很强。她们也不喜欢依赖别人，当然，也讨厌被依赖。虽然她们看起来可能不太可爱，但是一旦真心爱上一个人，会努力给他最好的。

而有的女性的房间则恰恰相反，她们不管多大年龄，都喜欢用粉红色装饰自己的房间，并且喜欢用很多可爱的卡通形象。给人一种少女般的梦幻感觉。这样的女性，喜欢浪漫，爱撒娇，情绪反复，喜欢自我沉醉。她们总是习惯于理想化，并一味地追求美的东西。

还有的女性，房间整整齐齐，但是又不乏女性特征。比如一花一草都在细节中，展现了她们对生活细腻的感悟。这样的人，性格坦率，注重内在。她们常常会照顾别人，也喜欢照顾别人。她们在恋爱时，不太注重男人的外表，或者财富，而是注重这个人的内心。所以，这样的女性，活得很真实，也会使自己获得真实的幸福。

总之，房间有不同的布置和装饰，每个房间也有不同的用途，从这些具体的不同，都可以看出主人的性格。

想知道他是否喜爱阅读，只需看他家里有多少藏书

看一个人的爱好，就应该到他家里去，看一看什么比较多。比如，你想知道一个人是否喜爱阅读，就应该看他家里有多少藏书。

书籍是能够反映出人们性格的物品。如果一个人的家里有很多的藏书，虽然不能非常肯定他就是喜欢阅读的，但是，如果一个人非常喜欢阅读，他的家里没有一本藏书，是不可能的。因此，想知道一个人是否喜爱阅读，只需看他家里有多少藏书。或许，每一个人并非喜欢把书柜放在客厅里，那么，你可以去他的卧室看一看他有没有藏书。又或者，他有一个专门的书房，可以供自己在安静的环境中阅读。还有，你可以具体地观察一下，他所收藏的书的类型，因为根据阅读的书籍类型的不同，还可以具体判断不同的性格。

除了通过看一个人家里的藏书来判断他是否爱阅读外，通过房间里的摆设或者布置，也可以看出主人的爱好。

比如，有的人在家里摆放了许多艺术品。很显然，这说明他们很热爱艺术，会把大量的钱投资在购买艺术品上。这时，如果你发现他们摆放的艺术品确实很有艺术价值，那么就恰好证实了你的第一印象。相反，如果你看到的物品只会让你反胃，那么，他们摆放这些艺术品的动机很可能就是为了证明自己很有

艺术细胞。往往，人们越显示什么，说明他们越缺失什么。另外，如果他人摆放的艺术品，能够迅速吸引你的目光，也说明你与对方有很多共同的兴趣爱好。

有的人喜欢在家里以开放式吧台的形式，陈列自己丰富的藏酒。很显然，他们喜欢喝酒。他们把自己喜欢的酒，或者舍不得喝的酒，珍藏起来。如果对方年龄不满五十，你就应该特别注意。他们喜欢藏酒，并不一定都是酒鬼。他们有可能是非常欣赏各种美酒，所以他们爱好收藏。收藏有很多种，酒也是其中的一种。当然，他们也可能是喜欢显示自己的人，他们愿意别人夸奖自己收藏了众多的美酒。

有的人喜欢做饭，所以，你去他家的时候，注意一下，他家的厨房是不是特别整洁，配置是不是都很齐全。一个真正热爱厨艺的人，会将自己的厨房打扫得非常干净，而且厨房设施会很齐全，各种作料也都具备。如果他们说自己很喜欢做饭，结果厨房里都是灰尘，并且冰箱里什么都没有，很显然，他们并不热爱做饭。

还有的人，说自己很爱唱歌。那么，去他家的时候，看看他们有没有整套的音响设备，有没有唱片。随口唱几句和真正喜爱唱歌的人，有着本质的区别。真正热爱音乐的人，会将自己的资金，投入到改善自己的装备上。

总之，确定一个人的爱好，只需去他家看一看，观察一下相应的物品是否具备。只是强调自己喜爱阅读，家里却没有一本藏书的人，是不可信的。

住在高楼层的人上进心强，但稍显冷漠

在当今的时代，房子越盖越高了。曾几何时，还都是整整齐齐的 6 层小楼，然而随着时代的变迁都变成了 12 层、24 层、32 层，现在甚至于 60 层的大楼也不足为奇了。房子越盖越高，这说明当今时代的人们，心理上发生了一些变化。

一般情况下，住在高楼层的人，上进心很强。他们通常是不甘人后的，所以无论在财富上，还是在地位上，他们都不想比别人差，于是就一味地以高处为目标，努力地奋斗，直至超过别人。这样的人，一般以自我为中心，注重自己的感受，所以好恶也比较明显。他们只注重自己的想法，自己喜欢的就好，自己不喜欢的，就不来往。他们也不喜欢住在低处，而是住在尽量高的地方，

这样也和他们好胜的心理相符合，能让他们时时处处高人一等。

俗话说，高处不胜寒。住在10层以上的人们，往往也是不喜欢与人有过多接触的。他们喜欢独居高处，远离低处的喧嚣和嘈杂。闲暇时，他们可以从高楼远眺四周的风景，并享受高处安静的空气和阳光。这样的人，是对人有一点冷淡的。他们不喜欢和很多人打交道，喜欢一个人独居高处，哪怕不胜寒，也喜欢这种凄美的感觉。所以，他们喜欢住在高层，独享一个人的清净。

另外，位置高的住宅，一般都具有良好的景观和较好的环境，价位也比较高。所以，一处位于中心地段的高层住宅，往往是身份和地位的象征。因此，一些有经济实力的人，往往会选择高层，这样会让他们觉得自己很有地位，很有面子，并感觉自己很高贵。

其实，高层住宅有很多具体的弊端。比如，在建筑和医学的领域，有关高楼层居民的研究表明，他们比低楼层的住户，更容易发生"女性压力较大""小孩独立较晚"等问题。因为，住在高层的人们，本来就不想和人有过多的来往，他们争强好胜的心又太强，因此他们很难对别人倾诉自己的想法，即便是压力再大，也会积压在自己内心里。久而久之，他们的压力得不到及时的排解，就会出现焦躁、情绪反复无常等的情况。而且，住在高层的孩子们不能像住在低层的孩子们一样，能够在广阔的空间里玩耍，自由地成长。他们在高处，只能在自己的房间里孤独地成长，所以心智得不到充分而健康的成长，很难长大，还容易依赖父母。

·第二节·

人际环境——通过一个人所处的圈子来判断他

气味相投的朋友是一个人的底牌

我们经常说："物以类聚，人以群分。"这句话是非常有道理的。无论是生活中，还是工作中，气味相投、志同道合，都是我们择友的基本标准。反过来讲，一个人有什么样的朋友，也代表了这个人是什么样的。所以，我们也可以通过观察对方的朋友，来判断对方是怎样的人。

一位心理学家曾做过一个实验：要求一些年轻人回忆他们结交的最亲密的一位朋友，并请列举这位朋友与他们自己的相似之处和不同之处。出人意料的是，大多数人列举的尽是朋友与他的相似之处，什么"我们性格内向、诚实，都喜欢欣赏古典音乐"，什么"我们都很开朗、好交际，还常常在一起搞体育活动"，等等。因此，也进一步证明了，人们都是喜欢和自己性格相似的人交往，通过观察一个人周围都是一些什么样的朋友，可以看出这个人是怎样的人。交往的双方若能意识到彼此的相似性，则更容易相互吸引，两者越相似则越能相互吸引，产生亲密感。一般来说，同年龄、同性别、同学历和相同经历的人容易相处；行为动机、立场观点、处世态度、追求目标一致的人更容易相互扶持。相似的范围也很广，包括态度、信念、兴趣、爱好和价值观等。

因此，当我们观察这些人的朋友时，可以从这些方面着手。而且，人们对和自己相似的人容易看着顺眼，相似的两个人容易成为朋友。所以，气味相投的朋友是一个人的底牌，通过观察他的朋友，就可以判断出他的性格。

乐于和优秀者交朋友的人，上进心强

在我们的身边，经常会有很优秀的人。对于这些人，有的人会敬而远之，有的人是暗暗嫉妒，还有的人则是希望和他们成为朋友。很喜欢与比自己优秀的人交朋友，因为在优秀者那里总能学到更多的东西，通常，这样的人有很强的上进心。

希望与优秀的人交朋友的人，有很强的上进心，因为与他们在一起接触，本身就可以激发自己的上进心。比如，当你的朋友获得很高的学历时，你是否也希望自己获得同样的甚至更高的学历呢？当你的朋友领到很丰厚的月薪时，你是否希望自己也领到同样丰厚甚至更丰厚的月薪呢？当你的朋友得到领导的肯定时，你是否希望自己也同样可以得到领导的认同呢？答案是肯定的。所以，跟一个优秀的人在一起，他的进步同样也可以成为你的动力，激发你的上进心。俗话说，近朱者赤，所以说，跟一个优秀的人在一起，自己也会变得越来越优秀。而那些主动寻求优秀朋友的人，肯定有着很强的上进心，他们时刻希望自己也能变得优秀。喜欢和优秀的人交朋友，在交朋友的同时还抱着向对方学习的目的。他们也想成为一个优秀的人，也希望自己像别人一样获得成功，于是他们就不断地为自己创造向别人学习的机会。

与优秀的人交朋友，可以从他那里学到许多对自己有用的东西。比如，他的学识，他的经验，他面对问题时的态度，他解决困难时的办法等，这样的人通常可以在生活与工作的好多方面做你的老师，这是提高自己能力的一条途径。所以，许多人都希望自己多结交一些可以当自己老师的朋友，亦师亦友的关系可以让自己更快地得到进步，这是一种有很强的上进心的体现。

因此，当我们在工作或生活中遇到喜欢与优秀者结交朋友的人时，基本上可以断定他是一个上进心很强的人。而有些人恰恰相反，他们喜欢与不如自己的人交朋友。一般情况下，这样的人，虚荣心很强。

人们在选择朋友时，通常会选择与自己志同道合的，或者比自己优秀的，以便提升自己。可是有些人，却偏偏喜欢和不如自己的人在一起，这样他就会有一种优越感。因为自己无论什么方面都强于对方，对方在自己面前只有点头哈腰的分，而自己站在对方的面前，则显得高高在上。其实，这是一种虚荣心过强的表现。而且，这种对比很不公平，不具备可比性，但有的人就是喜欢找一些不如自己的人来衬托自己的高大，以满足自己的虚荣心。所以，喜欢和不如自己的人交朋友的人，通常是那种虚荣心特别强烈的人。因为他们在比自己优秀的人面前找不到自信，总是有压抑的感觉，这样不但虚荣心满足不了，还常常会无端地郁闷生气。所以，他们必须要找一些不如自己的人做朋友，在这些人面前，他们总是显得很厉害，很有办法，很精明强干，实际上他的任何能力都没有得到提升，但他们仍然很高兴，因为他们的虚荣心得到了满足。

其实，每个人都有虚荣心，有时候，适当的虚荣心也是我们前进的动力。但虚荣心太强也不是一件好事，虚荣心太强的人做事情往往首先想的是要如何满足自己的虚荣，而不去想什么是自己真正想要的。而且，如果虚荣心得不到满足，即使他们做出了什么成绩也不会高兴。这样的人，往往会为自己的虚荣付出痛苦的代价。所以，如果有谁喜欢与不如自己的人结为朋友，那么这个人可能就是个很虚荣的人，他有着强烈的虚荣心。如果你不是过度谦虚的人，最好不要尝试与这样的人交朋友。

总之，在现实生活中，有的人喜欢结交比自己优秀的人，也有的人喜欢和不如自己的人交往。看他们和什么样的人交往，身边的朋友圈是什么样的，就可以推断出他们的性格。

异性朋友少的人，内心比较自卑

在交朋友的时候，对性别的挑选是一个特殊的问题。有的人喜欢和同性别的人交朋友，而有的人则喜欢和异性交朋友。

只喜欢和同性交朋友，不喜欢与异性交朋友的人，内心深处往往比较自卑。因为自卑，导致他不敢与异性往来，他害怕在异性面前出丑，害怕被异性看不起。当他与异性交流时，不能顺畅地交流，有时还会脸红。在内心深处，他们也希望自己在异性面前光彩夺目，但是自卑的心理让他们觉得自己没有任何优势可言，没有任何可以在别人面前显露的东西，甚至连微笑也没有。因此，他们在没有与异性接触前就先背上了思想包袱，背着这样的包袱去与人交往肯定没有好的效果，而越是没有好的效果，他们便越是着急，从而心里的压力越大、包袱越重，也越放不开，慢慢地就形成了恶性循环。于是，最后的结果就是，他越来越不敢与异性交流，慢慢地开始躲避异性，只与同性交往。他们觉得，与同性交往能让他们不那么紧张，他们可以想说什么就说什么，同伴的安慰和鼓励也会让他找回一点信心。而且，只喜欢与同性交往，导致他们几乎没有异性朋友，平时见了异性就不知道说什么好，有时甚至与异性说话都会脸红。所以，生活中他们常常避开与异性的交往，渐渐地他们也就失去了异性的朋友。

其实，在很多时候，这都是他们的心理作用。他们的自卑，使他们看不到自己的优点，觉得自己一无是处。他们总是羡慕别人，看到别人身上处处是优点，处处散发光芒，而反观自己却是一脸的暗淡。久而久之，他们就真的觉得自己什么都不好了，也愈发不敢和异性交往，害怕他们看不起自己。其实在别人眼里他们也有着自己的优点，只是他们自己看不到而已。他们只能看到自己的缺点却看不到自己的优点，常常被自己的缺点所困扰，这是他们自卑的根源。当然，也有一些人是因为在经济条件上与别人相差甚远而引起的自卑，这只能靠个人的努力奋斗去填平差距了。还有的是长得比较难看，尤其是女性，害怕在男性面前遭到嘲笑或者被报以轻蔑的眼光。如果不是这两种情况，那就是他们自己的心理作用了。

因此，如果我们身边也有这样的只喜欢和同性交往，不敢跟异性往来的人，我们可以推断出他是一个内心深处极为自卑的人。而有的人恰恰相反，他们的同性朋友很少，而异性朋友却很多，而且，他们喜欢结交异性朋友。

在日常生活中，一般男性的朋友多是男性，女性的朋友多是女性。这是因为同性别的人，性格比较相似，相同的话题也比较多，交往起来也没有什么避讳。但是，有些人却是异性朋友比较多，这是为什么呢？

这些特别喜欢与异性交往的人认为，与异性在一起时比较放松，平时积压在心头的一些话都可以拿出来说说，可以互相安慰对方、鼓励对方。而跟同性在一起时，这些话可能就会因为种种原因说不出口。比如，如果是女性有大量的男性朋友，很可能是因为害怕竞争。因为女性之间的妒忌心比较重，很容易吵架或者互相说坏话，而男性的胸怀比较宽广，能够容纳女性的任性和偶尔的虚荣，所以，女性喜欢与男性交往。同样，如果男性喜欢与女性交朋友，排除"拈花惹草"的可能性，就是单纯地想交个朋友，则是因为他们觉得女性很善良、很细心，能够安慰人。这样的男人大多比较软弱，在遇到困难的时候，首先想到找自己的"红颜知己"倾诉，这是比较懦弱的表现。

总是结交老实人的人，通常担心遭到背叛

有的人在交朋友时，喜欢找老实巴交的人。他们觉得与那些精明强干的人为伍，可能有一天会遭到背叛，受到伤害。而与老实的人交朋友，不用担心这一点。他们觉得这些老实人一旦与自己成为真心的朋友，便会对自己推心置腹，还会对自己有特别的关心照顾，常常会在自己需要帮助的时候出来帮助自己，甚至自己背叛了他们，他们也无怨无悔。而且，跟老实人在一起永远都不会吃亏，也永远不用担心他们会背叛自己。

这些人之所以有这样的想法，可能是在交友的路上受到过什么伤害，以至

于一朝被蛇咬，十年怕井绳，让他们不敢再去结交那些比自己聪明强干的人，因为害怕再受伤。他们觉得太聪明能干的人，会欺骗自己、背叛自己，而老实巴交的人则不会。就算是和那些平时比较老实的人交往，他们也要通过长期的观察才会决定自己是不是要结交这个朋友，因为有些人只是表面上比较老实，而心里却很狡猾。如果不经过长时间的观察，可能就无法发现一个人的真面貌。所以，这些人活得比较累，他们总是担心遭到背叛，在交友的时候小心翼翼。也同样是因为他们害怕别人的背叛，所以他们选择一个永远不会背叛友情的人，这样他们便不会在友情中受到伤害。

而且，喜欢与老实巴交者为伍的人性格比较多愁善感，他们的感情比较细腻，对待友情与爱情都十分认真，是重情谊的人，他们也比较敏感，常常朋友一两句无心的话，都会触动他们那敏感的神经。而敏感重感情的人，本身就容易受到伤害，因为一些在别人眼里无足轻重的事情和无足轻重的话，在他们眼里可能有着不同的分量，别人不会在意的东西，他们可能会去在意。

喜欢与老实人交朋友的人，也都是比较率真的人。他们不喜欢那些虚假的客套，希望人与人之间能开诚布公地交流。而与精明者在一起，有时会被利用，可能自己将对方当朋友对待了，而对方只把自己当成实现他某种目的的一个工具。所以，他们在择友时会选择与老实巴交者，不会欺骗他们、不会利用他们的人为伍。

因此，当我们碰到一个喜欢与老实人交朋友的人，可以初步推断出，他可能是害怕别人的背叛，而且他也是一个性格率真、多愁善感的人。而有的人恰恰相反，不喜欢和老实巴交的人交朋友，而是喜欢跟有权势者交朋友。这样的人，多半有势利心理。

在交朋友的时候，应该以自己的内心为取舍标准。但是有些人，却喜欢结交位高权重者。他们只看得起那些比自己强或者跟自己职位一样高的人，他们只希望和这样的人交朋友，他们看不起那些比他们职位或收入低的人，因为在他们心里，这样的人帮不了他什么忙。这样的人，多半有些势利，他交朋友的原则是能从朋友身上获得利益，而不能让他获得利益的人则不能成为他的朋友。

这些只喜欢结交位高权重者的人，总希望靠别人的职权来为自己铺路。他们的交友并不是真心的，里面埋藏更多的是利益关系。所以，这样的人交朋友不是以心换心，因此，他一般没有什么真正的知心好友。而且在现实中，对待比自己地位低的人，他甚至都不会去多看一眼，更不会去主动交朋友，即使别人主动与他交朋友，他也会表现出爱理不理、不耐烦的样子。但对待比他地位高的人，他马上就转变了态度，他的热情、大方、亲切都会表现得淋漓尽致，当然，并不一定是真心的。不熟悉他的人肯定会被他这种表面流露出的假象所蒙蔽。他还很看重利益的交换，比如，我帮你一次，你也得帮我一次，如果我帮了你一次，而你没有能力帮我，他们就会觉得自己吃了亏。

因此，在现实生活中，有的人喜欢结交老实巴交的人，有些人却只喜欢和位高权重者交朋友。前者可能是害怕遭到背叛，而后者就有着势利的心理。所以，当我们在生活中遇到只喜欢结交位高权重者的人时，我们就主动离他远点，因为连交朋友都十分势利的人，也不值得我们去结交。

喜欢和长辈交朋友的人，心智比较成熟

在交友时，一般人都习惯于和自己的同龄人交朋友。但是，有的人却喜欢与比自己年长的人交往。他们觉得跟同龄人在一起，没有什么话说，而且他们觉得同龄人的思想太简单，而跟比他们年长的人在一起，反而有更多的共同语言。

喜欢与长辈交朋友的人，一般都是心智比较成熟的人。比起同龄人，他们显得更有远见，在处理事情上，更有大局观，能够比较理智地去对待一些事情，所以，他们的思想要比同龄人成熟。而且，他们跟同龄人在一起时，总会感觉同龄人的想法与他们不一致，或者会认为同龄人现在的想法，他很早以前就有了。还有的时候，他们会感觉同龄人的想法很幼稚，完全没有可实施性。所以他们与同龄人在一起时，很难有共同的语言，因为他们的思想已经不在一个层次上了，看问题的立场与观点也都改变了。

这样时间久了，当他们和同龄人谈到某个问题时，同龄人常常不能理解他们的想法，渐渐地便孤立了他们。这样的情况在和长辈交谈时则没有。他们与比自己年长的人在一起时，往往能够在想法上达成一致，因为那些比较成熟的想法正好与年长者的想法不谋而合，所以与年长者在一起时不仅常常能聊得很

投机，而且还能得到年长者的赞扬和赏识。比较起和同龄人在一起时，同龄人对自己的想法的怀疑、不理解或者不赞同，这些赞扬和赏识也让他们更加愿意与年长者接触，更加疏远同龄人。而他们经常和长辈在一起，交流越多，思想就越成熟。良性循环，久而久之，他们就成为了心智上比较成熟的人。

心智成熟的人，虽然并没有处理过一些问题，但他们却在年长者那里学到了足够多的经验，因此他们一般在接受新事物上显得比别人更快，在处理问题上也显得比别人更稳重、更有经验。这也是与年长者在一起的好处，毕竟是过来人，你可以从年长者那里学到许多在同龄人身上学不到的东西。所以他们愿意与年长者交往。而本身，这些想法也只有心智比较成熟的人才会有。因为他们知道和年长者交往的好处，本身就说明他们的心智比较成熟。

总之，当我们身边有比自己年龄小的人很喜欢与自己交往时，我们可以判断这个比自己年龄小的朋友很可能是个心智十分成熟的人，不要小看了他。或者，当我们身边有些同龄人，不喜欢和我们交往，却喜欢和年龄比我们大的人交往时，也不要用自己的想法揣摩他，因为他的想法很可能比我们的想法要成熟许多。而还有一些人恰恰相反，他们不仅不喜欢比自己年长的人交往，还喜欢与年幼者交友。这样的人，多半是对现状不满的人，比较"愤青"。

确实，有人喜欢与长辈交往，就有人喜欢与年幼的人交往。要不然前者的情况也不可能出现。喜欢比自己年幼者交往的人，往往讨厌自己身边的年长者或者同龄人，那些年长者和同龄人对事物的观点和想法不能和他达成一致，也不能令他满意。因此，喜欢比自己年幼的人交往，从另一个角度而言，就是说他排斥比自己年长者或者同龄者，因为在年长者或者同龄者那里，他们不能找到自己的知己。他们需要的朋友是那种比较纯粹的真挚的朋友，而不是成人间的那种表面一套背后一套的交往。而且，他们对年长者和同龄人的不满实际上就是对现状的不满。所以，在年长者和同龄人面前他总是一副"愤青"的样子，对什么都看不惯，对什么都不满意。

而且，因为他们对什么都看不惯，所以还会把本来没有那么严重的问题严重化。特别是对成人间那些虚伪的、客套的关系感到恶心，对那些尔虞我诈的交往感到失望。所以他们常和年幼者交往，他们觉得比自己小的人，思想还单纯些。因此，他们愿意和那些心灵比较纯洁的年幼者交往。所以，他们总是在同龄人中显得很激进。

不过，这样的人性格也非常直率、真诚。他们敢于大胆地去戳穿别人不愿戳穿的谎言，有什么就说什么，不怕得罪人，无论在什么时候他都敢于仗义执言。虽然他们说话有些偏激，做事也有些容易冲动，但是他们不虚伪，也很真诚。

因此，有人喜欢和长辈交往，有人喜欢和年幼的人交往。前者的心智比较成熟，而后者的想法比较激进。通过观察身边的人都喜欢和什么年龄段的人交往，就可以初步判断出他们的思想是否成熟。

朋友圈子大的人，多半热情开朗

有些人，非常喜欢交朋友。不管对方是怎么样的性格，也不管对方的年龄身份如何，只要是能谈得来，就会交了对方这个朋友。而且，对他们来说，也很少有谈不来的。因此，他们的朋友很多，三教九流，什么样的朋友都有。他们在生活中喜欢与各种职业、各种性格的人交朋友，所以他们的朋友常常遍布在城市的各个角落。

这些喜欢结交不同性格朋友的人，大多是热情开朗的。他们能接受、能容纳不同性格的人，他们对任何人、任何事都很热情，没有这份热情，相信也很难有不同性格的人愿意与他为伍。另外，他们不仅自己热情开朗，对别人的事也很热心。因为他们要交到不同性格的朋友，就不能只待在一个圈子里，他们要和不同的人接触，只有先接触才能找到朋友。所以，他们必须对别人的事情热心，他们甚至要去参与别人的事情，因为这样他们就能跳出自己的圈子，走进别人的圈子，在别人的圈子里接触更多的人，认识更多的人，为自己的下一步交友做准备。所以，喜欢结交不同朋友的人，性格比较开朗热情，对别人的事也很热心。

而且，这些人往往是重视社交的人，他们不仅在自己熟悉的场合，展开自己的交际攻势，往往在不熟悉的场合，也敢于施展自己的交际才能，他们有那种能很快把陌生人变为朋友的本领，在他的朋友中，至少有一半是完全通过无意间的一次交流而转化为朋友的。他们重视社交，一方面是为了给自己铺路，另一方面，他们本身就热衷于交朋友。

另外，他们的性格也是多元的。他们对朋友的事情很关心、很热心，有需要帮助的地方，一定会尽力去帮忙。所以，朋友们遇到问题和麻烦时也常常能想起他，而当他遇到困难和麻烦时也会得到八方支援。他们有时虽然会跟着感性的朋友一起把酒畅聊到天明，有时也会跟着理性的朋友计算股票基金的收益，或者想想和这样的人交往能够给自己带来什么好处。

总之，当我们在生活中遇到这种喜欢交朋友的人时，我们就可以大致判断出，他是一个比较开朗热情的人。而有些人却刚好相反，他们很少主动结交朋友，有的甚至从来没有主动结交过朋友。这样的人，通常比较孤傲，比较清高自负。

与喜欢交朋友的人相反，有的人很少主动去结交朋友。他们根本不喜欢交际。不过，如果有人愿意跟他们交朋友，他们也不介意。但是他们在交际上一般比较被动。

这样的人，性格一般都比较孤傲。更多的时候，他们都愿意一个人待着，而不是跟朋友在一起。他们往往具备一些过人的能力，但又不喜欢外露，不喜欢刻意地去表现自己，当别人发现不了他时，他便一个人孤芳自赏，而不是毛遂自荐。而且，从不主动结交朋友的人，一般都是比较清高自负的人。他们骨子里有一股傲气，谁也不服的傲气。所以他不会主动去跟谁好，因为在他眼里世上大多数人都不如他。所以这样的人也常常会为自己的清高付出昂贵的代价，这代价就是失去一些很好的机遇。失去后他们也会觉得有些遗憾，但也并不会太在意，更不会去因此改变自己。

不过，他们孤傲、清高、自负，却并不冷漠。一旦有人愿意跟他们交往时，他们不会像那些势利的人对朋友挑挑拣拣一样，他们会表现出自己的热情与真诚，当然，前提是这些想与他交朋友的人必须也是真诚的。而且，一旦交往起来，你就会发现，他们是值得深交的朋友。

总之，无论是喜欢交朋友的人也好，还是不喜欢主动交朋友的人也好，都是值得我们交往的朋友。因为前者是热心开朗的好朋友，而后者是外表清高、内心真诚的好知己。而能够和这样的人成为朋友的人，本身也是热情而宽容的。他们能够用他们广阔的胸怀，包容不同的人。

·第三节·

工作环境——个性的浓缩地带

费心在办公室照顾花卉的人体贴而好客

对现代人来说，在紧张的工作之余，养些花卉不仅能调节生活，放松心情，还有助于调节人体生理功能，稳定情绪，有益于身心健康。因此，喜欢种植花卉的人，是热爱生活、注重自身健康的人。

如果是在办公室等公共场合费心照顾花卉的人，则是体贴而好客的。他们不仅在家里种植花卉，对办公室的花卉也是悉心地照顾，这说明他们内心是很善良的。对一花一草都这么热心，对人也是。所以，他们能够体贴别人，当对方遇到困难时，能够热心地帮助对方。他们也喜欢与人交往，会组织并参加集体活动，也欢迎别人到自己家里来做客。他们会热情地招待客人，给客人贴心的照顾，所以是真正好客的人。他们的心态也很好，遇到压力的时候，知道怎么排解，并且化压力为动力。他们内心也很阳光，凡事都看得比较开。他们还容易满足，就像花卉一样，有阳光有水，就能生机勃勃地开放。

美国旧金山有一家医院，专为一些慢性病人开辟了一片空地，让他们在此从事花草和蔬菜的种植。澳大利亚的一家诊疗所，根据病人的不同症状，让他们分别在田野里拔草、剪枝、施肥、松土、浇水。结果，这些病人康复得很快。

正如上面的故事所讲，种植花卉，是对美的向往和追求。各种花卉，不仅是美化生活的大使，给人以美和艺术的感受，更是改善环境、陶冶情操、增进健康的益友。所以，费心在办公室里照顾花卉的人，不仅注重自己的身心健康，还在帮助别人调节情绪，是善良而体贴的。

相反，如果一个人只喜欢鲜花而不去照顾花卉，则是非常冷漠的。他们只喜欢漂亮、灿烂的成果，而不去照顾和培养，说明他们很自私。他们对人也比较冷漠，不喜欢照顾别人。当别人有求于他们时，他们只想找借口推脱。而且，他们做事很急躁，不注重过程，只看重结果，没有享受生活的心态。

总之，当人们置身于亲手种植的花草丛中时，看着绽开的朵朵鲜花，闻着沁人心脾的花香，在劳动中得到美的享受与喜悦，心情也会得到极大的安抚和放松。所以，那些不论是在家里，还是在办公室，都悉心照料花卉的人，是身心健康的人，也是体贴而好客的的。

桌面零乱的人往往做事时没有条理

对于常常需要在桌上学习或办公的人来说，桌面所呈现出来的种种表象，可以反映主人的情绪状态和个性特点。

比如，有的人的桌面十分零乱，抽屉里也是乱七八糟的。这样的人，一般缺少深谋远虑的智慧，不会把事情考虑得太周密，做事也没有条理，更别说有什么长远的计划。不过，他们待人往往相当热情，性格也很随和，是真诚而坦率的人。但他们做事，多凭一时的喜好和冲动，属于"三分钟热度"的人，很难长久地坚持某一件事。而且，他们生活态度虽积极乐观，但太过于随便，不拘小节，经常是马马虎虎、得过且过，有时候经常会忘记或者忽略一些重要的事。所以，这样的人工作能力较差，效率也较低，他们的逻辑思辨能力较差，缺乏足够的责任心。但是他们的适应能力比一般人要强。因为，他们的桌子和抽屉里都乱七八糟的，像是垃圾堆，如果要找一样东西，往往要把抽屉翻个遍，到最后可能还是找不到，所以，当他们遇到糟糕的事情时，也能够以最快的速度调整好心态。

而且，他们的各种文件资料总是这里放一些，那里也放一些，没有一点规则，而且轻重缓急不分，这样的人大多做起事来虎头蛇尾，没有头绪。他们的注意力常被一些其他的事情分散，从而无法集中在工作上，自然也很难有优异的成绩。他们也想改变自己目前的状况，但是自我约束能力很差，总是自我妥协，过后又不断自责，紧接着又会找各种理由来安慰自己。

而有的人，虽然桌面上收拾得很干净、整洁，但抽屉里却乱七八糟，这样的人虽然有足够的智慧，但往往不能脚踏实地地做事，喜欢耍一些小聪明，做表面文章。他们性格大多比较散漫、懒惰，为人处世并不十分可靠。从表面上看，他们有比较不错的人际关系，但实际上，他们内心很孤独。

还有的人，不管是桌面上还是抽屉里，都是整整齐齐的，各种物品都放在该放的位置上，让人看起来有一种舒服的感觉。这表明桌子的主人办事是极有效率的，他们的生活也很有规律，什么事都会办得井井有条。他们很懂得珍惜时间，能够精打细算地用空闲的时间来做更有意义的事情。他们多有一些很高的理想和追求，并且坚持不懈。但是他们习惯了依照计划做事，所以，对于一些意料之外发生的事情，常常会感到不知所措。在这一方面，他们的应变能力显得稍微差一些，当遇到突然的变故时，他们往往会措手不及。而且，这样的人虽然可以把分内的工作做得很好，但墨守成规，缺乏冒险精神，所以不会有什么开拓和创新。

值得一提的是，有的人喜欢在抽屉里放一些具有纪念意义的物品。这样的人，多是比较内向的。他们不太善于交际，所以朋友不多，但仅有的几个却是终生不渝的。他们很看重和这些人的感情，所以会分外珍惜。他们有一些怀旧情结，总希望留下一些美好的回忆。但他们比较脆弱，容易受到伤害，而且做事也缺少足够的恒心和毅力，常常不敢面对困难和挫折。

下班后的桌子可以看出心情转换的能力

忙碌了一天，都很累了，下班后，大家都会比较迅速地收拾东西回家。因此，通过下班后的桌子，也可以看出桌子主人的性格，以及心情转化的能力。

比如，下班后，一些人会把桌子整理得干干净净。这说明这些人心情转化的能力很强。他们的思想很清楚、很明快。下班了，就要把事情处理好，轻松地回家。也说明这样的人，对于什么事都比较淡泊，对周围的环境能够迅速地适应及应对。如果他们整理的速度还比较快，说明他们想早点脱离工作，想尽快放松一下自己。并且，不喜欢工作占用自己的私人时间，公私分明。上班，就会努力工作，争取效率；下班，就要迅速回家，和家人在一起。另外，能够把桌子收拾得干干净净，说明他们也有很好的生活习惯，喜欢干净、整洁，做事也比较干净、利索。不过，他们比较在意别人的目光，不想给别人留下不好的印象，哪怕是以后再也不会见到的陌生人。他们也比较爱面子，如果你指出他们的缺点或错误，会使他们觉得非常丢脸，并且对你产生很深的成见。而且，让他们说出内心的想法也比较困难，他们不喜欢对别人敞开心扉。

有的人在下班后，只是把桌子简单地整理一下。他们觉得下班之后直接走人不太好，桌子应该整理一下，所以他们开始整理。但是他们又觉得整理干净很麻烦，于是只会大概整理一下。这样的人，也非常在意别人的目光。因为将桌子打扫得干干净净的人，有可能是因为自己内心非常爱整洁，并不是特别在乎别人的看法。但是，简单整理一下桌子的人，只是因为顾忌别人的目光。而且，他们也容易依照别人的意思做事，所以能和周围的人保持不错的人际关系。

不过，因为他虽然想整理桌子，但是整理得又不认真，说明他们有半途而废的性格。他们觉得彻底做一件事是很辛苦的，虽然开始会觉得这样做是对的，但是干一会儿就会坚持不下去，于是想，大概差不多就行了。所以这样的人，没有定性，对自己也太过纵容。也是因为做事的不彻底，让他们很难放开心胸与人交往。即便是他尽量放开心胸与人相处了，也会因此感到不安。

有的人在下班后，根本不整理桌子，而且进行到一半的工作，也会放下来不做。这样的人，很讨厌整理桌子。如果他们的东西是应该整理的，而他没有整理，说明他是一个不太爱整洁的人，并且比较健忘。如果你和他约好了见面时间，一定要不停催促他，否则他不会准时赴约。如果他是故意不整理，把进行了一半的工作放在桌子上，这样明天来了就可以直接继续工作，说明他对工作很努力，而且不会在意别人的眼光，只做自己认为对的事。

办公桌上摆放家人照片的人，家庭观念较强

办公室是一个人每天办公的地方，我们每天至少有 8 个小时在这里度过。因此，我们办公桌上摆放的物品，就显得尤为重要。通过人们在办公桌上摆放的物品的不同，可以判断桌子的主人具有怎样的性格。

比如，有的人会在办公桌上摆放家人的照片，这说明他有极强的家庭观念。这里要区分，摆在家里的照片和摆在办公桌上的照片。家里的空间不受限

制，人们想放多少放多少，也没有顾忌，什么样的照片都可以。但是在办公室里就不同了，位置有限，还要顾忌别人的目光。此时，能够有勇气将自己家人的照片放在办公桌上的人，一定是非常热爱自己的家庭的。他时时刻刻想着自己的家人，有着很强的家庭观念，所以，才会在办公桌上摆放家人的照片。

当然，除了摆放家人的照片，他们也可以摆放其他的照片。比如，他们可以摆放自己和某位知名人士的合影，这说明他们有很强的虚荣心，喜欢表现自己；他们也可以摆放自己的独照，这很容易看出他们有强烈的自恋情结；他们可能还会摆放自然风景的照片，这说明他们很期待生活在风景优美的大自然中。

在办公桌上，当然不可能只摆放照片，所以人们也可以有不同的选择。通过不同的摆放物品，也可以看出这个人的性格。

比如，书籍是办公桌上少不了的物品。如果一个人的办公桌上没有一本书，只能说明这个人是非常不专业的。当然，大部分的桌子上是有书的，那么，可以根据桌子上摆的是什么书，初步确定桌子的主人的爱好。简单地举例，如果他摆放的是专业书籍，证明他很热爱自己的工作，并且努力钻研，想在工作上有所突破；如果他的桌子上摆满了精装本的世界名著，而且基本上没有翻过，只能说明这个人是喜欢派头的人；如果他的桌子上摆放的是一些与工作和提高个人能力无关的书，只能说明此人不热爱自己的工作，"心有旁骛"。

当然，办公桌上肯定少不了办公用品。此时，你就要观察他的办公用品都是什么档次的，因为办公用品的档次，不仅可以说明公司的实力，也可以看出个人的品位。而且，他的办公用品摆放整齐吗？他的桌面是凌乱不堪，还是井然有序？如果他的办公用品都杂乱地放在一起，很容易看出这是一个在生活上比较散漫的人。

还有的人，会在办公桌上摆放日历。日历的摆放，很容易看出桌子的主人对时间很珍惜，而且，对自己的事很有计划性。并且，日历的材质和画面的背景，也可以从侧面推出一个人的性格。比如，是精致的材质，还是免费赠送的日历？画面的背景是美女还是风景？追求卓越的人，对细节也要求精美，因此，他们不会用赠送的附带广告的日历，而且是根据自己的喜好，购买他们喜欢的日历。而用免费赠送的日历的人，很明显是大大咧咧的豪放派，东西不管好坏，能用就行了。

使用高档通讯录的人，多小心谨慎

人是社会化的产物，人的一生中总会和很多人保持着一定的联系，而这些人的联系方式除了记在头脑里以外，为了以防万一，还会记在通讯录上。因此，通讯录几乎是很多人都具备的，尤其是在工作中，通讯录的作用更是不可或缺。而且，一个人对通讯录持什么样的态度，这在一定程度上是由一个人的性格所决定的。

比如，有的人喜欢使用相对昂贵的通讯录。使用昂贵通讯录的人，他们的生活态度是严谨小心的，与人交往是有建立长久关系的意愿，一旦有谁真正进入到他们的生活中，他们就会真心对待，给予足够的尊重，这种感情尤其是在紧要关头，会淋漓尽致地表现出来，这时候，他们是最可靠的。而且，他们会珍藏自己的通讯录。这样的人，不仅把同学、朋友、同事看得很重，而且还比较注重人与人之间的感情。即使他们身边的人不停地变换，但是他们都希望能够留住大家曾经在一起的美好时光，所以在情感上这种人比较怀旧，在爱情上他们大多都会对以往的恋人念念不忘。因此，这些一直保留旧的通讯录的人，比较重感情，比较怀旧，即使是彼此之间的感情已经结束了，也不会放弃他们，因为他想在自己的记忆中保留一份美好的回忆。

在工作方面，他们也总是会保持清醒的头脑，他们很了解自己的能力，他们懂得，无论什么事情不可能凭借一己之力就能做好，只有集中大家的智慧，通过别人的帮助，自己才可能把一件事做得更加完美。但是由于社会上什么样的人都有，他们很可能会因为盲目信赖一些人而被人辜负，但这些经历并不能阻止他们对别人的信任和依赖。在爱情方面这种人一般属于特别痴情的一类人，但是他们的痴情并不能改变他人，所以这种人常常会成为爱情中的苦情派，深爱一个人，却永远得不到对方的怜爱。

相反，有的人喜欢使用比较便于携带的通讯录。这表明他们在很多方面都不是特别的讲究。他们多是随随便便的人。这一类型的人非常实际，什么东西对自己有用的时候就保存，没有用的时候就丢弃。在与人相处中，他们不喜欢强求的友谊，同样他们也不希望会被对方记住或珍惜，他们更喜欢新朋友、新同事，所以这种人的朋友不少，却缺少知己。

有的人每年都要更换一回通讯录，这说明他是一个非常注重实际的人，谁对自己的帮助大，谁对自己的帮助小，他们自己在心里往往有数，分得很清楚。他们很实际，有时候做事一点儿情面也不留，让他人无法接受。可是在另一方面，他们又是比较仗义的，对和自己同属一条战线的人能够为之付出，与此同时，也会有人情愿为他们付出。

有的人使用抽取式的通讯录，这说明他们的社交范围是相当广的，他们认识很多很多的人，所以必须要以最快的速度为这些人找个落脚的地方。他们大多很繁忙，时间表安排得满满的，但他们做事的效率又很高，大多数情况下心态也比较平和。

有的人习惯用铅笔在通讯录上记录，表明这些人不容易相信对方。他们之所以用铅笔记录与人联系的方式，多是对对方持怀疑态度，如果有什么事情证实自己的怀疑是有一定根据的，他们可能很快就会将这个人在通讯录删去，断绝来往。

有的人使用皮夹或皮包型的通讯录，这表明他们的性格不是特别坚强，缺乏必要的安全感，总是想得到他人的关心和帮助，只有这样，才会使他们的情绪稳定下来。他们比较内向，并不太轻易地与陌生人交往，他们与之交往的一些人，多是一些比较亲近的人。

还有的人根本就没有通讯录，他们总是把通讯录和联系方式随便乱放。这样的人生活常常是一团糟的，他们的任何东西都是没有规律的，组织能力和自我约束能力也很差。但他们大多都有较聪慧的头脑，在某一方面有一定的专长，有非凡的创造力和想象力，所以很可能会做出一些重大的成就。

提升篇

瞬间了解他人的心理策略

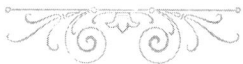

第一章

洞悉心理，赢得好感与支持

·第一节·

洞悉人性，满足他人的心理需求

让出谈话的主动权，满足他人的倾诉欲

有人说："不肯留神去听人家说话，这是不受人欢迎的原因的一种。一般的人，他们只注重于自己应该怎样说下去，绝不管人家要怎样说。需知世界上多半是欢迎专听别人说话的人，很少欢迎自己说话的人。"

很多人在生活中常易犯一个毛病：一旦打开话匣子，就难以止住。其实，这种人得不偿失，因为话说得多了，既费精力，给他人传递的信息又太多，还有可能伤害他人；另外，无法从他人身上吸取更多的东西，因为他们总是不给别人机会。其实，每个人天生都有一种渴望倾诉的心理，希望能够畅快地表达自己，希望有人能够安静地听自己说话。在与人交谈的过程中，我们应该随时关注人们的这种心理，学会做一个认真的倾听者，让出谈话的主动权，满足他人的倾诉欲。

与人交谈时要暂时忘记自己，不要老是没完没了地谈个人生活、自己的孩子、自己的事业。你要在交谈中给对方发表意见的机会，可以尽量去逗引别人说他自己的事情，同时，你以充满同情和热诚的心去听他的叙述，一定会让对方高兴，给对方留下最佳的印象。

如果有几个朋友聚在一起谈话，当中只有一个人口若悬河，其他人只是呆呆地听着，这不就成为他的演讲会，让在场的其他人感到无可奈何和愤怒。每个人都有着自己的发表欲。小学生对老师提出的问题，争先恐后地举起手来，希望教师让自己回答，即便他对这个问题还不是彻底地了解，只是一知半解地懂了一些皮毛，也还是要举起手来的，也不在乎回答错误要被同学们耻笑，这就说明人的表现欲是天生的，因为小学生远不如成年人有那么多顾虑。成人们听人家在讲述某一事件时，虽然他们并不像小学生那样争先恐后地举起手来，但是他的喉头老是痒痒的，他恨不得对方赶紧讲完了好让他讲。

阻遏别人的发表欲，人家一定不高兴，你在此情况下很难得到别人的认同，为什么要做这样的傻事呢？你不但要让别人有发表意见的机会，还得设法引起别人说话的欲望，使人家感觉到你是一位使人欢喜的朋友，这对一个人的好处是非常之大的。

在与人交谈的过程中，与其自己唠唠叨叨地说废话，还不如爽爽快快，让别人去说，反而会得到意想不到的效果。如果能够给别人说话的机会，你就给别人留下了一个好印象，以后，别人就会更愿意与你交谈了。

能说会道的人很受欢迎，而善于倾听的人才真正深得人心。话多难免有言过其实之嫌，或者被人形容为夸夸其谈。静心倾听就没有这些弊病，倒有兼听则明的好处。用心听，给人的印象是谦虚好学，是专心稳重，是诚实可靠。所以，有时候用双耳听比说更能赢得他人的认可和赞誉。

别人得意之事挂在嘴上，自己得意之事放在心里

虚荣心人人都有，是人类天性的一部分，每个人都喜欢炫耀自己的成绩，引起别人的注意。一方面，我们在人际交往的过程中，要学会洞悉他人的虚荣心理，多说说别人得意的事情，不失时机地满足对方的虚荣心；另一方面，要尽量把自己的得意事放在心里，别伤害了对方的虚荣心，尤其是别人失意时，更要注意维护对方的心理。聪明人会将自己的得意放在心里，而不是挂在嘴上，更不会把它当作炫耀的资本。当你和朋友交谈时，最好多谈他关心和得意的事，这样可以赢得对方的好感和认同，从而加深你们之间的感情。

小柯刚调到市人事局的那段日子里，在同事中几乎连一个朋友也没有，他自己也搞不清是什么原因。原来，他认为自己正春风得意，对自己的机遇和才能满意得不得了，几乎每天都使劲向同事们炫耀他在工作中的成绩。但同事们听了之后，不仅没有人分享他的"得意"，而且还极不高兴。后来，还是他当了多年领导的老父亲一语点破，他才意识到自己的症结到底在哪里。以后，每当他有时间与同事闲聊的时候，总是谈论对方的得意之事，久而久之，同事们都成了小柯的好朋友。

诚然，人在得意时都会有张扬的欲望，都想及时地把得意的事和大家分享，以显示自己的优越感，但是当你想谈论你的得意时，要注意说话的场合和对象。你可以在演说的公众场合谈，对你的员工谈，享受他们投给你的钦羡目光，也可以对你的家人谈，让他们以你为荣、引以为豪，但就是不要对失意的人谈。因为失意的人最脆弱，也最敏感，更容易触发内心的失落感。你的每一句得意之言都会在他心中形成鲜明的对比，你的谈论在他听来都充满了嘲讽的味道，让失意的人感受到你"看不起"他。

一个周末，晓楠约了几个要好的朋友来家里吃饭，这些朋友彼此都是很熟悉的。晓楠把他们召集到一起，主要是想借着热闹的气氛，让一位目前正处于人生低潮的朋友心情好一些，希望他早点从心情的低谷中走出来。

这位朋友在不久前因经营不善，关了一家公司，他的妻子也因为不堪生活的重负，正与他谈离婚的事。内外交迫，他实在痛苦极了，对生活也失去了信心。

来吃饭的朋友都很同情这位朋友目前的遭遇，也非常理解他现在的心情，因此大家都避免去谈那些与事业有关的事。但是其中一位朋友因为目前生意好，赚了很大一笔钱，按捺不住内心的喜悦，酒一下肚就忍不住开始大谈他的赚钱本领和花钱功夫，那种得意的神情，连晓楠看了都很不舒服。那位失意的朋友沉默不言，心中的苦涩全写在脸上了，一会儿去拿东西，一会儿去抽烟，最后还是提早离开了。晓楠送他出去，在巷口，他愤愤地说："那家伙会赚钱也不必在我面前说得那么神气。"

晓楠了解他的心情，因为在多年前她也碰到过低潮，曾经对生活绝望，每次有正风光的亲戚、朋友在她面前炫耀自己的薪水、奖金，那种感受就如同把针一枚枚插在心坎一般，说不出的心酸与痛苦。

一般来说，失意的人较少具有攻击性，郁郁寡欢、沉默寡言、多愁善感是最普遍的心态，但别以为他们只是如此。当他们听了你的得意言论后，普遍会产生一种心理——怨恨。这是压抑在内心深处的不满，你说得唾沫横飞、得意忘形，其实，不知不觉中已在失意者心中埋下了一颗情绪炸弹。一般情况下，失意者对你的怀恨不会立即显现，因为他无力显现，但他会通过各种方式来泄恨，比如说你坏话、扯你后腿、故意与你为敌，在暗地里给你下套，主要目的则是看你得意到几时，而最明显的则是疏远你，避免和你碰面，这样你就少了一个朋友，其他的朋友甚至也会孤立你，这样的结果得不偿失。

自己的得意事放在心里，别人的得意事挂在嘴边，只有铭记这一点，才不会被人讨厌，才有可能真正被人接纳，找到成事的"切入点"，让自己的人生多一条坦途，少一分牵绊。

任何时候都要维护他人的自尊

每个人都有自尊，都渴望得到别人的尊重。人与人之间虽然在财富、地位、学识、能力、肤色、性别等许多方面各有不同，但在人格上是平等的。维护自己的自尊是每个人最强烈的愿望，在人际交往中，如果我们伤害了别人的自尊，对方就很有可能会千方百计地伤害我们的自尊；而如果我们维护了别人的自尊，别人也会反过来回报我们对他的尊重。

余伟是一家食品店的老板，他的一名店员经常粗心大意地把商品的价格标签贴错，并由此引起了混淆和顾客的抱怨，余伟每次都批评他，但他还是屡屡犯错。最后，余伟把这名店员叫进了办公室，任命他为价格标签的主管，负责将整个食品店货物架子上的标签都贴在合适的位置上。新头衔和职责让他的工作态度发生了彻底的改变，从此以后，他做的工作都很令人满意。

许多人自尊心非常强，不到万不得已不轻易求人。因为一旦乞求别人的帮助，就意味着自己是弱者，而对方是强者，自己受别人的恩惠，就要看人家的脸色，在别人面前气短三分。正因为如此，我们在为别人提供帮助时，也要考虑自己说话办事的方法，不要伤及对方的尊严，只有这样，才能使他真正得到帮助。否则人情没有做成，反而招人埋怨。

一位女士讲述了她祖父的故事。

当年祖父很穷，冬天来了，他没有钱买木柴，就去向一个富人借钱。富人爽快地答应借给他两块大洋，很大方地说："拿去花吧，不用还了！"

祖父犹豫了一下，还是接过钱，小心翼翼地包好，就匆匆往家里赶。富人冲他的背影又喊了一遍："不用还了！"

第二天大清早，富人打开院门，发现门口的积雪已被人扫过了。他在村里打听后，得知这事是借钱的人干的。

富人想了想，终于明白了：自己昨天的举动是给别人一份施舍。于是他让借钱人写了一份借条，约定以扫雪来偿还借款。

祖父用扫雪的行动提醒富人，任何人都有尊严。可见，即使是在帮助别人的过程中，也要考虑对方的感受，不要以一副"施舍"的姿态，否则一片好心反而遭来怨恨，得不偿失。

由此可见，无论我们与什么身份、什么地位的人打交道，都要随时注意维护他人的自尊，这样才能赢得别人的尊重，避免不必要的麻烦和损失。

让别人感觉他比你聪明

装傻是一种人生大智慧。每个人都希望比别人显得更聪明，你的装傻可以满足他人的这种心理。他会感觉自己很聪明，至少比你聪明一些。一旦他意识到这一点，他将再也不会怀疑你可能有更加重要的目的。

在一个小镇上，有一个孩子，人们常常捉弄他。其中人们最为乐此不疲的一个游戏是挑硬币，他们把一枚5分硬币和一枚1角硬币丢在这个孩子面前，他每次都会拿走那个5分的。于是大家哈哈大笑，感叹一番"真傻""傻得不可救药"等等。

一个女教师偶然看到了这一幕，心中非常难过，她为那些没有同情心的人感到可悲。她把那孩子拉到一边，对他说："孩子，你难道不知道1角钱要比5

分钱多吗？为什么要让人家嘲笑你呢？"

出乎意料的事发生了，孩子双眼闪出灵动的光芒，他笑着说："当然知道！可是如果我拿了那1角钱，以后就再也拿不到那许多的5分钱了。"

这个孩子正是那种貌似愚钝、内心聪明的人，他的傻只是一种伪装，那些肤浅的人们在嘲笑他的同时，却扮演了被愚弄的角色。谁聪明谁傻，从表面上是看不出的，真正的聪明人往往不是光彩外露的。在纷繁复杂、变幻莫测的世界上，那些智者不得不故意装憨卖傻，以一副糊涂表象示之于众人。然而也唯有如此，方称得上有"大智慧"，是"大聪明"。装傻是大智若愚、大巧若拙，是为人处世的大艺术，是保全自我的好方式。

有的人外表似乎固执守拙，而内心却世事通达、才高八斗；有的人外表机敏精灵，而内心却空虚惶恐、底气不足。

人生是个万花筒，一个人在复杂莫测的变幻之中要用足够的聪明智慧来权衡利弊，以防失手于人。但是，有时候不如以静观动、守拙若愚。这种处事的艺术其实比聪明还要胜出一筹。聪明是天赋的智慧，装傻是后天的聪明，人贵在能集聪明与愚钝于一身，需聪明时便聪明，该装傻时就装傻，随机应变。

老子自称"俗人昭昭，我独昏昏；俗人察察，我独闷闷"，而作为老子哲学核心范畴的"道"，更是那种"视之不见，听之不闻，搏之不得"的似糊涂又非糊涂、似聪明又非聪明的境界。人依于道而行，将会"大直若屈，大巧若拙，大辩若讷"。庄子说："知其愚者非大愚也，知其惑者非大惑也。"人只要知道自己的愚和惑，就不算是真愚真惑。是愚是惑，各人心里明白就足够了。圣贤将"装傻"上升到哲学的高度，其中的深意耐人寻味。

成全别人好胜心，成就自己获胜心

人人都有自尊心，人人都有好胜心，若要联络感情，应处处重视对方的自尊心，因为重视对方的自尊心，必须抑制你自己的好胜心，成全对方的好胜心。若能做到这一点，在危险中你将可以保全自己，在竞争中你将更容易获胜，在日常与人相处中你将获得好人缘。

汉初良相萧何，今江苏沛县人，曾任沛县主吏掾、泗水郡卒吏等职，持法不枉害人。秦末随刘邦起兵反秦，刘邦进入咸阳，萧何便把相府及御史府的法律、户籍、地理图册等收集起来，使刘邦知晓天下山川险要、人口、财力、物力的分布情况。项羽称王后，萧何劝说刘邦接受分封，立足汉中，养百姓，纳贤才，收用巴蜀二郡的赋税，积蓄力量，然后与项羽争天下。萧何为此深得刘邦信任，被任为丞相。他极力向刘邦举荐韩信，认为刘邦要取得天下非用韩信不可。后来韩信在楚汉战争中的才干证明了萧何慧眼识人。楚汉战争中，萧何留守关中，安定百姓，征收赋税，供给军粮，支援了前方的战斗，为刘邦最后战胜项羽提供了物质保证。西汉建立后，刘邦认为萧何功劳第一，封他为侯，后被拜为相国。萧何计诛了韩信后，刘邦对他就更加恩宠，除对萧何加封外，刘邦还派了一名都尉率五百名士兵作为相国的护卫。

当天，萧何在府中摆酒庆贺。有一个名叫召平的人，穿着白衣白鞋，进来对萧何说："相国，您的大祸就要临头了。皇上在外风餐露宿，而您长年留守在京城，您既没有什么汗马功劳，又没有什么特殊的勋绩，皇上却给您加封，又给您设置卫队，这是由于最近淮阴侯在京谋反，因而也怀疑您了。安排卫队保卫您，这可不是对您的宠爱，而是为了防范您。希望您辞掉封赏，再把全部私家财产都捐给军用，这样才能消除皇上对您的疑心。"

萧何听从了他的劝告，刘邦果然很高兴。同年秋天，英布谋反，刘邦亲自率军征讨。刘邦身在前方，每次萧何派人输送军粮到前方时，他都要问："萧相国在长安做什么？"使者回答，萧相国爱民如子，除办军需以外，无非是做些安抚、体恤百姓的事。刘邦听后总默不作声。使者回来后告诉萧何，萧何也没有识破刘邦的用心。

有一次，萧何偶然和一个门客谈到这件事，这个门客忙说："这样看来您不久就要被满门抄斩了。您身为相国，功列第一，还能有比这更高的封赏吗？况且您一入关就深得百姓的爱戴，到现在已经十多年了，百姓都拥护您，您还在想尽办法为民办事，以此安抚百姓。现在皇上之所以几次问您的起居动向，就是害怕您借关中的民望而有什么不轨行动啊！如今您何不贱价强买民间田宅，故意让百姓骂您、怨恨您，制造些坏名声，这样皇上一看您也不得民心了，才会对您放心。"

萧何说:"我怎么能去剥削百姓,做贪官污吏呢?"门客说:"您真是对别人明白,对自己糊涂啊!"萧何又何尝不知道这个道理,为了消除刘邦对他的疑忌,只得故意做些侵夺民间财物的坏事来自污名节。不多久,就有人将萧何的所作所为密报给刘邦。刘邦听了,像没有这回事一样,并不查问。当刘邦从前线撤军回来,百姓拦路上书,说相国强夺、贱买民间田宅,价值数千万。刘邦回长安以后,萧何去见他时,刘邦笑着把百姓的上书交给萧何,意味深长地说:"你身为相国,竟然也和百姓争利!你就是这样'利民'啊?你自己向百姓谢罪去吧!"刘邦表面让萧何自己向百姓认错,补偿田价,可内心里却暗自窃喜。对萧何的怀疑也逐渐消失。

刘邦身为开国皇帝,自是不希望臣子的威信高过自己。萧何采纳了门客的建议成功地保全了自己。

人们在人际交往中也是如此,每个人都有好胜心,懂得成人之美,是一种双赢、皆大欢喜的智慧。

·第二节·

揣摩心理,与他人有效沟通

看清谈话对象的身份,然后再开口

中国有句谚语:"到什么山唱什么歌,见什么人说什么话。"说场面话不看对象,常常会让别人无法理解自己的本意,从而在无形之中与别人拉开了距离。反之,了解了对方的情况,并依据其情况,寻找与之相适应的话题和谈话内容,双方就会觉得谈话比较投机,彼此在距离上也显得比较亲切。对方会觉得你是一个极具亲和力的人,从而愿意与你相处。

1.看对方的身份地位说话

几乎没有一个人在说话的时候不考虑到彼此的身份。不分对象,不看对方身份，都用一样的口气说话，是幼稚无知的表现。下级对上级、晚辈对长辈、学生对老师、普通人对有名气地位的人等，不必表现得屈从、奉迎。但在言谈举止上则不要过于随便，有必要表现得更加尊重一些。在不是十分严肃隆重的场合，身份较高的人对身份较低的人说话越随和风趣越好，而身份较低的人对身份较高的人说话则不宜太过随便，尤其在公众场合，说话要恰如其分地把握好自己与听者的身份差别。地位则是个人在团体组织中担负的职位和在社会关系中所处的位置。个人的社会地位不同，就会有不同的人生经历、社会职责和交际目的，对口才表达也会产生不同的需求。

例如，与上司说话，或是探讨工作，我们应该尽量向上司多请教工作方法，多讨教办事经验，他就会觉得你尊重他，看得起他。所以，在工作中，即使你全都懂，也要装出有不明白的样子，然后主动去问上司："关于这事，我不太了解，应该如何办？"或"这件事依我看来这样做比较好，不知局长有何高见？"上司一定会很高兴地说："嗯，就照这样做！"或"这个地方你要稍微注意一下！"或"大体这样就好了！"如此一来，我们不但会减少错误，上司也会感到自身的价值，而有了他的帮助和支持，后面的事情就好办得多了。

2. 针对对方的特点说话

和人交谈要看对方的身份、地位，还要看对方的性格特点，针对他的不同特点，采取不同的说话方式，这样才有利于解决问题。

春秋时期的纵横家鬼谷子指出："与智者言依于博，与博者言依于辨，与辩者言依于要，与贵者言依于势，与富者言依于豪，与贫者言依于利，与卑者言依于谦，与勇者言依于敢，与愚者言依于锐。"意思是说，和聪明的人说话，须凭见闻广博；与见闻广博的人说话，须凭辨析能力；与地位高的人说话，态度要轩昂；与有钱的人说话，言辞要豪爽；与穷人说话，要动之以利；与地位低的人说话，要谦逊有礼；与勇敢的人说话，不要怯懦；与愚笨的人说话，可以锋芒毕露。

一次，孔子的学生仲由问："听到了，就去干吗？"孔子说："不能。"又一次，另一个学生冉求又问："听到了，就去干吗？"孔子说："干吧！"公西华在旁听了犯疑，就问孔子："两个人的问题相同，而您的回答却相反。我有点儿糊涂，故来请教。"孔子说："求也退，故进之；由也兼人，故退之。"

孔子的意思是说：冉求平时做事好退缩，所以我给他壮胆；仲由好胜，胆大勇为，所以我劝阻他。孔子教育学生因人而异，我们谈话也要因人而异。

3. 与异性谈话要注意距离

与同性和异性交流，在说话方式、措辞和态度上都应有所区分，尤其在与异性说话时，要注意关系的亲疏远近，选择适当的称呼用语，谈话中也要尽量避免一些模糊、暧昧的词语，否则容易引起误会甚至对方的反感。

一个男子在火车站候车，看见坐在身边的一位女士风韵照人，便凑上前去搭讪。

男子："你这双袜子是从哪儿买的？我想给我的妻子也买一双。"

女士："我劝你最好别买了，穿这种袜子，会招来不三不四的男人找借口跟你妻子搭腔的。"

所以，男士同女士交谈，一定要对她们的心理有一定的了解，注意男女有别，一定要保持应有的距离，而不能把男人圈里的东西随便搬过来。此外，男性与女性说话，一般不宜贸然提起对方的年龄，尤其和西方女性交流时更要注意这一点。

不同的人在不同的情况下有不同的心态，有时候甚至不会从外部表现上明显地表露出来，这时作为表达者就应当洞察对方的心理，以便进行有效的交流。既然大家日常说话有差别，同样的话，可能对这个人说，他很愿意接受，而对另外一个人说，不但不接受，而且还产生了反感，不利于交流。所以遇到不同的人要说不同的话，才能真正引来对方的好感。

得体的幽默最能取悦人心

幽默使生活充满了情趣，哪里有幽默，哪里就有活跃的氛围。在人际交往中，幽默是心灵与心灵之间快乐的天使，得体的幽默最能够取悦人心，没有人会不喜欢能让自己开心的人，如果你能博得他人一笑，自然就能够营造轻松愉快的谈话气氛，沟通起来就容易多了。

一个秃头者，当别人称他"理发不花钱，洗头不费水"时，他当场变了脸，使原本比较轻松的环境变得紧张起来。一位演讲的教授，也是一个秃头，他在自我介绍时说："一位朋友称我聪明透顶，我含笑地回答：'你小看我了，我早就聪明绝顶了。'"然后他指了指自己的头说，"我今天演讲的题目是'外表美是心灵美的反映'。"教授就这样开始了自己的演讲，整个会场充满了活跃的气氛。

同样是秃头，为什么不同的人得到的却是别人不同的应对，其间的缘故就是有没有幽默感。秃头的教授在自我介绍时运用自嘲的方式谈自己的秃头，继而又把自己的秃头和讲座的主题联系起来，表现出随和大度的个性，立刻活跃了气氛。

幽默家兼钢琴家波奇，有一次在美国密歇根州的福林特城演奏，发现听众不到一半，他当然很失望也很难堪，但是他走向舞台时却说："福林特这个城市一定很有钱，我看到你们每个人都买了两三个座位的票。"于是整个大厅里充满了欢笑，波奇也以寥寥数语化解了尴尬的场面。

由此可见，幽默不仅反映出一个人随和的个性，还显示了一个人的聪明、智慧及随机应变的能力。生活中应用幽默，可缓解矛盾，调节情绪，促使心理处于相对平衡的状态。著名的喜剧大师卓别林曾说："通过幽默，我们在貌似正常的现象中看出不正常的现象，在貌似重要的事物中看出不重要的事物。"

幽默并非天生就有，而是需要自己用心培养。那么，怎样培养幽默感呢？

1. 要领会幽默的真正含义

幽默不是油腔滑调，也非嘲笑或讽刺。正如有位名人所言：浮躁难以幽默，装腔作势难以幽默，钻牛角尖难以幽默，捉襟见肘难以幽默，迟钝笨拙难以幽默，只有从容、平等待人、超脱、游刃有余、聪明透彻，才能幽默。

2. 扩大知识面

幽默是一种智慧的表现，它必须建立在丰富的知识基础上。一个人只有具有审时度势的能力、广博的知识，才能做到谈资丰富，妙言成趣，从而有恰当的比喻。因此，要培养幽默感，必须广泛涉猎，充实自我，不断从浩如烟海的书籍中收集幽默的浪花，从名人趣事的精华中撷取幽默的宝石。

3. 陶冶情操

幽默是一种宽容精神的体现，要使自己学会幽默，就要学会宽容大度，克服斤斤计较的缺点，同时还要乐观。乐观与幽默是亲密的朋友，生活中如果多一点趣味和轻松，多一点笑容和游戏，多一份乐观与幽默，那么就没有克服不了的困难，也不会出现整天愁眉苦脸、忧心忡忡的痛苦者。

4. 培养敏锐的洞察力

提高观察事物的能力，培养机智、敏捷的能力，是提高幽默感的一个重要方面。只有迅速地捕捉事物的本质，以诙谐的语言做出恰当的比喻，才能使人们产生轻松的感觉。

当然，在幽默的同时还应注意，幽默既不是毫无意义的插科打诨，也不是没有分寸的卖关子、要嘴皮。幽默要在入情入理之中，做到不落入俗套，让幽默为人们的精神生活提供真正的养料。

实话要巧说，坏话要好说

在生活中，人与人之间交流是避免不了的，同时说话的双方彼此都希望对方能对自己实话实说。但在某些特定的场合下，如顾及面子、自尊，以及出于保密等，实话实说往往会令人尴尬、伤人自尊，因此，实话是要说的，却应该巧说。那么该如何才能巧妙地去表达呢？如何才能说得既让人听了顺耳，又欣然接受呢？在这里介绍几点：

1. 由此及彼肚里明

当两个人的意见发生了分歧，如果实话"实说"直接反驳就有可能伤了和气，影响团结。这个时候就需要我们采取这种方法，因为这样可以避免一些麻烦。有这样一个例子：

一次事故中，主管生产的副厂长老马左手指受了伤被送往医院治疗，厂长老丁来病房看望时，谈到车间小吴和小齐两个年轻人技术水平较强，但组织纪律观念较差，想让他们下岗。老马当时没有表态，只是突然捧着手"哎哟哎哟"地大叫了起来。丁厂长忙问："疼了吧？"老马说："可不是？实在太疼了，干脆把手锯掉算了。"老丁一听忙说："老马，你是不是疼糊涂了，怎么手指受了伤就想把手给锯掉呢。"老马说："老丁，你说得很有道理，我这手受了伤需要治疗，那小吴和小齐……"老丁一下子听出了老马的"弦外之音"，忙说："老马，谢谢你开导我，小吴和小齐的事我知道该怎么处理了。"

老马用手有病需要治疗类比人有缺点需要改正，进而巧妙地把用人和治病结合起来，既没因为直接反对老丁伤了和气，而且又维护了团结，成功地解决了问题。

2. 抓心理达目的

这就是要抓住人的心理，运用激将的方法，进而达到自己真正的目的。

一位穿着华贵的妇女走进时装店，对一套服装很感兴趣，但又觉得价格昂贵，于是犹豫不决。这时一位营业员走过来对她说，某某女部长刚才也看好了这套服装，和你一样也觉得这件服装有点贵，刚刚离开，于是这位夫人当即买下了这套服装。

这位营业员能让这位夫人买下服装，是因为她很巧妙地抓住了这位夫人"自己所见与部长略同"和"部长嫌贵没买，我要与部长攀比"的心理，用激将的方法进而巧妙地达到了让夫人买下服装的目的。

3. 藏而不露巧表达

运用多义词委婉曲折地表明自己要说的大实话。

林肯当总统期间，有人向他引荐某人为阁员，因为林肯早就了解到该人品行不好，所以一直没有同意。一次，朋友生气地问他，怎么到现在还没结果。林肯说，我不喜欢他那副"长相"。朋友一惊道："什么！那你也未免太严厉了，'长相'是父母给的，也怨不得他呀！"林肯说："不，一个人超过40岁就应该对他脸上那副'长相'负责了。"朋友当即听出了林肯的话中话，再也没有说什么。

很显然，这里林肯所说的"长相"和他朋友所说的"长相"，根本不是一回事。林肯巧妙地利用词语的歧义性，道出了"这个人品行道德差，我不同意他做阁员"这句大实话，既维护了朋友的面子，又达到了自己的目的。

绕个圈子再说"不"

身边常有这样的人，一味地照顾别人的感受，凡事都习惯于说"是"，经常给别人面子，认为那是一种对别人的尊重。然而，他们却没有意识到，自己拒绝的权利没有得到别人的尊重。聪明的女人应该学会如何果断而尊重地拒绝。

在日常生活中，热情地帮助别人，对别人的困难有求必应，当然有助于建立融洽的人际关系。但生活中也常有这样的事，即别人有求于你的，恰恰是你感到为难的事。帮忙吧，自己确实有难处；不帮忙吧，又怕人家说你的闲话。还有的时候，你必须对别人的提问给予回答，一般说来，肯定的合乎对方期望的回答往往能使听者感到愉快，而否定的回答，尤其是直截了当地说"不"，则会使提问者感到失望和尴尬。拒绝就意味着将对方阻挡在门外，拂却了对方的一片"好意"，说"不"需要很大的勇气。

所以，拒绝别人也有一定的方法，说出来的话要能让对方接受，这样彼此之间的关系才不会受到影响。拒绝是一门艺术、一门学问，能体现一个人的综合素养。当别人对你有所希求而你办不到，不得已要拒绝的时候，你最好用婉言拒绝的方式。所谓婉言拒绝就是用温和曲折的语言，把拒绝的本意表达出来。与直接拒绝相比，它更容易被接受。它在很大程度上，顾全了被拒绝者的颜面。

拒绝他人的一个好办法就是在对方提出请求后，不要马上回答，而是先讲一些理由诱使对方自我否定，自动放弃原来提出的请求，以减少对方遭到拒绝后的不快。

两个打工的老乡找到在城里工作的李某，诉说打工的艰难，一再说住店住不起，租房又没有合适的，言外之意是要借宿。李某听后马上暗示说："是啊，城里比不了咱们乡下，住房可紧了，就拿我来说吧，这么两间耳朵大的房子，住着三代人，我那上高中的儿子，晚上只得睡沙发。你们大老远地来看我，应该留你们在我家好好地住上几天，可是做不到啊！"两位老乡听后，就非常知趣地走开了。

拒绝别人是一件很难的事，如果处理得不好，很容易就会影响彼此的关系，所以在拒绝别人的时候有必要绕个圈子说出你的"不"。喜剧大师卓别林就曾说过一句话："学会说'不'吧！"学会有艺术地说"不"，才是真正掌握了说话的艺术。当你不得不拒绝别人时，也要讲究礼貌，这对于你的形象是大有益处的。人都是有自尊心的，一个人有求于别人时，往往都带着惴惴不安的心理，如果一开口就说"不行"，势必会伤害对方的自尊心，引起对方强烈的反感，而如果话语中让他感觉到"不"的意思，从而委婉地拒绝对方，就能够收到良好的效果。所以掌握好说"不"的分寸和技巧就显得很有必要。

1. 通过幽默的话拒绝别人

适当地在拒绝别人的时候加入一些调笑剂，不仅不会让对方难堪，而且你自己心里也不会有太多的压力和内疚。

2. 推托其辞

例如你的一位同事请你到他家里吃饭，以便要你帮他做某事，你不便直接说"不"，就可找个理由推辞过去。你可以说家里或单位有事，因此不能去。这时，别人一般就会明白你什么意思了。

3. 用答非所问的方式，婉拒对方的建议，使对方一听就知道你不想答应他的要求

如果你的一位朋友邀请你星期天去看电影，你不想去时可以说："划船不错，咱们去公园划船吧。"

4. 拖延回答

例如你一位老乡对你说："你今晚到我这来玩吧！"你不想去时可以说："今天恐怕不行了，改天我一定会去的。"这样的话听起来比"没空，来不了"的回答，显然易于为对方所接受，至于下次什么时候来，其实也并没说清楚。

5. 先扬后抑

对于别人的一些想法和要求，可以先用肯定的口气表示赞赏，再来表达你的拒绝。这样既不会伤害对方的感情，也为自己留下了一条后路。

·第三节·

用心交往，让他人乐意帮助自己

给予对方一个头衔，他更愿意鼎力相助

要想获得他人的鼎力支持，给予他人合适的头衔是非常有效的方式，这被无数事实反复证明是正确的。虽然头衔是虚的，不能增加人的经济收益，但却可以在极大程度上满足人的自我成就感。很多人都通过给予对方一个光辉闪耀的头衔来获得对方的鼎力协作。

斯坦梅茨是一位拥有异常敏锐的观察力和无法估计的才能的人。然而，在他就任通用电气公司的行政主管时，他所管理的事务却乱作一团，因此，他被撤销了行政主管一职，担任顾问兼工程师。那么，怎样才能使这样一个事业上受挫的人不遗余力地投入到工作中，为公司效力呢？

这时，高层管理人员运用了一些奇妙的驭人策略。他们给予了斯坦梅茨一个耀眼的头衔——"科学的最高法院"。一时之间，几乎公司上下所有的人都知道：有一个叫斯坦梅茨的工程师非常了不起，他被称为"科学的最高法院"。而斯坦梅茨也极力维护这个头衔所带给他的荣誉，他不遗余力地工作着，创造了很多奇迹，为通用电气的发展做出了极大的贡献。

头衔是一种公开化的赞誉，面对它，几乎没有人能够真正抗拒。头衔能够让许多人激动不已，能够激发他们的工作热情，当然，还能够赢得他们的忠诚。一个小小的头衔真的拥有这么巨大的魔力吗？

其实，这当中是有其心理学依据的。

一方面，从个体心理学的角度看，当一个人被赋予某种头衔的时候，他对自己的自我认知就发生了改变。潜意识中，他将自己和这种头衔统一起来，如

213

果他不按头衔的要求去做的话，他就会产生认知失调，也就是自我认知和言行出现冲突，从而产生心理不适。因此，为了避免认知失调的产生，他一定会以积极的言行来极力维系头衔带给他的荣誉。

另一方面，从社会心理学的角度看，当一个人被赋予某种头衔的时候，实际上是被赋予了某种社会角色。著名心理学家津巴多曾经做了一个这样的实验：

参加实验的志愿者都是男性。津巴多将他们分成两组，一组扮演监狱里的"看守"，另一组扮演"犯人"。

一天后，几乎所有的参与者进入了角色。"看守"变得十分暴躁而粗鲁，甚至主动想出许多方法来体罚"犯人"。而"犯人"则"垮"了下来，有的消极地逆来顺受，有的开始积极反抗，有的甚至像个看守一样去欺辱其他犯人。

人有一种将自身的言行与自己所扮演的角色统一起来的本能，人很难抛开自己所拥有的头衔而做出格的事情。

如果想让别人做出改变，不妨给他一个与之相适应的头衔，让他觉得自己是这样的人，他便会表现得像这个人一样。任何人都不甘于辜负好的名声，如果你乐于给他一顶桂冠，他就会乐于做出优秀的表现。

激起心理共鸣，让他感觉像是在帮助自己

心理学中，有一个概念叫共鸣，指人在与自己一致的外在思想情感及其他客体刺激影响下而产生的情状相同、内容一致、倾向同构的心理活动和精神现象。在人际交往过程中，"心理共鸣"是一种以心交心的有效方式，也是一门非常微妙的相处艺术。求人的时候，如果你能激起对方的心理共鸣，事情自然就好办多了。

不过，虽然人与人之间本来就有许多地方是相同的，但是要产生共鸣，还需要有相当的说话技巧。当你对另一个人有所求的时候，最好先避开对方的忌讳，从对方感兴趣的话题谈起，不要太早暴露自己的意图，让对方一步步地赞同你的想法，当对方跟着你走完一段路程时，便会不自觉地认同你的观点。

伽利略年轻时就立下雄心壮志，要在科学研究方面有所成就，为此，他希望得到父亲的支持和帮助。

一天，他对父亲说："爸爸，我想问您一件事，是什么促成了您同母亲的婚事？"

"我看上她了。"父亲不假思索地答道。

伽利略又问："那您有没有娶过别的女人？"

"没有，孩子。家里的人要我娶一位富有的女士，可我只钟情于你的母亲，她从前可是一位风姿绰约的姑娘。"

伽利略说："您说得一点也没错，她现在依然风韵犹存。您不曾娶过别的女人，因为您爱的是她。您知道，我现在也面临着同样的处境。除了科学以外，我不可能选择别的职业，我对它的爱有如对一位美貌女子的倾慕。"

父亲说："像倾慕女子那样？你怎么会这样说呢？"

伽利略说："一点也没错，亲爱的爸爸，我已经18岁了。别的学生，哪怕是最穷的学生，都已想到自己的婚事，可是我从没想过那方面的事，以后也不会。因为我只愿与科学为伴。"伽利略继续说，"亲爱的爸爸，您有才干，但没有力量，而我却能兼而有之。为什么您不能帮助我实现自己的愿望呢？我一定会成为一位杰出的学者，获得教授身份。我能够以此为生，而且比别人生活得更好。"

说到这，父亲为难地说："可我没有钱供你上学。"

接着伽利略又说："爸爸，您听我说，很多穷学生都可以领取奖学金，这钱是公爵宫廷给的。我为什么不能去领一份奖学金呢？您在佛罗伦萨有那么多朋友，您和他们的交情都不错，他们一定会尽力帮忙的。他们只需去问一问公爵的老师奥斯蒂罗·利希就行了，他了解我，知道我的能力……"

父亲被说动了："嗯，你说得有理，这是个好主意。"

伽利略抓住父亲的手，激动地说："我求求您，爸爸，求您想个法子，尽力而为。我向您表示感激之情的唯一方式，就是……就是保证成为一个伟大的科学家……"

伽利略最终说动了父亲，他实现了自己的理想，成为一位闻名遐迩的科学家。

伽利略争取父亲的认可和帮助，采用的就是"心理共鸣"的方法。这种方法一般可分为以下 4 个阶段：

1. 导入阶段

先顾左右而言他，以对方当时的心情来体会现在的心情。例如，伽利略先请父亲回忆和母亲恋爱时的情形，引起了父亲的兴趣。

2. 转接阶段

伽利略巧妙地通过这句话把话题转到自己身上："我现在也面临着同样的处境。"

3. 正题阶段

提出自己的建议和想法。伽利略提出"我只愿与科学为伴"，这也正是他要说服父亲的主题。

4. 结束阶段

明确提出要求。为了使对方容易接受，还可以指出对方这样做的好处。伽利略正是这样做的，他说："……为什么您不能帮助我实现自己的愿望呢？我一定会成为一位杰出的学者，获得教授身份。我能够以此为生，而且比别人生活得更好。"

正是巧妙运用了"心理共鸣"的方法，伽利略终于达到了自己的目的，为最终实现自己的理想奠定了基础。在日常生活中，我们也不妨试着用这种方法求助别人，往往会带来让你满意的结果。

弱势时打张感情牌，激发同情心

正所谓"以情动人"，"情"最能开启人的心扉，真正唤起别人的共鸣和认同。现实世界里，聪明的人往往善于打"情感"牌，尤其在弱势的时候，这样更容易被他人认可、得到帮助。

在美国经济大萧条时期，有一位 17 岁的姑娘好不容易才找到一份在高级珠宝店当售货员的工作。在圣诞节的前一天，店里来了一位 30 岁左右的贫民顾客，他衣衫褴褛，一脸的悲哀、愤怒，他用一种不可企及的目光盯着那些高级首饰。

这位姑娘要去接电话，一不小心，把一个碟子碰翻，六枚精美绝伦的金戒指落到地上，她慌忙捡起其中的五枚，但第六枚怎么也找不着。这时，她看到那个30岁左右的男子正向门口走去，顿时，她知道了戒指在哪儿。

当男子的手将要触及门柄时，姑娘柔声叫道："对不起，先生！"

那男子转过身来，两人相视无言，足足有一分钟。

"什么事？"他问，脸上的肌肉在抽搐。

姑娘一时竟不知说些什么。

"什么事？"他再次问道。

"先生，这是我第一份工作，现在找个事做很难，是不是？"姑娘神色黯然地说。

男子长久地审视着她，终于，一丝柔和的微笑浮现在他脸上。

"是的，的确如此。"他回答，"但是我能肯定，你在这里会干得不错。"

停了一下，他向前一步，把手伸给她："我可以为你祝福吗？"

他转过身，慢慢走向门口。姑娘目送着他的身影消失在门外，转身走向柜台，把手中握着的第六枚金戒指放回了原处。

这位姑娘成功地要回了青年男子拾到的第六枚金戒指的关键是，在尊重谅解对方的前提下，以"同是天涯沦落人"的凄苦的言语博得对方的真切同情。对方虽是流浪汉，但此时握有打破她饭碗的金戒指，极有可能使她也沦为"流浪汉"。因此，"这是我的第一份工作，现在找个事做很难"，这句真诚朴实的表白，却饱含着惧怕失去工作的痛苦之情，也饱含着恳请对方怜悯的求助之意，最终感动了对方。对方也巧妙地交还了戒指。试想，如果这位姑娘怒骂，甚至叫来警察，说不定也能找回戒指，但姑娘的"饭碗"还保得住吗？

曹丕和曹植都是曹操的儿子，均能辞赋。在文学史上，父子三人合称"三曹"。曹操被汉献帝封为魏王后，在诸子中选立自己的继承人。长子曹丕虽被确定为继承人，但觉得自己的地位很不稳固，认为弟弟曹植是自己强有力的竞争者，而且曹植也未放弃希望。于是，两人都想方设法争宠于曹操。

有一次，曹操要率大军出征，曹丕与曹植都前去送行。临别时，曹植作了一篇洋洋洒洒的散文，极力称颂父王功德，并当众朗诵得声情并茂，使得曹操和他的左右文武大臣万分高兴。曹植也因此受到众人的夸奖。曹丕怅然若失。这时，他的谋士吴质悄悄建议他做出流涕伤怀的样子。等到曹操出发时，曹丕什么话也不说，只是泪流满面，趴在地上，悲伤不已，表示为父王将要出生入死而担忧。他一边哭着一边跪拜，祝愿父王与将士平安。曹操及左右将士都大为叹息。

这样一来，形势大转。曹操和左右大臣都认为曹植虽能说会道，但华而不实，论心地诚实仁厚远不如曹丕。一番考察和鉴别之后，曹操最终把曹丕定为自己的继承人。

曹丕心里知道，曹植才华横溢，而自己处于弱势，如果和他硬拼，无异于鸡蛋碰石头。于是，曹丕打出了感情牌，以父子之情感动曹操，最终达到了目的。

由此可见，弱势地位并非没有好处，如果能够巧妙地运用自己的弱势，从情感上打动对方，也能够顺利获得帮助。

登门槛效应：先提小要求，再提大要求

曾有社会心理学家做过一个经典而又有趣的实验，他们派了两个大学生去访问加州郊区的家庭主妇。首先，其中一个大学生先登门拜访了一组家庭主妇，请求她们帮一个小忙：在一个呼吁安全驾驶的请愿书上签名。这是一个社会公益事件，每年死在车轮底下的人不知道有多少！不就是签个字吗，太容易了。于是绝大部分家庭主妇都很合作地在请愿书上签了名，只有少数人以"我很忙"为借口拒绝了这个要求。

接着，在两周之后，另一个大学生再次挨家挨户地去访问那些家庭主妇。不过，这次他除了拜访第一个大学生拜访过的家庭主妇之外，还拜访了另外一组家庭主妇作为第二组实验对象。与上一次的任务不同，这个大学生访问时还背着一个呼吁安全驾驶的大招牌，请求家庭主妇们在两周内把它竖立在她们各自院子的草坪上。可是，这是个又大又笨的招牌，与周围的环境很不协调。按照一般的经验，这个有点过分的要求很可能被这些家庭主妇拒绝。毕竟，这个

大学生与她们素昧平生，要求她们帮这么大的忙，真的有些难为她们。

实验结果是：第二组家庭主妇中，只有 17% 的人接受了该项要求，但是，第一组家庭主妇中，则有 55% 的人接受了这项要求，远远超过第二组。

对此，心理学家的解释是，人们都希望给别人留下前后一致的好印象。为了保证这种印象的一致性，人们有时会做一些理智上难以解释的事情。在上面的实验中，答应了第一个请求的家庭主妇表现出了乐于合作的特点。当她们面对第二个更大的请求时，为了保持自己在他人眼中乐于助人的形象，她们只能同意在自家院子里竖一块粗笨难看的招牌。

这个实验告诉我们，一个人一旦接受了他人的一个小要求之后，如果他人在此基础上再提出一个更高一点的要求，那么，这个人就倾向于接受更高的要求。这样逐步提高要求，就可以有效地达到预期的目的。心理学家把这种对别人提出一个更高要求之前，先提出一个别人很容易接受的小要求，从而使别人对进一步的更高要求更容易接受的现象称为"进门槛效应"。

为什么会发生"进门槛效应"呢？

当你对别人提出一个貌似"微不足道"的要求时，对方往往很难拒绝，否则，似乎显得"不近人情"。而一旦接受了这个要求，就仿佛跨进了一道心理上的门槛，就很难有抽身后退的可能。因此当再次向他们提出一个更高的要求时，这个要求就和前一个要求有了顺承关系，让这些人容易顺理成章地接受。在这种情况下，比一上来就提出比较高的要求更容易被人接受。

日常生活中有许多利用"进门槛效应"的例子。比如一个推销员，当他可以敲开门，跟顾客进行交谈时，其实，他已经取得了一个小小的成功。在这种情况下，如果他能够说服顾客买一件小东西的话，那么，他再提出进一步的要求时，就很可能被满足。为什么呢？因为那位顾客之前答应了一个要求，为了前后保持一致，他的确会有可能接受进一步的要求。男士在追求自己心仪的女孩时，也并不是"一步到位"提出要与对方共度一生的，而是逐渐通过看电影、吃饭、游玩等小要求来逐步达到目的的。

有的孩子向妈妈要求，可不可以吃颗糖果？当妈妈答应他的时候，他可能会提出进一步的要求，那可不可以喝一小杯果汁呢？妈妈通常也是会答应的。

这个心理效应给我们的启示是，在人际交往中，当我们要提出一个比较高的要求时，可以不直接提出，因为这个时候很容易被拒绝。你可以先提出一个较小的要求，一旦对方答应，再提出那个较高的要求，就会有更大的被接受的可能。

假如你要组织一次募捐活动，怎样才能征集到更多的募捐款呢？根据"进门槛效应"，调动你的思维，把你的想法写下来。

英国心理学家查尔迪尼曾做过一个募捐实验：对一部分人募捐时提出请求，并附加一句"哪怕一分钱也行"，结果其捐款人数比没有这句附加语的人数多两倍，并且募捐到的款额也不少。查尔迪尼的这个实验是否会给你一些启示呢？

当我们要请求别人帮忙或是做事的时候，不妨运用"进门槛效应"，这样做会给你带来意想不到的收获。

不妨提一个更大的要求更容易取得成功

在生活中，我们经常可以见到这样一种现象：一个人提出了一个大要求后再提出一个同类性质的小要求，这个小要求就有可能被人轻易地接受。这一现象与"进门槛"恰好相反，因而人们称其为"反进门槛效应"，也叫留面子技术。

美国著名的顾问尼一韦是贺华勃及罗克法芮等许多大名鼎鼎的人物常常向他咨询或让他做决策的人，他曾经很妥善地帮助他们解决了一个个非常难处理的事件。

当时，尼一韦在英国想请著名的阿丝狄夫人给刚在纽约动工的阿斯托尼亚大饭店举行奠基典礼。

"不行，"阿丝狄夫人说，"此事恕我不能遵命，你们之所以需要我，只是想让我为你们旅馆做做广告而已。"

而尼一韦的话的确使她大吃一惊。"夫人，的确如此。"尼一韦接着说，"然而，你也不会一无所获的，你也可以借此接近广大群众。因为，这个典礼将由广播电视向全国转播。"后来他又向她声明，他们并不希望她发表什么演说，只是要她到场露一下面就行了，并且反复强调了此举的意义。最后阿丝狄夫人便应允下来，答应出席他们的奠基典礼。

从这我们可以看出，尼一韦能使阿丝狄夫人答应的真正原因，还是在于他开始的时候，使夫人感到出其不意的让步。

阿丝狄夫人说："他们需要我做广告，这是我不愿意的。然而，他却坦白地承认了这一点。在这一点上他表示出了让步。"接下来尼一韦迎合了阿丝狄夫人的心理去劝说，结果他终于取胜了。

这一效应在美国心理学家西阿弟尼等人 1975 年做的实验中得到了印证。他们要求第一组被试者做一件没有工资的工作，即当少年犯的顾问，每星期两个小时，至少做两年。毫无疑问，没有一个人答应这样的要求。当所有人都拒绝时，实验者马上问他们，是否同意做别的事情，只需要很少的时间，即带着少年犯到动物园游玩两个小时；对第二组被试者只提出了较小的要求，即要求他们带那些少年犯到动物园游玩；对第三组被试者提出可以在两种要求中选择一个。结果他们同意的百分率分别为 50%、16.7%、25%。

由此可见，运用这种留面子技术的效果是十分明显的。事实上，这种技巧在小商品市场中司空见惯。那些小商贩先漫天要价，然后再讨价还价，这时人们便以为他为此让步了，价格比较合理了，因此便接受了他们的要求。日常生活中，这类例子也比比皆是。例如，你想说服别人借给你 500 元，你可以先向他提出借 2000 元的要求，遭到拒绝后，待他向你解释原因时，你就可以说："既然 2000 元很难拿出手，那借 500 元总可以吧。"这样，他就有可能答应你这一较小的要求。

在人际交往中，我们也可以利用这种留面子技术，达到劝说别人接受意见的目的。劝说别人，并不意味着只是一味进逼，适当地退让和承认对方意见的合理性，倒显得通情达理，使人易于接受劝告。如果妻子只是劝说丈夫每天少抽几支烟，丈夫可能无动于衷，妻子进而要求戒烟，不许屋里有烟味，丈夫很可能就会赶紧让步，答应每天只抽五支烟，妻子也就达到要求丈夫少抽烟的预期目的了。

"反进门槛效应"的产生与心理反差的错觉作用密不可分。大要求与小要求会引起心理反差。一般来说，要求之间的差距越大，其心理反差也越大，给人的错觉也越大。这正如鲁迅所说，你要求在墙上开个窗户，大家都反对；如果你提出要扒开屋顶，大家就同意开窗户了。因为开窗户这个小要求与扒屋顶这个大要求相比差得很远，大家以为自己得了便宜，免除了扒屋顶的后遗症，便答应了开窗户的要求。

实践证明，在社交中运用留面子技术是很有效的。在人际交往的过程中，我们要适当地运用留面子技术，以便达到我们使他人顺从、改变他人的目的。但是在运用留面子技术时，要注意以下几个方面：

我们要学会不露痕迹地使用留面子技术。在使用时一定要让对方处在无意识状态下。我们也要学会合理的让步法。一般来说，让步越大，其效应越大。但是，一旦被人认为这种让步是虚假的，其信任程度就发生了变化，他对你的让步就不信任了，从而不管你提什么要求，他都会认为是高的。

往脸上贴黄金，增加办事筹码

巧用手段为自己贴金，从气势上并不输给对手，然后你再故意说一些抬高自己身价的话语，对方肯定会想到你或许真的实力不凡。

要知道，生意场上谁也无法完全摸清伙伴和对手的底细。在这种大环境下，如果你势力较弱而又想把自己的事业做大，那么你就应该多往脸上贴些"黄金"，抬高身价，至少给对方一个你实力强大的假象，这样你才能成功地借助对方的力量。

有一年，国际木材市场需求增加，价格上扬，某大型林场看准这一时机，将林场的木材推入国际市场，市场反应良好。然而好景不长，几个月后，由于市场竞争激烈，木材的价格大幅下跌，如果继续坚持出口，林场将每年亏损上千万元。面对危机，场长认为，在国际交易中他们自己是后起者，在强手如林的情况下，挤进去已非常不容易，应想办法站住脚才行。如果一遇风险和危机就退出来，那么，想再占领市场就会更困难。于是他决心带领大家从夹缝中冲出去。为此，他亲自参加一些大型宴会，借此搜集信息，寻找合伙对象，开辟新市场。

在一次宴会上，场长遇到国外一家著名的家具生产集团的总经理。场长开门见山，表明希望那家公司能够把他们的林场作为原料采购基地。外方公司的总经理说："现在我们的原料供应系统很稳定，你有什么优势让我们把别的公司辞掉，而选用你们的木材？"场长不卑不亢地列举了该林场的三大优势：第一，我们林场的木材质量有保证，有很高的信誉；第二，我们可以长期合作，保证长期供货，长期供应价格上我们可以给予一定的优惠；第三，我们林场有自备码头，能保证货运及时，并有良好的售后服务，更重要的一点是保证信守合同。场长在大谈林场的三大优势后，还不紧不慢地对外方总经理说，林场刚刚与国际上另一家知名公司签订了供货合同。那位经理听说连那样的大公司都与中方的这家林场签订了合同，看来林场实力不弱啊！他立即同意就供货问题正式洽谈，并在签订合同之前对木材进行现场检测。经检测，木林质地良好，是家具原材料的上上之选，经过一番讨论，双方正式签订了合同，该林场在国际市场上也站稳了脚。

故事中，那位场长没有刻意地恭维对方，而是底气十足地向对方提出要求，紧接着在不经意中道出自己与另一家公司签订了合同，无形中抬高了林场木材的身价，让对方对他刮目相看，如此一来，事情自然好办多了。

可见，求人办事，手段一定要灵活，特别是在商业场合求陌生人时，如果自身力量较弱，处于劣势，那么你不妨巧用一些手段，往自己脸上贴金，增加自身分量，为自己办事创造一些更好的条件。

当然，脸上的"黄金"是有一定限度的，否则无限度地拔高自己只能是玩火自焚。

第二章
明心见性，与他人和谐相处

· 第一节 ·
关怀贴心，获得朋友长久的青睐

记住有关对方的小事，让他感觉被重视

希望获得别人的关注是人类的天性之一，每个人都渴望受到别人的关注和重视，渴望成为人们谈话的焦点。我们在与人相处的过程中，不要只考虑自己的内心感受，更要注意满足别人的这种心理需求，例如，记住朋友的一些小事，关心他生活中的小细节和小烦恼，可以让朋友感觉被重视。

一次，威廉·比尔登门拜访当时的共和党领袖马可·汉纳。比尔对汉纳有些偏见，因此，对谈话并不表现出十分的热情。然而，比尔发现在整个交谈过程中，汉纳从头到尾都在讲关于比尔的事情：关于比尔的父亲，关于比尔对政治纲领的意见等。

汉纳说："你来自俄亥俄州吧？你的父亲是不是比尔法官？他是民主党的……"汉纳像是在和一位世侄交谈一样，说："嗯，你父亲可是个非常厉害的角色，害得我的几个朋友在一次石油生意上损失不小！"

在整个谈话过程中，汉纳不时地讲到许多关于比尔的小事。就这样，当谈

话结束的时候，比尔对汉纳的反感已经烟消云散了。几天后，威廉·比尔甚至成了汉纳忠诚的支持者。在此后的几年中，威廉·比尔最愿意做的事情就是为自己曾经最厌恶的汉纳服务。

由此可见，在与人交往的过程中，努力记住对方的小事，并且在适当的时候让对方了解你记住了关于他的事情，能够让对方获得一种被人重视、被人关注的心理满足感，进而对你产生好感。并且，你所记住的事情越是微小、不起眼，当对方得知你记住了它们时，对方获得的心理满足感就越大，对你产生的好感也就越大。

通过记住有关对方的小事来获得对方的好感，是一个非常有效的社交心理策略，无论对方是大人物还是普通人，这个方法都同样有效。以访问大人物而闻名的新闻记者马可森说："当你将大人物们曾经说过的话复述出来的时候，他们的心情就会显得格外的好，对你也会表现得格外友善。"

那些善于交际的人都十分明白这种策略所带来的好处，他们总会在适当的时刻顺便问一两句对方的个人事情，以表示他们将对方正在做的事、对方的喜好记挂在心上，让对方感觉这些小事他们早该忘记，但是却没想到他们还挂在心上，从而让对方的心理产生非常愉悦的感受，进而对他们产生好感。

这个方法实施起来很容易，然而，或许正是因为它的容易，人们才常常忽略它，总是记得与自己有关的事，而忘记他人的事。因此，从现在开始，努力记住那些和朋友有关的事情吧，一旦那些在对方看来微不足道的小事从你口中说出时，你就在无形中靠近了对方。

和朋友说话也要有分寸，玩笑不可太过分

朋友之间互相开玩笑原本是件有趣的事情，可若是口无遮拦、毫不避讳地开玩笑，反而会伤了朋友情面，甚至因此而失去一个朋友。每个人都有自己的忌讳，人人都讨厌别人提及自己的忌讳。说话时如不小心就可能会冲撞了对方，引起别人的反感，有的甚至还会招来怨恨。所谓"说者无心，听者有意"，自己随口而出的一句话可能正好在别人的伤口上撒了把盐，让人恨得牙痒痒。

小马先天秃头。一天，大家在一起聊天，得知小马的发明专利被批准了。直肠子的小何快嘴说道："你小子，真有你的，真是热闹的马路不长草，聪明的脑袋不长毛。"说得大家哄堂大笑，小马的脸也红了起来。

小何原本是想夸奖小马，然而她的一句"聪明的脑袋不长毛"，正好戳到了小马秃头的痛处，夸奖不成，反而遭人埋怨。

生活中那些懂得幽默、会开玩笑的人特别受欢迎，被大家当作"开心果"。他们凭借一个得体的玩笑，不仅给他人带来了欢乐，而且还能迅速获得别人的好感。但是，开玩笑也要有分寸，并不是所有的场合都适合开玩笑，并不是所有的话题都可以用来开玩笑，如果把握不好开玩笑的"度"，不仅会得罪人，甚至还会酿成悲剧。

报纸上刊载过这样一件事：

李某和几个朋友一起喝酒，几两酒下肚后，朋友和李某开起了玩笑："瞧你这丑样，你那儿子倒很漂亮，莫不是你媳妇跟别人生的？"这本来是句玩笑话，偏偏李某是个小心眼的人。回家后，李某就跟妻子找碴："你说！我长的是啥样，为什么这孩子却是那模样？到底是不是和我生的？"他边说边逼近妻子，冷不防从妻子怀里抓过孩子，拎着小腿，把孩子扔到床上，又顺手抓起枕头压在了哭叫不已的孩子的脸上，可怜的孩子顿时没有了哭声。见此情景，妻子极力想救孩子，却被丈夫打倒在炉灶前。急恨交加中的妻子顺手抓起炉灶旁的炉钩，死命地甩向李某。只听李某"哎呀"一声，松开了枕头，慢慢地瘫倒在地上。妻子从地上爬起来，不顾一切地向儿子扑了过去，她急忙掀去枕头，看到儿子的小脸憋得青紫，已经奄奄一息了。再看丈夫，他倒在地上，一动不动，一股液体顺着他的右腮淌下。原来她甩过去的炉钩的尖端，刚好嵌进了李某的右边太阳穴，她见状吓得昏了过去。

只因朋友的一句玩笑话，顷刻间，好端端的三口之家毁于一旦。这就是乱开玩笑没有分寸的恶果。

开玩笑时，务必要考虑这个玩笑带来的后果，绝不要信口开河、随意开玩笑。不然，发生意外时，只会让我们后悔莫及。

朋友遭遇不幸，要及时安慰

朋友是什么？朋友就是能够一起分享快乐、承担痛苦的人，当对方遭受不幸时，能够一直陪在他身边安慰他的人才是真正的朋友。

许多人都有这样的疑惑，面对失意的朋友，我们很想安慰他们、帮他们走出失意，却常常好心办了坏事，偏偏说出他们不愿意听的话，让对方更加难过。如果故意回避有关的话题，又会让人觉得我们冷漠、无礼。可见，安慰并不是说两句好话那么简单，要想达到安慰别人的效果，就要把握一定的原则和技巧，把安慰的话说得得体、受用。

1. 要静下心来听对方倾诉

处于悲伤和烦恼中的人，总希望有人能够听他们倾诉，说出来之后，心情就会好很多。当失意的朋友向你倾诉，要顺着你朋友的意愿行事，不要设法去逗他开心，只需要静心倾听，并尽可能地理解他的心情。理解是安慰的基础，而倾听是理解的前提。耐心的倾听最能够表达你对朋友的关怀和尊重。

2. 要尊重对方的感受，不要以自己为中心

有的人听了朋友的倾诉后，喜欢发表自己的意见，对朋友的感受不闻不问，甚至把自己相似的经历拉出来回顾一番，说自己当时是怎么做的，然后教导对方应该怎样。这样做当然是出于好心，想帮助朋友解决问题，但是效果往往不佳。在安慰朋友时，一定要让对方做主角，尽量让他多说话，说出他自己的想法，也不要对朋友的想法和感受表露出不解甚至不屑，这只会雪上加霜，让他更加难过。

3. 要尽可能乐观，同时还要切合实际

我们有时故意夸大乐观的一面来安慰朋友，却恰恰招来对方的反感，觉得我们是在骗他、糊弄他，故意说点好听的，因此我们在安慰时，说话尽量要中肯，客观地分析问题，但引导他积极乐观。

4. 主动提供具体的援助

一个伤恸的人，可能会对日常生活的细节感到不胜负荷。你可以自告奋勇，向他表示愿意替他跑腿，帮他完成一项工作，或是替他接送学钢琴的孩子。"我小腿骨折时，觉得生活完全不在我的掌握之中。"一位有女儿的离婚妇人说，"后来我的邻居们轮流替我开车，使我能够放松下来。"

有时候，再多的言语也比不上实际的行动。在朋友失意时，为他做一些力所能及的事情，比起那些"别难过""别担心"的话更能让对方感受到你的关心，也能让对方更加有信心走出困境，这恐怕才是最好的安慰方式。

真诚相待才受朋友欢迎

有这样一个感人的故事：

在美国西部的一个小镇上，少女安妮由于意外事故，成了"植物人"。现代化的医疗手段无能为力，安妮醒来的希望极为渺小，她的父母悲恸欲绝，而安妮的朋友东妮每天都来到她的床前，抓住安妮的手，轻轻呼唤她的名字，仿佛在同一个正常的人娓娓而谈，日复一日，年复一年，奇迹终于出现了，真诚战胜了死神，东妮的呼唤居然使安妮苏醒过来了。

这是朋友之间的真诚产生的奇妙的力量。茫茫人海，芸芸众生，我们在生活中与朋友相处怎能缺少真诚呢？

美国心理学家诺尔曼·安德林在1968年曾设计过一张表格，他列出555个描写人的形容词，让人们指出其中哪些人品最让人喜爱。结果表明，被人喜欢的选项中，位居前几位的竟有6个是与"真诚"有关的，而在评价最低的人品中，虚伪居首位。这说明了真诚的人能让人产生一种安全感，从而受人欢迎；虚伪的人让人讨厌，难结良友。要以诚待友，主要应做到以下几点：

1. 对朋友要讲真话

真正的朋友之间必定会有思想交流。自己对人、对事的看法，即使与朋友的看法相悖，也不应隐瞒。有的人从不向朋友说出心里话，该让朋友知道的事情也从不说出口，或者习惯兜着圈子说话，甚至自己有求于朋友时，也隐瞒真实情况，使朋友在帮助的过程中，因情况不明而陷入尴尬境地。这种交友态度，肯定是交不到真正的朋友的。

2. 赞美朋友要诚心

朋友在工作中取得了成绩，事业上获得了进展，我们应该为之高兴，诚心实意地给予赞美，和朋友一起分享快乐，这是友谊的表现。但是，赞美朋友要诚心，不要过于吹捧、阿谀奉承，这样对朋友是不利的。

3. 要诚恳指出朋友的缺点

奥斯特洛夫斯基说："友谊间的首要真诚，就是对朋友过失的批评。"对朋友的缺点能诚恳地提出批评，这对形成双方的友谊是十分宝贵的。

虽然各奔东西，陈玉怎么也不会忘记大学里与自己同居一室的梅姐。梅姐很具长者风范，很会照顾陈玉及别的姐妹，但对姐妹的缺点也绝不姑息。陈玉有乱放东西的习惯，梅姐就对其"屡犯屡说"，每次，陈玉都觉得十分尴尬，很生气，可终于改正了这个习惯。气归气，但终能理解梅姐的苦心，心里很是感激，那是一种真爱。

4. 对朋友多一些体谅和理解

生活本来就充满矛盾，这是人与人之间产生误解和隔阂的根源，是通向友谊王国的"拦路虎"。与真心朋友交往就要给对方多一些理解，多站在他的立场和角度来为他着想，这也就是所谓的"穿朋友的鞋子"。

古人说："同师曰朋，同志曰友。"《世说新语》里记载，管宁和华歆同席读书，同师教导，其朋友之情有多深厚，不得而知，但割席绝交是一件极其让人痛心的事。古代圣贤讲究君子安贫乐道、耻言富贵，管宁割席的缘由正是华歆有崇尚富贵之嫌。人们历来赞赏管宁的品节高尚，但从社交之道来看，管宁就因为一点点"富贵之嫌"，就无丝毫规劝，轻而易举地"废"掉了在人生中占重要地位的友谊。

其实，管宁对朋友似乎太苛刻了，他们之间缺乏理解和体谅。所以，我们交友不一定得要求别人各个方面都完全符合自己，我们只要取其志同道合、情投意合就可以与他结为朋友，最后发展为知己。

要成为知心朋友，很简单也很难，说简单是因为你并不需要有万贯家财、聪明绝顶，说难是因为人性中从来就有自私、嫉妒之心，因此，我们只有对朋友以真诚相待，才能够用真心换真心。

你对朋友敞开心扉，朋友也会对你敞开心扉

生活中有一些人是相当封闭的，当对方向他们说出心事时，他们却总是对自己的事情闭口不谈。但这种人不一定都是内向的人，有的人话虽然不少，但是从不触及自己的隐私，不谈自己内心的感受。

有些人社交能力很强，他们可以饶有兴趣地与你谈论国际时事、体育新闻、家长里短，可是从来不会表明自己的态度。而一旦你将话题引入略带私密性的问题时，他就会插科打诨转移话题。可见，一个健谈的人，也可能对自身的敏感问题有相当强的抵触心理。相反，有一些人虽不善言辞，却总希望能向对方坦露心声，这样反而能很快和别人拉近距离。

小敏是同宿舍中最擅长交际的一个，并且人也长得漂亮。但同宿舍甚至同班的其他女孩都找到了自己的男朋友，唯独漂亮、擅长交际的小敏仍是独自一人。

为什么呢？原来她身边的同学都表示，她太神秘，别人很难了解她。和她有过接触的男同学也说，刚开始和她交往时，感觉她是个活泼开朗的女孩，但时间一长，就发现她很自私。小敏一直对自己的隐私讳莫如深，也从不和别人谈论自己，每当别人问起时，她就把话题岔开，怪不得同学们都觉得她神秘呢！

人之相识，贵在相知；人之相知，贵在知心。要想与别人成为知心朋友，就必须表露自己的真实感情和真实想法，向别人讲心里话，坦率地表白自己、陈述自己、推销自己，这就是自我暴露。这样以诚相待，不仅可以让别人读懂你，也有利于你读懂别人。

当自己处于明处，对方处于暗处，你一定会感到不舒服。自己表露情感，对方却讳莫如深，不和你交心，你一定不会对他产生亲切感和信赖感。当一个人向你表白内心深处的感受，你可以感到对方信任你，想和你达到情感的沟通，这就会拉近彼此的距离。

在生活中，有的人知心朋友比较多，虽然他（她）看起来不是很擅长社交。如果你仔细观察，会发现这样的人一般都有一个特点，就是为人真诚，渴望情感沟通。他们说的话也许不多，但都是真诚的。他们有困难的时候，总会

有人来帮助，而且很慷慨。

而有的人，虽然很擅长社交，甚至在交际场合中如鱼得水，但是他们却少有知心朋友。因为他们习惯于说场面话，做表面文章，交朋友又多又快，感情却都不是很深。因为他们虽然说了很多话，却很少暴露自己的真实感情。

实际上，人和人在情感上总会有相通之处。如果你愿意向对方适度坦露，总会发现相互的共同之处，从而和对方建立某种感情的联系。向可以信任的人吐露秘密，有时会一下子赢得对方的心，赢得一生的友谊。

小鱼是某大学的研究生，刚入学不久，她就热衷于自我暴露。一天早上上课，课间时分，坐在前排的她转过身和一位同学借笔记，还笔记本时在里面夹了一张男生的照片，小鱼借此打开了话匣子，跟后面的同学聊了起来，说那是她在火车上认识的新男友，正在热恋当中。她从自己和男友在哪儿租了房子、昨天买了什么菜、谁做的晚饭，说到她如何幸福，甚至说到了二人世界里亲密的小细节……

这样的事情有很多，而且她经常不分时间、场合，随便就跟别人讲自己的一些私事。到后来，同学们一见到她就躲开了，大家都受不了她。

我们可以看出，在人际交往的过程中，自我暴露要有一个度，过度的自我暴露反而会惹人厌。

在人际交往中，自我暴露应注意以下几个问题：

1. 自我暴露应遵循对等原则

当一个人的自我暴露与对方相当时，才能使对方产生好感。比对方暴露得多，则给对方以很大的威胁和压力，对方会采取避而远之的防卫态度；比对方暴露得少，又显得缺乏交流的诚意，交不到知心朋友。

2. 自我暴露应循序渐进

自我暴露必须缓慢到相当温和的程度，缓慢到足以使双方都不感到惊讶的速度。如果过早地涉及太多的个人亲密关系，反而会引起对方的忧虑和不信任感，认为你不稳重、不可以托付，从而拉大了双方之间的心理距离。

真正的亲密关系是建立得很慢的，它的建立要靠信任和与别人相处的不断体验。因而，你的"自我暴露"必须以逐步深入为基本原则，这样，你才会讨人喜欢，才能交到知心朋友。

·第二节·

善用同理心，成功结交陌生人

首因效应：第一次见面就留下好印象

心理学中有一个词叫"首因效应"，首因效应强调的是第一印象的重要性，对于每一个人，无论别人对他的第一印象是正确的还是错误的，大部分人都依赖于第一印象的信息，而这个第一印象的形成对日后的决定起着非常大的作用。它比第二次、第三次的印象和日后的了解更重要。第一印象的好与坏几乎可以决定人们是否能够继续交往。人的第一印象一旦形成，就很难改变，如果第一印象不好，也许下面的事情就可能失败。而良好的第一印象是一把在首次相见中能够打开机遇大门的钥匙。

英国伦敦大学学院一位系主任在谈到一位讲师时说："从她一进门，我就感到她是我所渴望的人。她身上散发着某种精神，被她那庄重的外表衬托得越发迷人。因为只有一个有高度素养、可信、正直、勤奋的人才有这样的光芒。30分钟之后，我就让她第二天来系里报到。她没有让我失望，至今她是最优秀的讲师。"这个激烈角逐的位置，就这样由于一个迷人的第一印象落到了这位中国女博士的手中。

尽管人们理直气壮地告诉别人，不要仅凭一个人的外表就妄下结论。但事实上是，全世界的人都在这么做。美国勃依斯公司总裁海罗德说："大部分人没有时间去了解你，所以他们对你的第一印象是非常重要的。如果你给人的第一印象好，你才有可能开始第二步，如果你留下一个不良的第一印象，很多情况下，我们会相信第一印象基本上准确无误。对于寻求商机的人，一个糟糕的第一印象，就会失去潜在的合作机会，这种案例数不胜数。你必须花费更多的时间才能够抹去糟糕的第一印象。"

可见，第一印象对于人们来说有着太大的作用，但常常被人们忽视。如果你不想失去任何成功的机会，如果你想在人际交往中如鱼得水，那么请别忘记第一印象的作用，因为人往往会根据第一印象判断人，你需要读懂这一点，并且要努力给别人留下良好的第一印象。

谈谈相似经历，成为"同道中人"

俗话说"巧妇难为无米之炊"，没有话题，谈话就没有焦点。陌生人见面，如果尽是客套寒暄，没有实际意思，那陌生人终究还是陌生人，陌生的局面终究还是化不开。因此，就要寻找共同话题，从相似的经历出发，迅速和对方成为"同道中人"。

事前规划，可事半功倍。与陌生人交往之前，要尽量对对方的职业、性格、兴趣等有一个比较全面的了解，这样，在交往过程中你就能做到有的放矢。

清末，在大太监李莲英的保荐下，盛宣怀受到权势显赫的醇亲王的接见，向亲王详细汇报有关电报的事宜。盛宣怀以前没有见过醇亲王，但与醇亲王的门客张师爷过从甚密，从他那里了解到了醇亲王两个方面的情况：

第一醇亲王不认为中国人比洋人差，自己的一套才是最好的。

第二醇亲王虽然好武，但自认为书读得不少，颇具文人风范。

盛宣怀了解到这些情况后，就抄了些醇亲王的诗稿，背熟了好几首，以备不时之需。"文如其人"这句话一点都不错，盛宣怀还从醇亲王的诗中悟出了些醇亲王的心思。

谒见之时，当他们谈到电报这一名词的时候，醇亲王问："那电报到底是怎么回事？"

"回王爷的话，电报本身并没有什么了不起，就是一个传递信息的工具，所谓'运用之妙，存乎一心'，如此而已。"

醇亲王听他能引用岳武穆的话，不免有所欢喜，随即问道："你也读兵书？"

"在王爷面前，怎么敢说读过兵书？不过英法内犯，皇帝大臣人人忧国忧民，那时如果不是王爷神武，力擒三凶，大局真不堪设想了。"

盛宣怀略停了一下又说:"那时有血气的人,谁不想洗雪国耻,宣怀也就是在那时候,自不量力,看过一两部兵书。"

盛宣怀真是三句话不离醇亲王的"本行",他接着又把电报的作用描绘得神乎其神,醇亲王也觉得飘飘然,觉得中国非办电报不可。后来醇亲王干脆把督办电报业的事托付给盛宣怀。

从上面这个例子我们明白,当你要特意去结识一位陌生人时,一定要多加准备,将其当成你人生中的一个重要经历。你可以通过多种渠道事先了解对方的背景、经历、性格、喜恶,在对对方基本情况了如指掌的前提下,读懂对方的心思,还要设想有可能出现的变故,做好以不变应万变的心理准备。求同存异,在交往中要尽力寻找双方在兴趣喜好等方面的共同点,以加深彼此交流。"酒逢知己千杯少",两个意气相投的人碰到一起,往往能产生相见恨晚的感觉,双方日后的交往也会变得如鱼得水。

两个人刚见面时,不知道对方的性格、爱好、品性如何,往往会陷入难熬的沉默与尴尬之中。这时我们应当主动地在语言上与对方磨合,找到彼此的共同点或者相似的经历,例如在同一个城市生活、工作过,有相同的兴趣爱好,从事相似的职业,等等。如果彼此完全陌生尚未相识,那就要察言观色,以话试探,寻求共同点,抓住了共同点就抓住了可谈的话题。如果对方有什么顾虑,或是沉默的原因不明,那就没话找话说,随便找个话题,引起对方的兴趣,说个笑话、谈点趣闻都可以活跃气氛。

总之,在和陌生人交往时,不妨多多寻求彼此在兴趣、性格、阅历等方面的共同之处,使双方在共同的话题中获得更多关于对方的信息,迅速拉近距离,增进感情。

直呼其名,缩短彼此的心理距离

在和陌生人接触时,一个比较关键的细节就是该如何称呼对方。称呼得好,就可以迅速拉近彼此之间的心理距离,使双方很快建立友好关系;称呼得不到位,双方还是会形同陌路,关系难以发展,生意也就比较难做了。对于一些比较大众化的称呼来说，一般也不要使用，这会使对方感觉你和别人完全一样，没什么特别的，你们之间的关系也是一般而已。所以你应该使用一些比较特别的让别人感觉亲近的称呼，来迅速改变你们的关系。

在平常生活中，你可能听过这样的话，也可能对别人说过这样的话：不用称我老师，叫我名字就行了。听了这话或说了这话，你和他（她）便感觉彼此的关系进了一步。在爱情片中，我们常常看到男女主人公这样的对白：不要叫我××，叫我阿×吧。看到这，你就知道，两人的关系发生了变化，至少某一方希望另一方认为两人的关系发生了变化。为什么会这样呢？因为彼此的称呼与彼此的心理距离有关。也就是说，两个人称呼的改变，通常意味着两个人心理距离的变化。与人交往，需要读出称呼里隐藏的信息，从而合理使用，使人际关系更融洽。

众所周知，对初次见面的人，一般会以对方的姓加上头衔，如×经理、×大夫、×老师等，而不直接以名字相称。时间长了，相处久了，熟悉了，才会直呼其名。也就是说，以名字相称是建立在两个人相对亲密的关系上的。当两个人心理上的距离愈来愈靠近时，他们的称呼也会从姓加头衔，然后到名，再到昵称。

我们也常常看到，某个人与另一个人虽然见面不久，关系不算是亲密，但他也以名字或昵称来称呼对方。这意味着什么？意味着他希望尽快拉近与对方的关系。这也是政治家们将对手"化敌为友"的惯用手法。面对一个从未谋面的人，他们也能够用一种非常自然、非常亲切的口吻喊出对方的名字。

这种通过改变称呼来拉近彼此间心理距离的方法，在销售行业也广为利用。

有一个业务推销员，一次要去拜访一位房地产公司的老总。房地产公司有位前台小姐叫钟晓慧。钟晓慧作为一位接待小姐，每天都要接触不少的访客，她可以清楚地区分哪些人亲切、哪些人不亲切。推销员要想见到老总，必须先过了她这一关。

第一次拜访时，推销员以锐利的眼神专注地看着她胸前的名牌标志，然后神采奕奕地和她打招呼："钟小姐，我是李总的朋友，我有很重要的私人事情要和他谈。""对不起，今天李总吩咐不见客。"钟晓慧一点都不给他面子。

第二天，推销员又来了。他这次改变了风格，在彼此熟悉之后，他说道："呀，改变发型了，很配合你的风格嘛，以后就叫你'晓慧'好了。晓慧，我今天有重要的事情得跟李总谈，请转告一声。"他说完后热切地看着钟晓慧。钟晓慧这次变得非常爽快，立刻带他去见李总。

一般而言，"×小姐"是比较正式的称呼，如果总是运用这样的称呼，给对方的感觉是你始终和她保持着一段距离，她自然就要和你也保持距离了。但是，直接称呼对方的名字，是关系很好的朋友之间才用的，推销员很自然地改变称呼，便会迅速拉近彼此之间的距离，加深双方之间的关系。可见，如果总是局限于陌生人的礼仪，你是根本无法再进一步加强两个人的关系的。要想与陌生人迅速建立关系，或者改变你与朋友、顾客、客户之间的关系，就要改变你对他们的称呼，用一些亲切的称呼来拉近彼此的距离。

当然，就一般的生意场合而言，如何改变称呼还是要看具体情况，并不是越早改变称呼就越好，也不是一上来就直接称呼对方名字就好，你应该根据双方关系的进展情况来随机应变。有时你必须留出一段时间让对方慢慢习惯，不要太过急躁，否则会显得轻浮。在改变称呼时要不留痕迹，尽显自然。例如胡雪岩在初次拜见稽鹤龄时，先是称对方为"稽大哥"，然后称"老兄"，最后又改为"鹤龄兄"，在不露声色中就将彼此的关系加深，并且不着一丝痕迹，这种高超的交际手腕和生意手段着实令人感叹。

在生活中，这种交际方法也常为我们所用。比如，遇到一个难以接近的朋友，你试图接近他（她），不妨直呼其名或者请他（她）直接叫你的名字。面对你的同事，你希望与他（她）走得更近，不妨偶尔称呼他（她）的昵称或让他（她）称呼你的昵称。当然，你要表现得尽可能地自然，不要让对方感觉你是在装腔作势。如果真能那样，你们的距离就能因此而拉近，事情便很容易解决。

来点幽默，对方更乐意向你靠近

幽默的力量体现在沟通上，就像我们打开电灯开关，电力便沿着电线输送到电灯上一样，只要按下幽默的按钮，也能促使一股特别的力量源源而来。我们可以把这股幽默的力量导向他人，并与他人直接沟通，使我们和他人相处不至于紧张。在人际交往中，幽默的人总是受人欢迎，因为他们能够给大家带来无尽的快乐，懂得了这一点，就更能赢得人心。幽默的人在结识陌生人方面往往比较成功，因为人们很难讨厌能让他们笑起来的人。在与陌生人相处时，幽默的言语能够巧妙地化解尴尬，让别人开心一笑，就自然而然地拉近了彼此的距离。

为了丰富学生的课余生活，某大学专门邀请一位著名教授举办了一个讲座，但由于临时改变地点，时间仓促，又来不及通知，结果到场的人很少。教授到了会场才发现只有十几个人参加。

教授有点尴尬，但不讲又不行，于是随机应变，说："会议的成功不在人多人少，今天到会的都是精英，我因此更要把课讲好。"这句话把大家逗得开怀大笑。这一笑，活跃了气氛，再加上教授讲课充满激情，使得那一次讲座非常成功。

当然，在幽默的同时还应注意，重大的原则总是不能马虎，不同问题要不同对待，在处理问题时要极具灵活性，做到幽默而不落俗套，不失体面地博得他人一笑，这样才能有效拉近与他人的关系。

微笑，赢得他人好感的法宝

有句谚语说得好：微笑是两个模特之间最短的距离。在人际交往中，真诚的微笑可以拉近人与人之间的距离。尤其是初次见面时，人通常会有一种不安的感觉，存有戒心。因此，你要读懂人心，尽力消除别人的戒心。而微笑是人际关系的润滑剂，可以消除这种初次见面的心理状态，让人与人之间的沟通变得更容易。有人做了一个有趣的实验，以证明微笑的魅力。

他给两个模特分别戴上一模一样的面具，上面没有任何表情。然后，他问观众最喜欢哪一个人，答案几乎一样：一个也不喜欢，因为那两个面具都没有表情，他们不想选择。

然后，他要求两个模特把面具拿开，其中一个人把手盘在胸前，愁眉不展并且一句话也不说，另一个人则面带微笑。

他再问每一位观众："现在，你们对哪一个人最有兴趣？"答案异口同声："是面带微笑的人。"

任何一个人都希望自己能给别人留下深刻的印象，赢得别人的好感，而微笑就是最得力的武器。试想，当你遇到一位陌生人正对着你笑时，你是否感觉到有一种无形的力量在推着你跟他认识。相反，如果你看到的是一张"苦瓜脸"，你还会有好心情吗，你是不是只能对这种人避而远之呢？

1. 微笑可以以柔克刚

法国作家阿诺·葛拉索说："笑是没有副作用的镇静剂。"办事时，可能遇到的人有脾气暴躁者，有吹毛求疵者，有出言不逊、咄咄逼人者，也有与你存有隔阂芥蒂的人，对付这些"难对付之人"，含蓄的微笑往往比口若悬河更令人信得过。面对别人的胡搅蛮缠、粗暴无礼，只要你微笑冷静，你就能稳控局面，用微笑放松对方的怒意，以微笑化解对方的攻势，从而以静制动，以柔克刚，摆脱窘境。我国乒乓球选手陈新华在一次与瑞典选手的比赛中总是面带微笑。也正是这微笑，使他在最后的关键时刻，镇定自若，愈战愈勇，使对手束手无策，手忙脚乱，成为手下败将。

2. 微笑是缓和气氛的"轻松剂"

当客人来访或是你走入一个陌生的环境时，由于感到陌生或羞涩，往往会端坐不语或拘谨不安。此时，你若微笑，就能使紧张的神经松弛，消除彼此间的戒备心理和压抑感，相互产生良好的信任感和和谐感。记住：要使他人微笑，你自己必须先微笑。

3. 微笑是吸引他人的"磁铁"

社交中，人们总是喜欢和个性开朗、面带微笑的对象交往，而对那些个性孤僻、表情冷漠之人，则总是敬而远之。一个优秀的电视节目主持人、公关小姐、售货员，他们深受人喜欢的奥秘，就是他们具有动人的微笑。

当斯是底特律地区最受欢迎的节目主持人之一，他的受欢迎并不仅仅在底特律更是在全国。有的听众写信给这位声音里带着微笑的主持人，说他们已经听到了他的声音及他主持的节目，并且告诉当斯，他们透过他的声音看到了他的微笑。

当斯经常"戴上一张快乐的脸"去工作，并不是暂时，而是经常，他把微笑加进他的声音，配合他的演说水平，使观众如沐春风。

当斯说："当你微笑的时候，别人会更喜欢你，而且，微笑也会使你自己感到快乐。它不会花掉你的任何东西，却可以让你赚到任何股票都付不出的红利。"

当斯正是使用微笑，拉近了与观众的距离，赢得了他人的好感。

把握好开头的 5 分钟，攀谈就会自然而然

人们第一次相遇，需要多少时间决定他们能否成为朋友？美国伦纳德·朱尼博士在所著的一本书中说："交际的点，就在于他们相互接触的第一个 5 分钟。"朱尼博士认为：人们接触的第一个 5 分钟主要是交谈。在交谈中，你要对所接触的对象谈的任何事都感兴趣。无论他从事什么职业，讲什么语言，以什么样的方式，对他说的话都要耐心倾听。如果你这样做了，你会觉得整个世界充满无比的情趣，你将交到无数的朋友。

而许多人同陌生人说话都会感到拘谨。建议你先考虑一个问题，为什么你跟老朋友谈话不会感到困难？很简单，因为你们相当熟悉。相互了解的人在一起，就会感到自然协调。而对陌生人却一无所知，特别是进入了充满陌生人的环境，有些人甚至怀有不自在和恐惧的心理。你要设法把陌生人变成老朋友，首先要在心目中建立一种乐于与人交朋友的愿望，心里有这种要求，才能有行动。

以到一个陌生人家去拜访为例：如果有条件，首先应当对要拜访的客人做些了解，探知对方一些情况，关于他的职业、兴趣、性格之类。

当你走进陌生人家时，你可凭借你的观察力，看看墙上挂的是什么。从国画、摄影作品、乐器……都可以推断主人的兴趣所在，甚至室内某些物品也牵引着一段故事。如果你把它当作一个线索，就可以由浅入深地了解主人心灵的某个侧面。当你抓到一些线索后，就不难找到开场白。

如果你不是要见一个陌生人，而是参加一个充满陌生人的聚会，观察也是

必不可少的。你不妨先坐在一旁，耳听眼看，根据了解的情况决定你可以接近的对象，一旦选定，不妨走上前去向他做自我介绍，特别是对那些同你一样，在聚会中没有熟人的陌生者，你的主动行为是会受到欢迎的。

应当注意的是，有些人你虽然不喜欢，但必须学会与他们谈话。当然，人都有以自我兴趣为中心的习惯，如果你对自己不感兴趣的人不瞥一眼，一句话都不说，恐怕也不是件好事。别人会认为你很骄傲，甚至有些人会把这种冷落当作侮辱，从而产生隔阂。和自己不喜欢的人谈话时，第一要有礼貌；第二不要谈论有关双方私人的事。这是为了使双方自然地保持适当的距离，一旦你愿意和他结交，就要一步一步设法缩小这种距离，使双方容易接近。

在你决定和某个陌生人谈话时，不妨先介绍自己，给对方一个接近的线索，你不一定要先介绍自己的姓名，因为这样人家可能会感到唐突。你不妨先说说自己的工作单位，也可问问对方的工作单位。一般情况下，你先说说自己的情况，人家也会相应地告诉你他的有关情况。

接着，你可以问一些有关他本人的而又不是私密的问题。对方有一定年纪的，你可以问他子女在哪里读书，也可以问问对方单位的一般业务情况。对方谈了之后，你也应该顺便谈谈自己的相应情况，这样才能达到交流的目的。

和陌生人谈话，要比对老朋友更加留心说话的内容，因为你对他所知有限，更应当重视已经得到的任何线索。此外，对他的声调、眼神和回答问题的方式，都可以揣摩一下，以决定下一步是否能纵深发展。

有人认为见面谈谈天气是无聊的事。其实，这要具体问题具体分析。如果一个人说："这几天的雨下得真好，否则田里的稻苗就旱死了。"而另一个则说："这几天的雨下得真糟，我们的旅行计划全给泡汤了。"你不是也可以从这两句话中分析出两人的兴趣、性格吗？退一步说，光是敷衍性的话，在熟人中意义不大，但对和陌生人的交往还是有作用的。

如遇到那种比你更羞怯的人，你更应该跟他先谈些无关紧要的事，让他心情放松，以激起他谈话的兴趣。和陌生人谈话的开场白结束之后，特别要注意对话题的选择。那些容易引起争论的话题，要尽量避免，为此当你选择某种话题时，要特别留心对方的眼神和小动作，一发现对方出现厌倦、冷淡的情绪时，应立即转换话题。

在一起聚会时，常常会碰到请教姓名的事，"请问你尊姓大名"。你要牢牢记住对方的姓名，对方说出姓名之后，你应立即用这个名字来称呼他，当你碰到一个可能已经忘记了的人，你可以表示抱歉："对不起，不知怎么称呼您？"也可以说半句"您是——""我们好像——"，意思是想请对方主动补充回答，如果对方老练他会自然地接下去。

顺利地与陌生人开始攀谈，给人一个好印象，积累人脉资源为你所用。学会和陌生人攀谈，谁都可能成为你的朋友。

接触多一点，自能陌生变熟悉

美国心理学家扎琼克在1968年曾进行了关于"交往次数与人际吸引"的实验研究。他将被试者不认识的12张照片，按概率分为6组，每组两张，按以下方式展示给被试者：第一组两张只看1次，第二组两张看两次，第三组两张看5次，第四组两张看10次，第五组两张看25次，第六组两张被试者从未看过。在被试者看毕全部照片后，被要求按自己喜欢的程度将照片排序。结果发现一种极明显的现象：照片被看的次数越多，被选择排在最前面的机会也越大。

这也就是所谓的"曝光效应"，人与人之间，交往的频率越高，刺激对方的机会就越多，"重复呈现"的次数就越多，就越容易形成密切的关系。两个人从不相识到相识再到关系密切，交往的频率往往是一个重要的条件。没有一定的交往，就像俗话所说的"鸡犬之声相闻，老死不相往来"那样，则情感、友谊就无法建立。

简单的呈现确实会增加吸引力，彼此接近、常常见面的确是建立良好人际关系的必要条件。如果你想结交某人，就要多和对方接触，缩短和对方之间的空间距离与心灵距离，从而拉近彼此的关系。

黎雪和几个好友合伙经营一家广告公司，她打听到国内一家知名企业打算为新产品做广告宣传，就努力争取这笔生意。但她们公司是家新公司，在业内没有什么名气，被拒绝了。黎雪十分气馁，好友为了安慰她，特意邀请她前去自己的新居吃饭。到了楼下，她进了电梯正要关电梯时，一个人急匆匆地赶了过来。黎雪不经意地看了那人一眼，并暗暗惊喜。原来这人正是那家知名企业的宣传部主管，要是能和他拉近关系，还是能有望赢得这次机会的。更巧的是，这位主管居然和好友住对门，黎雪不由心生一计，主动和那位主管搭讪："你好，我是住在你家对门的黎雪，还请多多指教。"

随后，黎雪暂时住进了好友家里，并经常制造电梯偶遇的机会。眼看时机成熟，黎雪就在那位主管单独进电梯时，刻意抱了一大堆的资料，急匆匆地跑进电梯。一不小心，资料洒了一地，这些都是黎雪公司精心制作的一些广告作品文本册。主管帮忙捡拾起来，并对这些广告作品十分感兴趣，打听是哪家广告公司的作品。黎雪一脸谦虚："这是我们公司的作品，做得不好，还请多多指教。"

不久，黎雪公司的广告策划案被那位主管推荐给公司，并最终被选中了。

黎雪正是懂得利用邻近心理，多次制造偶遇，增加和那位主管接触的机会，才能借机毛遂自荐，赢得那笔生意。在人际交往中，要想得到别人的喜欢，就得让别人熟悉你，而熟识程度是与交往次数直接相关的。例如，教师和学生，领导和秘书等，由于工作的需要，交往的次数多，所以较容易建立亲近的人际关系。要想赢得别人的好感和信任，就得让别人注意到你，并在彼此频繁的接触中由陌生变得熟识。一般来说，接触次数越多，心理上的距离就越近，就越容易建立友谊，读懂了这一点，就可以适当采取行动，赢得好人缘也就指日可待。

用细微的动作拉近与陌生人的距离

每个人对自己的身体周围都会有一种势力范围的感觉，而这种靠近身体的势力范围，通常只能允许亲近之人接近。如果一个人允许别人进入他的身体四周，就会有种已经承认和对方有亲近关系的错觉，这一原理对任何人来说都是相同的。读懂了人的这种心理特点，就可以采取适当行动，拉近彼此的关系。

例如，我们在百货公司买衬衫或领带时，女店员总是会说："我替你量一下尺寸吧！"这是因为对方要替你量尺寸时，她的身体势必会接近过来，有时还接近到只有情侣之间才可能有的距离，使得被接近者的心中涌起一种兴奋感。

再如，本来一对陌生的男女，只要能把手放在对方的肩膀上，心理的距离就会一下子缩短，有时瞬间就能成为情侣的关系。推销员就常用这种方法，他们经常一边谈话，一边很自然地移动位置，跟顾客离得很近。

因此，与陌生人相处时，必须在缩短距离上下功夫，力求在短时间内了解得多些，缩短彼此的距离，力求在感情上融洽起来。只要你想及早造成亲密关系，就应制造出自然接近对方身体的机会。

有一场篮球比赛，一位教练要训斥一名犯了错的球员。他首先把球员叫到跟前，紧盯着他的眼睛，要这位年轻小伙子注意一些问题，训完之后，教练轻轻拍了拍球员的肩膀和屁股，把他送回到球场上。

教练这番举动，从心理学的观点来看，确实是深谙人心的高招：

第一，将选手叫到跟前。把对方摆在近距离前，两人之间的个人空间缩小，相对地增加对方的紧张感与压力。

第二，紧盯着对方的两眼。有研究表明，给孩子讲故事时紧盯着他的双眼，过后孩子能把故事牢牢记住。教练盯着球员的眼睛，要他注意，用意不外乎是使对方集中精神倾听训斥。否则球员眼神闪烁、心不在焉，很可能会把教练的训斥全当成耳边风，训斥毫不管用。

第三，轻拍球员身体，将其送回球场。实验显示，安排完全不相识的人碰面，见面时握了手和未曾握手，给人的感受大不相同。握手的人给对方留下随和、诚恳、实在、值得信赖等的良好印象，而且约有半数表示希望再见到这个人。另一方面，对于只是见面而没有肢体接触的人，则给人以冷漠、专横、不诚实的负面评价。

正确接触对方身体的某些部位，是传达自己感情最贴切的沟通方式。如果教练只是责骂犯错的球员，会给对方留下"教练冷酷无情"的不快情绪。但是一经肢体接触之后，情形便可能大大改观，球员也许变得很能体谅教练的心情："教练虽然严厉，但终究是出于对我的一番好意！"

我国有许多一见如故的美谈，许多朋友，都是由"生"变"故"和由远变近的，愿大家都多结善缘、广交朋友。善交朋友的人，会觉得四海之内皆朋友，面对任何人，都没有陌生感。

·第三节·

以心悦心，让爱情历久弥新

偶尔来点小惊喜，幸福不再递减

一个青年在沙漠里口渴难耐，这时有人给了他一杯水，他立刻一饮而尽，觉得这水就是玉液琼浆，美味无比。走着走着，他又得到了一杯水，他觉得很满足。走出沙漠之后，到处都有饮用水，这时他喝什么水都觉得无味了，喝多了反而是负担，这时候，一杯水能带给他的幸福感几乎为零。可见，人们从同一事物中得到的幸福感和满足感，会随着物品的增多而减少，也会随着周围环境的变化而改变，这就是所谓的"幸福递减定律"。

爱情中，同样存在这种幸福递减的现象。相爱之初，两个人在一起的每一分、每一秒都好像天堂一般美好。即使只是简单地坐在一起聊聊天，也能感到巨大的幸福和满足。然而，随着时间的流逝，当人们从热恋进入到婚姻再到老夫老妻的阶段，这种幸福和满足感就会越来越少。日子就会平淡下去，曾经的美丽公主变成了黄脸婆，曾经的英俊青年也变成了糟老头儿，生活就像一潭死水，没有半点涟漪。

如果你的爱情正走向这样的噩梦，你要赶紧刹车，挖空心思地给爱情增添一点小惊喜，化腐朽为神奇，找回爱情的美丽。一般来说，人都是喜欢惊喜和浪漫的，如果能够读懂对方的心思，适当地进行表达，就可能有意想不到的收获。比如，你可以准备一顿精心的烛光晚餐，偶尔送他一个小礼物，让浪漫、激情随处发生，这样在他眼中，你永远是第一次见面时的心跳。

出乎意料地给爱人一点儿惊喜，常会起到感情"兴奋剂"的作用。因此，不时地创造一点儿意外惊喜，对于增进夫妻双方的感情很有好处。如果瞒着对方，为他买一样他很想得到的物品，送一朵已经很久没有送过的玫瑰，创造一个他没有准备但却非常喜欢的活动等，都可使意外、惊喜油然而生，从而在惊喜中迸发出强烈的感情之花。

　　甚至，一些看似微不足道的小动作也能给爱人带来惊喜。例如，当妻子在准备晚餐时，悄悄走进厨房轻轻搂住她的腰，说一句情意绵绵的话；早晨出门时，轻轻地拥抱一下……这些小动作会带来无限的小惊喜，让黯淡的生活立即变得丰富多彩，让疲惫和厌倦一扫而空，婚姻生活也愈加美满。

　　再或者，提笔写首情诗给你的爱人，他会因此感受到你的脉脉温情，并心存感动。即使你不怎么有文采，但情溢自成，尽管去把你心田的文字平铺到纸上，你会发现这些未经雕琢的文字透着鲜活的气息，像爱人的眼神脉脉含情。

　　尽情地去写下来，把那瞬间的灵感写下来！可以写他的一个微笑带给你的温暖感受，可以写他送给你的花儿带给你的激动心情……如果你们身各一方，你可以回想他的笑颜，唱一首你们共同的歌，将心间的感情痛快地流露，再以诗的形式写下来，寄给他，让他看后惊喜、感动！如果你极富文采，更不该错过这样的好条件和好机会。趁着年轻感情正丰富之时，记下你对他的爱恋；待到人生暮年，取出来细细读一读，也会别有一番情调。

　　即便你的恋人和你朝夕相处，你也可以采用这种浪漫的方式表达你的爱恋，写一首诗放在他经常做事的地方，让他不经意间就触摸到你的温柔，感受到你无言的甜蜜柔情。你们的爱也会在你的小诗的陪伴下生长，这实在是一个不错的培育爱情之花的方法。

越吵越幸福，聪明的爱人会"吵架"

　　吵架是对情感中蓄积的不良情绪的一次释放，好像婚姻的"安全阀"，偶尔吵架的婚姻更趋于稳定，相反，从不吵架的夫妻，因繁杂的情绪长久积累，反而会使婚姻"超载"，有翻车的危险。

　　的确，十全十美的婚姻是不可能的，所以身处婚姻中的男女没有必要将生活中的吵架当作是一件多么了不得的事情，甚至因此认为你们的婚姻进入危机，要以一颗平常心对待彼此之间的分歧和争吵。要知道，和谐的婚姻，并不在于两个人志同道合，完全没有争吵，而在于争吵发生后，彼此如何处理与面对，这是婚姻生活中很重要的一门学问。夫妻之间争吵应遵循以下三个原则。

一是争吵时先处理心情，再处理事情

夫妻吵架往往不在于是谁的对错，而在于双方的心情好坏。心情好，能把坏事看成好事；心情不好，能把好事看成坏事。老年夫妻往往把对方的优点、长处，忽略不计，或看作理所当然，而斤斤计较对方的缺点、毛病。总是将这些看在眼里，烦在心里。于是挑剔、指责不断，吵架不止。夫妻间如果一方长期被挑剔、被否定、被指责，一定会发泄不快、沮丧的心情，这样夫妻吵架就在所难免，而且会由小吵到大吵，由善意转变成恶意。

二是不要企图改变对方，而要努力改变自己

老夫老妻在一起共同生活，但是两人的兴趣、爱好、性格及思维模式和行为习惯很少有完全相同的。所以，各自对待生活的态度，处理事情的思想和方法会有很多不同之处。老夫老妻对自己老伴的这些特点，应该做到能互相包容和顺应，而不是企图抹杀或改变，更不能企图把自己的兴趣、爱好、思维模式及行为习惯强加给对方。

三是夫妻争吵时不求胜利，只求沟通

夫妻吵架不必争谁输谁赢，只要在吵架中把自己心中的不满"吵"给对方就够了。有时大家说，吵架是一种强烈的沟通形式。因为通过吵架，即使对方没能完全接受你的观点、想法或意见，也已起到了交流感受、想法、意见的作用。尽管吵架是一种被动的沟通，但是，它比夫妻间有气发不出来，而闷在心里要好得多。

夫妻吵架时，彼此都处在不冷静的状态，脑子一热，什么事都干得出来，什么话也都说得出来，却不愿意去考虑：有些事做了，有些话说了，也许是自讨没趣、也许是劳民伤财、也许是无法收场，也许会给对方的心灵造成永远也无法弥补、消散的创伤和阴影。

记住以下的话及与之相类似的话，属于争吵中的"忌语"，这些话是最容易伤害夫妻感情的，如果你希望自己的爱情能够天长地久，夫妻能够白头偕老，不管你当时怎样生气与动怒，也不能将之说出口：

"窝囊废（真没用）。"

"跟你结婚真是倒了八辈子霉。"

"人家好，你就跟人家过去吧。"

"当初我真是瞎了眼，嫁给你！"

"要不是看在孩子的分上，我早和你离婚了，一分钟都不会在你们家多待！"

"你给我滚蛋！滚得远远的，我再也不想看见你！"

"我对你已经绝望了，你爱怎么着就怎么着吧，我不管了，还不行吗？"

夫妻吵架不求胜利，只求沟通的另一个方面是"不讲道理"才是真道理。因为夫妻吵架，很少是由原则问题引起的，不必较真。如果凡事都较真，非要争出个谁对谁错的道理来，那么较真本身就已经错了。吵架并不是为了伤害对方。因为有爱，我们走到一起，只有沟通，才能相扶到老。

吵架是一种激烈的表达方式，细心的人能够从吵架中更好地读懂自己的另一半。只要把握了吵架的原则，吵架也可以成为一种很好的排毒工具，吵吵闹闹一辈子，痛并快乐着，其实，这才是婚姻的真滋味。

别拿自己的尺子量对方

一位智者对男人和女人说："你们要共进早餐，但不要在同一碗中分享；你们要共享欢乐，但不要在同一杯中啜饮。像一把琴上的两根弦，你们是分开的也是分不开的；像一座神殿的两根柱子，你们是独立的也是不能独立的。"

这段话形象地说明了婚姻关系中两个人的韧性关系，拉得开，但又扯不断。谁也不能过度地束缚对方，但也不能彼此互不关心，有爱，但是都在适度的范围之内，这才是和谐的婚姻。可是很多人似乎并不能体会到婚姻的真谛，在他们眼里，对方身上有很多缺点，他们常常试图通过各种途径让对方改掉坏习惯。可是习惯的产生是日积月累的作用，在自己身上已经存在了十几或者几十年，当然不会轻易改掉。于是夫妻之间的矛盾就产生了。

夫妻之间产生争执的主要原因，是他们把婚姻当成一把雕刻刀，时时刻刻都想用这把刀按照自己的要求去雕塑对方。为了达到这个目的，在婚姻生活中，一方当然希望甚至迫使另一方摒除以往的习惯和言行，以符合自己心中的理想形象。但是有谁愿意被雕塑成一个失去自我的人呢？于是"个性不合""志向不同"就成了雕刻刀下的"成品"，离婚就成了唯一的一条路。

每个人本身都是"艺术品"，而不是"半成品"，人人都企望被欣赏，而不愿意被雕塑。所以，不要把婚姻当成一把雕刻刀，老想着把对方雕塑成什么模样。婚姻需要的是一种艺术的眼光，要懂得从什么角度欣赏对方，而不是去束缚对方，彼此之间的空间太小了，谁都会感到不安。

在生活中，我们常常会注意到：在深夜观看足球比赛的丈夫们，身边会有对足球并不是十分感兴趣的妻子陪着；虽然不喜欢厨房的油烟，可是妻子还是每天都准备好了可口的饭菜，等着大夫和孩子一起分享……

婚姻，不是一个人的付出，只有两个人同心协力，才能营造一个温暖的家。可是并不是所有的人都能注意到对方的付出，甚至有的人会把对方的付出看作是理所当然的。如果对方稍微有什么地方做得不好，就加以指责，这样的做法无疑会伤害对方的心，会让他觉得一切的努力都白费了。

爱一个人，就应该让他感觉到幸福，而不是要给他原本疲惫的心灵增加新的创伤。所以，在夫妻生活中，一定要相互扶持、相互欣赏、相互鼓励。虽然因为个性的不同，两个人没有办法完全融为一体，但是一定要让对方感受到你的存在，让他体会到你对他的欣赏和爱护。在他犯错的时候，给予善意的提醒，而非指责，有时候一个善意的眼神也会让对方觉得很温暖；在他犯傻的时候，给予适当的爱抚，告诉他"你真可爱"，一句看似不经意的话语，却可以激起爱的涟漪，让对方感受到你的体贴。只有真正地懂得对方，体贴对方，夫妻才会和睦。

每个人都会有缺点，我们要做的是在对方的缺点中找寻到对方的闪光点，而不是试图改造对方，如果你想彻底把爱人改造成自己希望的样子，不如先试着改造自己。

男人要会"哄"，女人要会"柔"

妻子哭着对丈夫说："又要出差，好，我不拦你。你把你的宝贝儿子抱着一起出差去！你倒轻松，屁股拍拍走了！把家里的事扔给了我，我受够了！你一年到头不在家，家里什么也不管，让我母兼父职，既当娘来又当爹。我这是有男人还是没有男人？别人为什么不必这样？就你一个人受器重？我好命苦，谁知道我好命苦哇！"

丈夫说："乖，求求你，别哭了，我的好太太。你的苦，我都知道。我常对人说，我有个好妻子，别人没得比，谁的妻子有你那么贤惠、那么漂亮、那么温柔、那么洁身自爱！"

妻子："喂！别给我灌迷汤，想把我灌糊涂了，你好走人哇？"

丈夫："我发誓！我要是骗你，罚我四条腿在地上爬，就这样爬，这样爬……"

妻子终于破涕为笑地说："好王八！"

丈夫："我这回出差，给你带一条巴黎绸的长裙，保证让所有的女人看了都眼红，既羡慕、又嫉妒！"

妻子："要粉红色带金线的。"

丈夫："车要开了。"

妻子："冰箱里那几个苹果带着路上吃。少喝酒、少抽烟！"

这就是最高级的"哄"。

夫妻相处，丈夫应该懂得妻子的心，适当地进行抚慰，这就需要把"哄"当润滑剂。一"哄"值千金，那些尝过"哄"字甜头的丈夫们，一定深刻体会到了其中的妙处。"哄"是夫妻间爱的调味剂；"哄"还是润滑剂，既能防锈，又能减少摩擦、降低噪音、减少损耗。做丈夫的，学一学"哄"的艺术吧！它会使你的家庭生活更愉快，夫妻关系更融洽。

男人会哄妻子，女人就应该会温柔。

许多女人过分地注意自己的装扮和衣饰，反而忘了表现出内心的温柔。学习过怎样赢得丈夫欢心的艺术的女人，就不必担心在失去迷人的青春和姣好的身材之后，把握不住丈夫的心。著名作家哈代曾经写过，在新西兰某处的墓地有一块陈旧的墓碑，上面刻着一个女人的名字和一些文字：她是多么温柔可爱。

这位哀伤的丈夫，把这些字刻在他妻子的墓碑上，想必一定拥有数不尽的幸福回忆：当他回家的时候，有妻子微笑的面容在等候着他，热腾腾的饭菜摆在桌上，说一句陈旧的小笑话也会有人附和着大笑，家庭永远充满爱意与舒适等着他回来。

做个温柔可爱的女人，以及有个成功的丈夫，这两件事是很有关联的。根据专家的说法，一个男人的妻子如果能够使他快乐幸福，他就会有更多的机会获得事业的成功。

令人惊讶的是，许多深爱着自己丈夫的女人，却不知道如何使丈夫得到快乐和幸福。女人的内心虽然怀着天底下最深的爱意，却做着一些错事：应该让丈夫出门的时候，仍然紧缠着他不放；应该静静地听丈夫说话的时候，自己却喋喋不休；管理起家庭来又像是个军训教官。

想要使一个男人快乐幸福，只需使他感到舒适，以及让他按自己的意愿去做他必须要做的事，这样就可以了。我们都应该了解，只要使他快乐幸福，就等于为他在社会上获取成功做了最大的贡献，在 40 年或 50 年以后，他会说："她是多么温柔可爱。"

给对方多一点空间，才能进退自如

曾经一本杂志上登过这样一段对话：

一位女性向另外两位女性朋友抱怨："我突然发现最近我老公行踪很诡秘，每次回家都很晚，我感觉他在外面一定有了别的女人！"几乎就是肯定的语气。

这时候，另一位女性对她说："从明天开始，你隔一个小时就给他打一个电话，随时掌握他的行踪，我就是这么对付我老公的！"

第三位女性也发表了自己的意见："我赞同这样，最好每天下班回到家，让他自己交代一下一整天的行踪。"

这三个女人觉得她们这样做都是出于对丈夫的爱，关心他们。这是一个很好的理由吗？这到底是不是一种爱呢？确实，她们这种做法完全是出于对爱情的珍视，可是当这种爱发展成一种错误的病态时，爱情还会存在吗？

夫妻之间的关系做到真正的安全是保持距离，那么，该离多远？婚姻的安全距离到底是多大呢？远了，形同陌路；近了，又有可能彼此伤害对方。夫妻之间不像楚河汉界，清晰明了，你也不可能拿尺子去精确测量，分寸的拿捏实在要靠一个人的智商和情商。夫妻之间就像两只相互依靠彼此取暖的豪猪，离得远了温暖不到对方，靠得近了又会被对方的刺扎到。只好在一次次刺痛之后，慢慢地调整距离，营造出一个"中间地带"。

一天早晨，丈夫在临出门的时候，突然说："今天和朋友出游。"在以往，丈夫去哪里，妻子也不多过问，因为丈夫会随时告诉自己。但是这一次，丈夫一点招呼都没打，宣布一声就要出门。

妻子有点生气，她觉得出游这件事一定是事先约好的，至少在前一天就约好了，"他为什么不跟我说一声呢？他到底还有多少事情是瞒着我的？"心里这样想着，越想越不高兴，于是就拦着丈夫，要他说清楚。丈夫很生气地问："我的吃喝拉撒睡，是不是都要向你汇报？"说完摔门而去。

妻子开始赌气，接下来的好几天里，自己不管是和朋友吃饭还是晚回家，或是回娘家，一概不理丈夫，同时也闭口不问丈夫的一切事情。冷战了好几天之后，丈夫终于忍不住，对妻子说："我现在终于知道了，你根本一点儿都不在意我。"妻子回答说："是吗？不是你自己说吃喝拉撒睡都不用向我汇报的吗？"

两个人同时笑了，他们之间的距离也调整到了最佳距离。就这样，两颗心在一种松弛的氛围中拉近了。

有些时候，确实就是这样，两人因为爱而彼此走近，近得恨不得不分你我。于是，两人走进婚姻，长相厮守。但是，彼此的距离却在不知不觉中慢慢被拉开，"亲密有间"。当你感到不安全的时候，你就会缩短距离，要求对方向你靠近，于是开始打探他的行踪，要知道他的想法，要明确知道他一天到晚在干什么、想什么，现在在什么地方，这些事情在恋爱的时候他会主动向你汇报，可如今，不会了。但是你想把你们之间的距离回归到以前，可他的内心有了危机，感觉自己的私人领域被你侵占了，于是，他想都不想就转身逃跑。你逼得越紧，他反而跑得越快。

在这个时候，应该给你们的爱情一个"中间地带"，如何来营造这个"中间地带"呢？

1. 永远不要说多爱你

一位婚姻专家有句话真知灼见：女人永远不要让男人知道你多爱他，否则他会因此而自大。

2. 一天只打一通电话

在对方意犹未尽的时候先挂断电话，保持适度神秘感，世界上没有一个男人喜欢喋喋不休的女人。

3. 不必天天厮守

爱情的生命力是有限的，要让爱情寿命长一点就要保持一个适当的距离。

4. 不要为了一点小事就吃醋流泪

这样只会让对方对你的爱恋逐渐变成厌恶。翻看对方的短信，打探对方的行踪，对他的去向做无端的猜疑，"打破砂锅问到底"式的追问，都会令对方烦不胜烦。

空间距离很好测量，心理的距离却很难测量。爱情的安全线，恰恰是看不见、摸不着的心理距离。当心理距离越逼越近时，对方会仓皇地逃离你的掌控，因为他也想找个自己可以呼吸的地方，放松一下绷紧的心弦。只有读懂对方的这种心理，适当给对方一些私人空间，才能融洽双方关系，进退自如。

爱情，只有不断努力才会成功

男女之间的感情不是一成不变的，不要以为一场"世纪佳缘"就可以一劳永逸，想要幸福美满，应该多花时间在爱情的经营上，要不然这颗种子播种下去，得不到良好的照顾，接受不到阳光的照耀和雨露的滋润，就算是一颗万里挑一的良种，也结不出丰硕的果实。爱情这颗幸福的种子，需要精心的照料，才能茁壮成长。

男女之间应该加深沟通，读懂对方的心理，妥善处理矛盾，从而更好地经营爱情。

要给爱情加点肥料。电影《大内密探零零发》中，人们不仅仅欣赏周星驰饰演的零零发绝妙的发明创造，更羡慕他和刘嘉玲饰演的妻子之间的恩爱。面对这样一个思维超越常理的丈夫，零零发之妻没有抱怨，反而一如既往地支持他，鼓励他。在两人陷入激烈的争吵之时，零零发之妻总能巧妙地化解矛盾，令争吵也变成一种甜蜜的幸福。她会在吵得特别凶的时候，突然一脸温柔："老公，你饿不饿？我煮面给你吃啊。"零零发张大嘴巴，一脸愕然，随后一把抱住妻子："老婆，我爱你。"或者，在争吵后，她跑出去躲起来，而零零发总能轻车熟路地把她从桌子底下揪出来："你每次都躲到桌子底下，拜托下次换个地方躲，好吗？""可是，我害怕换个地方，你找不到我嘛。"当她一脸委屈地说出这样的话，任何男人都会如零零发一样心生爱怜，感动地拥她入怀，甘愿把全世界都给她。

要给爱情添点阳光，在旁人面前"晒晒"你们的幸福。一段感情如果长期不见天日，会因为无法得到肯定而开始产生自我怀疑。现在越来越多的人在博客上"晒感情"，也是想通过这样的方式，让感情受到更多人的关注和祝福。同时，利用这样的方式提醒自己，这段感情对自己的重要意义，而且还会让夫妻因为受到众人的注视，而努力为爱多做一些事情，并且把感情更好地经营下去。无形之中，这会让两个人因为受到越来越多的肯定，而有越来越多的信心和动力，经营最美好的爱情。

要给爱情浇水。让两个人在爱情中多一分理智的头脑和清醒的思维，过于炙热的感情需要冷静，这时相互泼泼冷水，可以让两个人看到彼此之间还有差异存在，还需要磨合，还有进步的空间。要避免激情一下子用完，使得两个人在之后的时间里，没有更大的潜力可供开发。当两人的关系过于紧张，需要缓和的时候，也需要相互泼泼冷水，让彼此都冷静下来，两人可以回到各自的空间好好想想，心平气和地坐下来交流。对两人来说，最平淡的也是最隽永的就是长久的厮守。

要给爱情通风，再亲密的两个人也必须保留各自的空间。形影不离的距离只会让两个人感到透不过气。在结婚之后，两个人都还应该保留自己的朋友圈子，花时间在各自的人际交往上，这样不仅是为家庭打造更好的人脉关系，也是让夫妻之间保留一些新鲜感，不会因为日日的四目相对而显得平淡，最终厌倦。

要给爱情除虫，及时消除杂念，保持忠诚的信念，这样会更好地帮助我们维护爱情。在感情的世界里，人们总难免会遇到一些诱惑。金钱的诱惑、美色的诱惑、自由的诱惑，都会像一条条蛀虫，借欲望之名啃噬掉人们看似牢固的信念，让外表看起来坚不可摧的感情内部千疮百孔、岌岌可危。所以，及时地除虫可以让这些欲望在对爱情造成威胁之前就覆灭。要及时交流，并且相互给予鼓励，帮助对方战胜心魔，早日走出因为不满足而带来的不安和动摇。

要给爱情松土，梳理两人关系中出现的问题，制订未来家庭发展的计划。旧的问题不解决，会越积越大，最终成为两人关系中的毒瘤，根深蒂固地驻扎在感情的根基里，阻挠两人关系的改善和发展。可以说旧的矛盾不解决，就会带来源源不断的麻烦。而如果能趁早在关键问题上达成一致，两人关系就更容易得到巩固。

第三章

读对心做对事，增强职场沟通力

·第一节·

顺着上司的心，更易得赏识

不卑不亢，才能让上司另眼相看

经常可以看到有的下属对上司唯马首是瞻，马屁拍得让人感到肉麻。遇到马屁精，要是糊涂的上司，可能会重用一下；如果是非常精明的上司，这种人是很难得到重用的。在工作中，我们不应该因为上司比我们职位高就表现出奴颜婢膝的样子，不论与什么样的上司共事，都要抱着不卑不亢的态度，只有这样，才能让上司对我们刮目相看。

例如，当自己在上司面前处于不利境地时，很多人为了迎合上司，讲了假话，那就违背了自己的内心，也未必会得到上司认可。在这个时候如果讲究点技巧，不卑不亢，既讲了真话，不违背自己的本心，又能使对方接受，岂不是一举两得。下面就是这样一个例子：

宋代有一位大臣，为官公正，为人刚正不阿。年轻时四处游学，机缘巧合，竟然认识了微服私访的当朝皇帝。有天皇帝心血来潮，写字画画去卖，只可惜水平实在不高。大臣告诉皇帝，他的画只值一两银子。皇帝听了既不服气又生气，但也不好发作。

来年这位青年进京赶考，高中状元，成了天子门生。觐见皇帝时才发现，原来当年卖画的老兄竟然是皇帝，皇帝也认出了他。皇帝屏退左右，只将这位状元留了下来，拿出当年只值一两银子的那幅画，问道："卿家认为这幅画价值几何？"

这位大臣赶紧前进一步说道："这幅画如果是陛下送给为臣的，那就价值万金，因为无论陛下送的是何物，对为臣来说，都是无价之宝。但如果拿去卖的话，这幅画就值一两银子。"皇帝听了，不禁拍掌大笑，知道自己有了一位才学渊博、品行端正的忠心之士。

这位大臣在这里并没违背自己的本意，而是讲了真话，这种不卑不亢的巧妙表达，也使皇帝觉得在理，因而也非常高兴。职场上也是如此，听惯了好话、奉承话的上司，常常苦于没有人能在他面前说句真话，而一旦有人真正从工作出发、就事论事，在上司面前不卑不亢，只要把握好说话的尺度，不伤上司的面子，反而能够得到另眼相看。相反，那些对上司低三下四，不惜牺牲自己的尊严去奉承领导的下属，只会惹人厌恶。俄国作家契诃夫曾写过一个小公务员的故事：

一个小公务员上班时，不小心打了一个喷嚏，当时上司就在他旁边，因此他总是担心自己打喷嚏会溅到上司身上，上司会因此讨厌他。因此，小公务员多次找机会向上司解释这件事。

其实，上司根本没把这事儿放在心上。然而，小公务员的多次解释，让上司十分厌烦和恼火，并为此责骂了小公务员。

作家笔下的这个小公务员或许表现得有些夸张，但细想起来，我们很多人在上司面前不也是如此吗？面对上司，有些人经常唯唯诺诺、卑躬屈膝，这样做或许不会招来什么麻烦，但上司也不会把你放在眼里，连你自己都看不起自己，谁还会重视你呢？

虽然下属和上司在职位上有高低之分，但彼此在人格上是平等的，对上司要做到有礼貌、谦逊，但是，绝不要采取"低三下四"的态度。绝大多数有见识的上司，对那种一味奉承、随声附和的人，是不会予以重视的。在保持独立人格的前提下，你应采取不卑不亢的态度。在必要的场合，你也不必害怕表达自己的不同观点，只要你是从工作出发，摆事实、讲道理，上司一般是会予以考虑的。

办事到位而不越位，不抢上司风头

在不该说话的时候说话、不该做主的时候做主，是职场新人常犯的毛病。无论你帮老板管了多少事，也无论你的老板多糊涂，甚至依赖你到了你不在他连电话都不会打的程度，他毕竟还是你的老板，大事小情毕竟还得由他来做主。事情要做到位，但千万不能越位，你做了上司该做的事情，表面上是你能力强，实际上是你抢了上司的风头，伤害了上司的自尊心，也是不尊重上司的表现。人都是有自尊心的，渴望被人尊重，作为下属更应该读懂上司的这种心理，不能随意越权办事。

有个杂志社给一个作家做了一期专访，等杂志出版以后，这个作家收到了一本，他想多要几本送给朋友，便打电话给这家杂志社的主编。

主编不在，小张接了电话。"麻烦你转告一下主编，我希望多要几本这期杂志。""这个啊，没问题！您直接派人过来拿就成。"小张爽快地说。

作家正打算驱车去拿杂志时，却接到主编的电话："对不起！刚才我不在，杂志收到了吧？我刚才派人给您多送了几本过去。"停了一下，主编又说："可是，对不起，我想知道是哪位说您可以立刻过来拿。"

作家很奇怪，于是问道："有问题吗？""当然没问题，您要10本都可以，我只是想知道，是谁在自作主张。"

既然是别人点名找你的上司，作为下属就该转告，而不是替他做主。虽然只是一句话而已，但本来可以由上司做的人情，却被你无意挥霍了。想想看，像小张的行为，上司能不为此反感吗？领导就是领导，下属就是下属，不要自以为聪明，就可以自作主张，真正的好下属要懂得什么时候该说、什么时候该做。

不自作主张，这是你在处理公司事务时起码要做到的，而要想在这一方面做得更好，你还需要做到遇事时多和上司商量，多让上司给你做主。

你有没有常常向上司询问有关工作上的事，或者是自己的问题有没有跟他一起商量？如果没有，从今天起，你就应该改变方针，尽量详细地发问。下属向上司请教，并不可耻，而且是理所当然的。有心的上司，都很希望他的下属来询问。下属来询问，一方面表示他的眼里有上司，尊重上司，尊重上司的决定。另一方面也表示他在工作上有不明之处，而上司能够回答，才能减少错误，上司也才能够放心。

如果员工假装什么都懂，一切事都不想问，上司会因为觉得"这个人恐怕不会是真懂"而感到担心，也会对你是否会在重大问题上自作主张而产生担忧。在工作上，做重大问题的决策时，你不妨问问上司，"关于某件事，某个地方我不能擅自下结论，请您定夺一下"，或者"这件事依我看不这样做比较好，不知您认为应该如何"等。这样不管功过如何，都与你没多大关系。

其实，从客观来说，仅就工作而言，下属自作主张带来的后果，往往都不会是十分严重也并非全都是消极的方面。可以想象，哪有那么多员工笨到不知轻重的地步，敢于擅自替上司做出关乎单位整体利益的主张？除非他真的是个没有自知之明的人。然而，这种自作主张所带来的对职场上的等级及人际关系常态的冲击，往往是十分明显的。

上司反感下属的自作主张，其实不在于他的擅自决定给工作带来的损失——通常说来，这种损失是微小的。上司心中真正在意的是下属越权行事的行为，以及这种做事风格所反映的下属心中对上司的态度。

在职场上，必须时刻牢记一条：上司永远是决策者和命令的下达者，无论我们有多大的把握相信自己的判断力，无论你代替上司决定的事情有多么小，都不能忽略上司同意这一关键步骤。否则，当上司意识到本应由自己拍板的事情，被下属越俎代庖，他所产生的心理上的排斥感和厌恶感，以及对下属不懂规矩的气恼，足以毁掉你平时小心经营、积极努力所换来的赏识。所谓"一招不慎，满盘皆输"，莫过于此。

面对尴尬，及时帮上司打圆场

"人活脸，树活皮"，作为领导更是如此。领导平时会把面子看得非常重要，真要碰上什么尴尬的场面，那丢脸的感觉只会比常人更强烈。作为下属，应当想到给领导留脸面，尤其是在众人面前，替领导打个圆场，也会让领导更加喜欢你。

一家公司新招了一批职员，老板抽时间与这批职员见个面。他按员工姓名表把新员工一个个叫起来认识一下。

"黄烨（huà）。"老板微笑着叫道。全场一片静寂，没有人应答。

老板又念了一遍。

这时一个员工站起来，怯生生地对老板说："杨总，我叫黄烨（yè），不叫黄烨（huà）。"

人群中发出一阵低低的笑声。老板的笑脸不见了，脸上有些不自然。

一个精干的小伙子忽然站了起来，解释道："请杨总原谅，我是新来的打字员，是我把名字打错了。"

"太马虎了，下次注意。"老板挥挥手，接着念了下去。

之后不久，叫黄烨的那个员工被解雇了，而那个打字员则被提升为制作部经理。

在这样的场合公然指出老板的低级错误，必然会使领导很没面子。如果不是打字员出来打圆场，老板的这个低级错误一定会成为大家茶余饭后的笑谈。所以提意见的新员工被解雇，打字员被提升也是情理之中的事。

李珊今年刚刚大学毕业，进了某公司，当了一名职员。这天，领导拿着一份文件，让她传真到公司宣传部，李珊照办了。可谁知，第二天，领导怒气冲冲地走进了李珊的办公室，当着众多同事的面，大声斥责李珊："你怎么做事的？让你发份传真到组织部，你却给我发到了宣传部！"

李珊一下子蒙了，她仔细回忆了一下，确定领导昨天向她交代的确实是宣传部而非组织部，她想领导一定是在情急之中记错了。可是看着领导愤怒的脸，李珊二话没说，主动承担了责任："对不起，实在对不起！都怪我办事毛躁，本想抓紧时间办好，没想到闹了个大错。我一定会吸取教训，保证不会有第二次了！"

说完，她赶紧又给组织部发了份传真。过了一天，李珊被叫到了领导的办公室，领导真诚地向她道了歉，说自己那天因为着急，错怪了李珊，并夸奖李珊小小年纪，就懂得忍辱负重。

面对领导的指责，李珊没有辩解也没有反驳，而是忍住了自己的委屈，把领导的失误归罪到自己身上，并且及时弥补了过失，因此得到了领导的赏识。同样，在工作中遇到类似的情况时，要遵循一定的方式来处理：

（1）说话时应当想到给领导留脸面，尤其是在众人面前，不仅不能驳领导的脸面，还应维护他的面子。

（2）当领导错怪了你时，一定不要当着众人的面反驳上司，因为上司需要维护一定的威信和颜面，即使他错怪了你，你也不能当众让他下不了台。你应该暂时把责任承担下来，等上司清查过后发现自己错怪了你时，自然会为你当初的忍辱负重而感动。

（3）遇事要能为领导排忧解难、出谋划策，不能见事就躲、不替领导打圆场，甚至把尴尬境地硬推给领导。

让矛盾在自己手里解决，别把问题留给老板

为老板解决问题是每个员工应尽的职责，在遇到问题时，首先要想到的应该是如何解决这个问题，而不是将这个问题留给领导去处理，因为老板是负责公司整体管理、为公司制定发展战略的人，而不是全体员工的"问题汇总站"。老板雇用员工的目的，就是解决工作中的各种问题。老板有老板自己的问题需要解决，而员工也应该认识到，解决问题是自己的工作职责。所以，工作中遇到问题时，要明白这是自己分内的事。能够解决问题，就有更多发挥潜能的机会，同时也能建立起自己的职场信誉和形象——这就是你在工作中该做的事。

但是，很多人会有这样一种错误认识，那就是老板应该比员工更积极，因为那是他自己的公司，而员工只不过是打工的。因此，解决问题是老板的事，员工要做的只是执行命令。

其实，在工作的过程中，不论级别、不分工种，所有人都免不了会遇上许多问题、挑战、压力，而解决这些问题，化解这些麻烦，也正是企业老板聘用员工的目的所在。所以，在自己的工作岗位上，一定要知道如何及时处理问题、如何正确地解决问题，切记不能把问题都留给上司。一般上司都喜欢富于责任感和主动性的下属，作为下属应该把握好这一点，更加积极主动地工作。

著名的出版家、作家阿尔伯特·哈伯德曾经说过："每个雇主总是在不断地寻找能够助自己一臂之力的人，同时也在抛弃那些不起作用、不能适应公司文化的人——那些到哪个岗位都无法发挥作用的人迟早都要被淘汰。"

要令自己与众不同，要让上司感到你是一位出色的员工，就要处处表现出你可以独立处理问题、可以为公司找出解决问题的方案，只有这样，才能突显自己的责任感、主动性和独当一面的卓越素质。

当你在工作中遇到问题，如果你不正视它，不设法解决它，它往往会给你带来更大的压力。与其动心思琢磨怎么逃避问题，不如把这种心机和才智运用到寻找解决办法上。

不仅如此，躲避问题的做法，势必会影响到你的同事与上司。因此，你要做的就是积极主动地发现问题、解决问题，而不要等老板过来督促了才做。这个过程，能帮你提升思维技巧，了解工作细节，吸收行业日新月异的知识，锻炼自己做决策的勇气，提高自己的能力和信心。渐渐地，你会发现，工作上的问题很容易在你自己那里得到解决。

波恩在商场里上班，他自认为是自己一个好雇员，做了自己应该做的事——记录顾客的购物款。然而有一天，当他正在和一个同事闲聊时，老板走了进来，他环顾四周，然后示意波恩跟着他。

老板一句话也没有说，就开始动手整理那些被订购出去的商品。然后他走到食品区，开始清理柜台，将购物车清空。

波恩惊讶地看着这一切，仿佛过了很久，才终于明白了：老板是在以行动告诉他，他应该像老板一样负责而主动地工作。老板望着发愣的波恩，告诉他："你是商场的主人翁，你的工作应该是积极主动的！"

清理柜台、摆放商品，也许不是老板给予波恩的"命令"。但柜台空了、商品摆放乱了，这确实是波恩工作中出现的问题。这个问题的存在，首先影响了商场的形象，其次影响了商场各个环节的工作效率，从而影响了波恩的工作效率。波恩还能说这些问题与自己的工作职责无关吗？

公司的问题与员工自身息息相关。能够解决问题，就有更多发挥潜能的机会，同时也建立了自己在职场中的信誉和形象，这也就是一个员工能为自己及公司做的事。

解决问题是自己的职责，把问题留给上司和老板就意味着工作不力。我们要把问题看作是自己的机会和发展空间，努力地借助问题来体现自己的价值，发掘出自己的潜能。

管理学家 Steven Brown 曾经说过："领导并不是问题的解决者，而是问题的给予者。"事实上，你和上司、老板的工作关系就是这样的简单——你去工作，而不是由你去安排上司的工作（把问题推给上司）。所以，在完成任务的过程中，你应该随时地提醒自己——解决工作上的问题是我分内的职责！

·第二节·

管理下属，要懂得体察下属的心

用建议替代命令，让他发挥主动性

从管理角度来讲，威胁和严厉的警告能够保证工作水准，但问题是，在日常工作中有时这样行不通，常常是领导刚转过脸去，大家又我行我素了。在可能的情况下，最好避免强制，使别人服从的最有效的方法是让对方觉得受到了尊重，例如："我知道你是不会被强迫的……""没有人非要强求你做……""任何人都强迫不了你……""由你决定……"

当然，这些方法看起来有些冒险，但通常是非常有效的，因为它们首先消除了反抗心理，其次也可迫使对方接受任务。

领导管理员工就应该先商量后命令，不能让下属太过被动。

领导者大多数是富有各种经验，而且非常优秀，所以大多时候照他的命令去做，是没什么错误的。可是如果领导者老是持这样的想法，就会令下属不满，令其感到压抑，而不能从心底产生共鸣，同时也变成因为没办法，只好"好吧，跟着你走吧"这样一种情况。如此，就不可能真正有好的点子，产生真正的力量。

所以在对人做指示或下命令时，要像这样发问："你的意见怎样？我是这么想的，你呢？"然后必须留意，是否合乎下属的意见，以及下属是否彻底了解，并且还要发问，至于问的方式，也必须使对方容易回答。

松下幸之助自从创立松下电器公司以来，始终是站在领导者的位置。但在此以前，他也曾经站在被人领导的立场，所以下属的心情，他多半能够察知。因为自己有过这样的体验，所以在下命令或做指示时，他都尽量采取商量的方式。

如果采取商量的方式，下属就会把心中的想法讲出来，而你认为下属言之有理，就不妨说："我明白了，你说得很有道理，关于这一点，我这样做好不好？"诸如此类，一面吸收下属的想法或建议，一面推进工作。这样下属见自己的意见被采纳，就会把这件事当作是自己的事，认真去做；同时，因为他的热心，自然会产生不同的效果，这便成为其大有作为的促成因素。做领导的，也应该读懂下属的心理，让他们拥有表达自己的机会，这样才能够更加有效地沟通。

如果能以这样的想法来用人，则被用的人会自动自觉地做好工作，领导也会轻松愉快。因此，领导在用人时，应尽量以商量的态度推动一切事务。

恩威并重，不可不用的驭人方法

人都是有血、有肉、有感情的，一般情况之下，只要我们能以诚相待、将心比心，多为对方考虑，就很容易说服他按照我们的意思办事。但当我们需要说服的对象无理取闹、顽固不化时，我们不妨施之以威，采取恩威并施之策略。唯有如此，我们的说服效率才会更高。

明太祖朱元璋以其巩固边疆、维护国土而为中华民族做出了不朽的贡献，在明朝初定之时，西南少数民族并不完全归服：一则天高皇帝远，中央势力鞭长莫及；二则少数民族与中原汉族素有隔阂。因此，要对此边远之地维持有效统治并非易事。可是，朱元璋在当时的形势下，就因为能够恩威并施，才解决了很多问题。

当时，朝廷驻贵州镇守的都督马烨趁水东、水西两邦改换首领之机，想"改土归流"，废掉水西、水东土司，改制郡县。因此，他将水西的女土司奢香抓来，鞭挞凌辱，欲以此挑起云南水东、水西诸邦怒气，来制造出兵借口。

此事一出，水部四十八部彝民都纷纷欲反，这使明太祖认识到武力强行并不能解决问题，对待云南各部还得采取抚慰政策。

明太祖接待了水东土司刘淑贞，听其诉说马烨的劣迹和世代守土之功。马皇后也召见了刘淑贞，并传唤设宴进京入朝，予以抚慰。这使刘淑贞和奢香很是感动。明太祖进一步问："汝诚苦马都督，吾为汝除之，然何以报我？"明太祖已打算用马烨的性命换取二位土司的归顺。奢香说："愿世世代代皆诸罗，令不敢为乱。"

这样一来，一可借机让土司交出部分权力，去除各部与内地交通之屏障；二来可成就仁君之美名，收买人心，得到百姓拥戴。

尽管马烨也一片忠心，但这回不得不成为明太祖政治手腕的牺牲品。

明太祖斩马烨的同时，册封奢香为顺德夫人，刘淑贞为明德夫人。可谓极尽恩赐之能事。但明太祖心中有数，过于亲近厚待必定会使其得意忘形，不服管教，并以为朝廷懦弱。因此，朱元璋仍留了一手。

当奢香、刘淑贞历经回归时，明太祖命令沿途官府在两路中央陈设兵力，紧张武备设施，以震慑二女，让其明白朝廷并非软弱可欺，而是具备相当实力，若举兵反叛，下场将不会很好。

明太祖的这种做法可谓明智至极，效果也极佳，对其册封厚待，使二女领略了朝廷爱民之仁德；对其耀武陈兵，又使她们明白朝廷的威德。奢香等回去后，将朝廷兵力告知各部，于是众部心中顿生敬畏之情，归顺之心日强。

当我们使用恩威并施的方法之时，一定要注意考察对手的相关情况、分析对手的心理。如果对方具有丰富的经验，并且整个说服的形势对自己不利而对对手有利，那么，恩威并施的方法难于达到预期效果。反之，在整个形势对己有利而对对方不利的时候，特别是在对方缺乏足够的经验，或者对方对达成某项协议心情较为迫切的情况下，一般效果甚佳。

告诉他"你很重要"，回报定比器重多

美国著名企业家杰克·韦尔奇说："天下最易使人颓丧不振、冲劲全失的就是来自上级主管的批评、责骂。"抛开那些伤人的话语，随之以各种各样的方

式告诉他"你很重要",受到肯定的下属自然会在尊重与肯定下全力以赴。

一个清洁工在一家大公司工作,他是一个被人忽视、被人看不起的角色。但就是这样一个人,在一天晚上公司保险箱被窃时,与小偷进行殊死搏斗,捍卫了公司财产。事后有人为他请功并问他为什么要这样做时,答案却出人意料。原来,这家公司的总经理从他身边经过时,总会不时地赞美他:"你扫的地真干净。"

就这么一句简简单单的话,使这个员工受到了感动,感受到了重视,并不惜以生命来捍卫公司的财产。正如美国著名的女企业家玫琳凯所说:"世界上有两件东西比金钱和性更为人们所需——认可和赞美。"在人际交往中尤其如此,称赞、欣赏、尊重别人,会使他们感到被重视,从而更加彼此信赖。

许多事业上卓有成就的人成功的原因是他懂得驭人之术。而其中最重要的一点,也即最有效的一点就是:让别人感到自己很重要。因为每个人都想获得来自他人的尊重,得到别人的重视。那么,你就不妨满足他这个需要。

罗斯福也是一位懂得使别人感到自己很重要的人。只要是去过牡蛎湾拜访过罗斯福的人,无不为他那博大精深的学识所折服。不管对方从事多么重要或卑微的工作,也不管对方有着什么样显赫或低下的地位,罗斯福和他们的谈话总能进行得非常顺利。

也许你会感到十分的疑惑,其实这不难回答,每当他要接见某人时,他都会利用前一天晚上的时间仔细研读对方的个人资料,以充分了解对方的兴趣所在,从而投其所好。这样精心准备怎能不使会面皆大欢喜呢?

总统尚且如此,常人为何不肯承认别人的重要?所以,要使下属真心地尊敬和喜欢你,非常乐意为你做事,原则上是要拿下属感兴趣之事当话题,让他感觉到自己的重要。在满足别人的重要性之后,很多事情就迎刃而解了。

据一些权威人士表示,甚至有人会借着发疯来从他们的梦幻世界中寻求自我满足。一家规模不小的精神病院的医生说:"有不少人进入疯人院,是为了寻求他们在正常生活中无法获得的受重视的感觉。"人们为得到重视,连发疯都在所不惜,试想如果我们肯多给对方一分尊重、一句赞美,其影响该有多大?

身居上位者,极易产生一种高高在上之感,极易用一种俯视的心态去面对下属,仿佛他们只是自己实现理想的"棋子",而忽略了其身为人而对于自身肯定的需求。用真诚的心去肯定别人，就会拉近心与心的距离，形成一个良好的人际关系。

批评下属留有余地，备好"台阶"很重要

每个人都有自尊心，被批评的人常常因为被人伤了自尊而不愿承认错误，甚至引起口角，即使内心知道自己错了，嘴上也绝不承认，反而狡辩反击，这样的批评不但起不到应有的效果，反而使人际关系恶化，而且还有可能因口角而伤害自己。作为上司，在批评下属的时候，一定要注意维护下属的自尊心，切忌"一棒子打死"，批评之余给下属一个台阶下，才能让他积极做出改变。

例如，在批评下属时，先找出他的长处称赞一番，然后提出批评，最后再使用一些鼓励性的词语。这种方法会使下属认为你的批评是公正客观的——自己既有过失，也有成绩。这样就减少了因批评所带来的抵触情绪，收到良好的批评效果。当下属听到你对他的某些长处表示赞赏之后，再听到对他的批评，心里往往会好受些。

假如一个好工人变成一个粗制滥造的工人，你会怎么做？你可以解雇他，但这并不能解决任何问题。你可以责骂那个工人，但这只能引起怨怒。

亨利·汉克是印第安纳州洛威市一家卡车经销商的服务经理，他公司有一个工人，工作每况愈下。但亨利·汉克没有对他吼叫或进行威胁，而是把他叫到办公室里来，跟他进行了坦诚的交谈。

他说："希尔，你是个很棒的技工。你在这里工作也有好几年了，你修的车子也都很令顾客满意。有很多人都赞美你的技术好。可是最近，你完成一件工作所需的时间却加长了，而且你的质量也比不上你以前的水平。也许我们可以一起来想个办法解决这个问题。"

希尔回答说，他并不知道他没有尽到职责，并且向他的上司保证，他以后一定改进。

他做了吗？他肯定做了。他曾经是一个优秀的技工，他怎么会做些不及过去的事呢？

无论是先表扬、后批评，还是先批评、后表扬，总之，都要给下属一个台阶下，在维护下属自尊心的同时使其认识到错误。

主动为下属承担责任更能赢得下属的心

当老鹰盘旋在天空时，我们看到在草地上觅食的老母鸡总是急忙招来小鸡，将它们藏匿在自己温暖的翅膀下。其实，上司对下属也应如此。俗话说："大树底下好乘凉。"倘若你能给你的下属提供一个乘凉的好地方，那么你的下属将会由于你的施恩而"报效"于你。

曹魏末年，大将军司马炎，命征南将军王昶、征东将军胡遵、镇南将军毋丘俭讨伐东吴，与东吴大将军诸葛恪对阵。毋丘俭和王昶听说东征军兵败后，便各自逃走了。

朝廷将惩罚诸将，司马炎说："我不听公休之言，以至于此，这是我的过错，诸将何罪之有？"

雍州刺史陈泰请示与并州诸将合力征讨胡人，雁门和新兴两地的将士，听说要远离妻子去打胡人，都纷纷造反。司马炎又引咎自责说："这是我的过错，非玄伯之责。"

老百姓听说大将军司马炎能勇于承担责任，敢于承认错误，莫不叹服，都想报效朝廷。司马炎引两败为己过，不但没有降低他的威望，反而提高了他的声望。

如果司马炎讳败推过，将责任推给下属，必然上下离心，哪还会有日后以晋代魏的局面呢？"身不正则令不从，令不从则生变。"将帅的威信从律己中来，这是一个既浅显又深奥的道理。对于雄霸天下的人来说，有了这种威信，就有了感召天下的力量源泉。

在领导眼中，你既然是"头儿"，你的下属犯错，即等于你犯错，起码你是犯了监督不力或用人不当的错误。做下属的最担心的就是做错事，尤其是费了九牛二虎之力后却依然闯了大祸，因为随之而来的便是惩罚问题、责任问题。而生活原本就是一连串的过失与错误组成的，再仔细、再聪明的人也有因失误翻船的时候。可翻了自己的小船便也罢了，而一旦不小心捅漏了多人共同谋生的大船，也就真有可能弄个"吃不了兜着走"的下场。因此，没有哪个人不害怕承担责任的。

不少上司在处理下属乃至自己本人的失误和错事的时候，总是想提出各种理由为自己开脱，唯恐遭到连累，引火烧身。殊不知，既是他人的"上司"，那么下属犯错，即等于是自己的错，起码是犯了监督不力和委托非人的错误。何况上司的责任之一，就是教导下属如何做事。

所以，作为上司，在下属工作失误之后：首先要冷静地检讨一下自己；然后和下属一起心平气和地分析整个事件，告诉他错在何处；最后重申宗旨——每一个下属做事都该全力以赴，漫不经心、应付差事是要受惩罚的。当然，还要让他明白，无论如何，自己永远是他的后卫。那种不分青红皂白，无论下属的过错是否与自己有关都大发雷霆，不时强调"我早就告诉你要如何"或"我哪里管得了那么多"之类言语的上司，不仅使下属更不敢于正视问题，不再感到丝毫内疚，而且避免不了日后同你大闹情绪，甚至永远不可能再拥戴你。

所以，当下属在工作中犯了错误，受到大家的责难，处于十分难堪的境地时，作为上司，不要落井下石，更不要找替罪羊，而应勇敢地站出来，实事求是地为下属辩护，主动承担责任。

·第三节·

将心比心，赢得同事支持

把荣誉的蛋糕多切几块与人分享

行走职场，必须明白一个道理：没有人能独自成功，在取得成就的时候，把荣誉的蛋糕多切几块送给同事，才能得到长久的帮助和支持。毕竟，成功不是仅靠单打独斗得来的，让同事分享你的荣誉，会让你取得更大的成功。反之，如果总是自己独享胜利的果实，就会让身边的人丧失合作的积极性，下面的例子就值得我们反思。

一位销售主管这个月的业绩突出，她部门的业务员销售总额超出了同级部门的两倍还多。按照公司相关规定，主管可按业绩提成，得到一笔可观的奖金。老板很是为有这样一位得力助手而高兴，也暗自庆幸自己以前没有看错人，于是决定在公司开个例会，并把她推为大家的榜样，以此激励其他员工努力工作，还在最后特意安排了让这位主管做当众演讲。

这位主管在她的演讲中把自己的业绩归功于自己调配人员的技巧、处理大订单的果断和如何辛苦加班等。虽然说的这些也确实属实，她的确也是这么做的，但她唯一犯的错误就是自始至终都没提及一句感谢同事、下属之类的话。

会后，下属和同事们开玩笑要她请客庆祝，她一脸不屑、毫不客气地说："我得奖金，你们用得着这么开心吗？下次我会拿更多，到时再说吧……"

可是等到下个月，这位主管不仅没能再拿到奖金，甚至还因为没能完成销售任务而被扣掉了工资。更让人奇怪的是，她的下属越来越懒散，就连老板似乎也对她冷淡了许多。

由此可见，当你在工作中做出一些成就时，千万记得不要独享荣耀，否则这份荣耀会为你带来人际关系上的危机。"居功"的确可以凝聚别人羡慕的目光，可以给自己带来很大的成就感，但如果你只想把功劳一个人占尽，企图让光环只围绕自己一个人转，不仅仅是自私而是极度愚蠢了。一般每个人都会渴求荣誉，我们应该洞悉人性，适当与人分享荣誉，不可独自贪功。

独自贪功就是抢别人的好，这不仅不会给自己带来更多的好处，甚至还会引火烧身，激起公愤，最终害人害己。

谨记这个忠告，你就会受益无穷。这不论在什么样的场合都适用，而且屡试不爽。工作上有了业绩，升职了、加薪了，不妨和同事们庆祝一番，对老板说声"谢谢"，对下属的配合与支持表示真诚的感谢，甚至是那些嘲笑过你的人，也要为他们给了你前进的动力而有所感激，回到家中也不要心安理得地享受舒适的床铺、可口的饭菜，而要拥抱一下辛苦持家的妻子和养育自己的父母，让大家都感到你内心真诚的感激而一并与你分享快乐。

假如你真的照做了，相信你会有惊奇的发现。你身边的人将扶持着你走向更高的位置，他们期待着、仰望着你的高度，希望你能给自己带来荣誉的同时，也给他们带来荣誉，而不会是嫉妒或冷眼旁观。

避雷针效应：能疏善导，化解职场矛盾

许多高大建筑物的顶端都安装有一个金属棒，打雷时，金属棒将电流通过金属线传到埋在地下的金属板，以保护建筑物免受雷击。金属棒并不能阻止雷电，但它能够疏导雷电，保护建筑物。

在职场上，个人的性格、脾气不同，加之同事之间复杂的利益关系，难以避免产生矛盾和冲突。同事之间有了矛盾并不可怕，只要我们能够面对现实，读懂对方行为背后潜藏的心理，积极采取措施去化解矛盾，同事之间仍会和好如初，就像避雷针一样，通过疏导和沟通化解矛盾。正所谓"善疏则通，能导则安"，我们不妨采用以下几个技巧：

1. 主动向他示好

既然他对你的敌意十分明显，在这种情况下，你就不能佯装不知了，而应当主动向对方示好，你可以在没有其他同事在场的情况下问他："我究竟有什么不对呢？"一般情况下，他会冷冰冰地回答你："没什么不妥。"此刻，你也许觉得自己是自找没趣，不知该如何是好，其实你完全可以巧妙应对。

既然他说没有不妥，你就乘机说："真高兴你亲口告诉我没事，因为万一我有不对的地方，我很愿意改进。我很珍惜咱俩的合作关系。一起去吃午饭，如何？"

这样，就可逼他面对现实和表态。要是一切如他所言的没事，共进午餐、交流感情则是很自然的事。或者，邀他与你一起吃下午茶。又或者在你离开办公室时碰上他，开心地跟他天南地北地聊上一番。总之，尽量增加与他联络的机会。友善地对待，对方怎样也拒绝不得！

2. 勇敢地承认自己的错误

如果同事对你的敌意是由你的不当而引起的，你就该勇敢地承认自己的错误。这样不仅可以有效地防止对方对你的进一步攻击，避免你们之间的关系进一步恶化，同时，还可以挽回你与同事之间的合作，迅速扭转不利局面。

承认错误，最佳和最有效的策略是，向他简单地道歉："对不起，我实在有点过分，我保证不会有下一次。"

记住，在道歉时千万不要重提旧事，要是你重提旧事，企图狡辩些什么，只会惹来另一次冲突，同时，也显得你缺乏诚意，人家日后再也不会相信你了。记着，你的目标是将事情软化下来，与同事化敌为友。所以，最好静待对方心情好转或平和些时，再正式提出道歉。

3. 对你的同事微笑

对你身边的每一位同事微笑，尤其是那些对你不满、怀有敌意的同事。微笑是可以感染的，如果你平常总以亲切的微笑对待同事，即使对那些与你为敌的同事也如此，那你的同事关系一定会处理得很好，至少在工作中与你为敌的同事会感到你的友善，也许以后就不会再像以前那样对待你了。

4. 表示你的尊重

认真倾听对方的话，表现出你的礼貌和尊重，向对方表示你需要其帮助，让这位同事知道你需要他（她）。当然，你是否真的需要，那则是另外一回事了。我们就是要利用这样的一种接纳，来抬高对方的自尊，只要对方一高兴，就可以避免把谈话激化，尽可能地减少或消除将来的敌对情绪。

5. 关注对方的成绩

你一定要时刻关注对方的成绩，即使是与工作无关的，也能够成为你们之间建立感情桥梁的机会。要记住，对别人的行动和成就表示真正的关心，是一种表达尊重与欣赏的方式，如果你的同事处处反对你是出于要证实他自己的能力，那么只要你承认对方在工作中某一方面的特长，就很有可能会平息冲突。

你做出以上努力以后，基本就可以化解同事之间的矛盾。如果遇上一些顽固不化的人，在你做出努力后，他仍然不愿意和你和解的话，你也不要难过，遇上这样的人，谁也没办法。问题并不在你，你只管放心地去工作，别理会这类人就是了。

关键时刻帮同事一把，更易赢得人心

每个人在工作中肯定都会遇到一些困难，在同事遇到困难时帮他一把，不仅可以播下人情，得到同事的感激，而且还为彼此的关系抹上甜甜的蜜，变得融洽而甜美。况且，帮助别人搬开脚下的绊脚石，有时恰恰也是在为自己铺路——帮助同事即是帮助自己。在帮助别人时，任何一种努力都不会白费。帮助同事，既赢得了同事的尊重，也更容易得到老板的器重，因为你在帮助同事的同时也向老板展示了自己的能力。

潘敏在一家塑料制品企业的经营部上班。

一天，经理心急火燎地过来问："杨丽呢，她的那份合同做好了没有？"

恰巧杨丽出去办私事，临走时对潘敏说了一下。

潘敏说："杨丽刚刚出去，可能上厕所了吧，您需要哪份合同书？"

"就是与宏达塑钢窗厂签订的那份合同，越到节骨眼儿上越找不着人！"经理很着急。

"杨丽一会儿就回来，我先找一下。"

经理走后，潘敏马上给杨丽打电话，找到了那份合同，及时给经理送了过去。关键时刻潘敏主动帮助杨丽解决了难题，杨丽非常感动，此后两个人的关系也越来越好。

帮助有困难的同事，是我们分内的事情，切不可以此作为人情记在心头，不要沾沾自喜、自鸣得意，时常将对别人的帮助挂在嘴边，这样的人，人们也不愿意接受他的帮助。也不要期望对方给你回报，否则不但加深不了感情，反而落得个"势利"的帽子。

同事间的相互帮助并不一定表现在工作上，有时生活中的小事会给人极深刻的印象，从而改变同事对你的看法。

玛丽是一个单身女子，住在纽约的一个闹市区。有一次，玛丽搬一个大箱子回家。电梯坏了，玛丽只好自己扛着箱子上8层楼。琳达与玛丽是同事，但玛丽平时看不起琳达，有时还冷嘲热讽。因为琳达工作很差，有时还会弄巧成拙。此时，恰巧碰上琳达，琳达想帮玛丽把箱子搬上楼去。玛丽很难为情，琳达却主动上前，将箱子搬上了楼。事后，玛丽对琳达表示感谢，并开始重新认识她。经过交往，玛丽发现琳达其实是一个很好的女孩，爱好广泛而且热情周到，她俩反而成了很好的朋友。

像琳达这样，对那些对自己有偏见的同事热情地帮助，可以有效地化解彼此之间的尴尬，让对方重新认识自己，你的热心会使同事乐于帮助你，从而营造一个融洽的办公环境。

很多人在工作中都懂得要与上司建立良好的关系，认为只要上司欣赏自己就万事大吉。其实同事之间的融洽关系也同样宝贵，试想，如果天天都要见面，坐在同一个办公室里工作，两人却互相讨厌甚至排挤，工作时的心情肯定会大受影响，业务上也不能相互配合，最后只会影响你的工作表现。因此，心胸要开阔一些，同事有困难时主动帮一把，这不仅是对别人好，而且也是对自己好。

同事不是家人，不能乱发脾气

处于情绪低潮当中的人们，容易迁怒于周围的人，这是自然的，但是办公室是有规则的，为了展示真正的职业风范，更好地在职场中生存，则必须根除自己的陋习，不在同事面前发脾气。事实上，人们往往喜欢受到表扬，没有人是愿意受气的。在职场中，更应该洞悉人的这种心理。

在林科长任财务科长的第三年，上司给他委派了一名新主任。新主任是老会计出身，没有多少文化，对所管辖的部属，谁工作认真、昼夜加班、出了成绩，他看在眼里，忘在脑后；谁迟到早退、不请假，或者没有给他及时送材料，他却牢牢记在心上，时不时地给点颜色瞧瞧。尤其是对财务科的工作，总是挑毛病、找破绽，好像怎么看怎么不顺眼。

面对蛮不讲理的新主任，林科长既没有当面顶撞，也没有逢迎巴结。他经常和本科室的人员开会，定出工作程序，交给主任过目后，再切实执行，并做好系统记录，以便主任翻阅。这样自行安排工作，既减少了他这个财务科长与新主任的摩擦，也减轻了自己的负担。

有几次，林科长被主任严厉批评，但他没有任何的异常情绪，也没有把这种情绪带到工作中去。相反，林科长每受到委屈，必当机立断，检查自己的工作、处事是否有错误，并且有错必改，或是重新评价自己，进一步做好本职工作。

此外，对待这样的"大老粗"主任，林科长为自己的前途着想，时时小心、处处小心、步步小心，每一件事、每一句话都对主任格外尊敬，尊重主任的意见，多向主任请教，并多多体谅主任的难处。

这样一年下来，主任对财务科长褒奖有加，再也不像以前那样恶声恶气了，又过了半年，林科长被提升为财务部主管。

愤怒常常使人失去理智，在愤怒的情况下做出的举动和判断往往是错误的。身在职场，你应学会控制自己的情绪，应像林科长一样懂得尊重上司、控制自己，才能更利于发展。

大凡身心健康者，每个人都有喜、有怨、有悲，也有愤怒心理情绪的存在或表现。生活是多变的，在多变的生活中每个人都会面临挫折、失望、沮丧、失败。在正常情况下，人会在遇到高兴事时，眉飞色舞；遇到伤心事时，愁眉苦脸。但是在办公室里，这种情绪一定要控制。成功者碰到因这些问题引发的愤怒时，总是以积极的态度、积极的情绪来适应之，这就是情绪控制。

控制发怒的目的不是压迫愤怒，而是把愤怒的情绪巧妙地转移，导引为一种努力背后的动力，以推进自己的事业向前发展。这就是通常说的聪明人的做法。

很多人经常把工作以外的怒气和不满带到工作中来，同事觉得你像随时都可能爆炸的炸弹，尽量绕开你的办公桌。客户打电话给你，你莫名地冲着他吼叫，然后不等对方说完就把电话挂掉。一整天，你总是用双手抱着头，一声不响地坐在那里，工作懒得做，话也懒得说，办公室的气氛因为你而变得死气沉沉。殊不知，你这种不够成熟的表现影响了你的工作，而且这样做并不能使你解脱，你让你的同事们也感到不快，他们不喜欢这样。最重要的是，你的客户永远不会再与你联系。

办公室是一个集体场合，不同于你自己的家——即使在家里也要考虑家人的情绪，而同事是与你共同做事的人，不是来看你脸色、受你脾气的。正所谓"一人向隅，举座不欢"，即使你有一千个理由，也不应该把坏情绪带到办公室里来。